波罗外纪

(清)崔弼 辑
闫晓青 校注

SPM
南方出版传媒
广东人民出版社
·广州·

图书在版编目（CIP）数据

波罗外纪 / （清）崔弼著；闫晓青校注. —广州：广东人民出版社，2017.7
ISBN 978-7-218-11978-6

Ⅰ. ①波… Ⅱ. ①清… ②闫… Ⅲ. ①寺庙—史料—广州 Ⅳ. ①K928.75

中国版本图书馆CIP数据核字（2017）第184416号

BOLUO WAIJI
波罗外纪
（清）崔弼 著 闫晓青 校注

出 版 人：肖风华

责任编辑：张贤明
封面设计：友间文化
责任技编：周 杰 易志华 吴彦斌

出版发行：广东人民出版社
地 址：广州市大沙头四马路10号（邮政编码：510102）
电 话：（020）83798714（总编室）
传 真：（020）83780199
网 址：http://www. gdpph. com
印 刷：广州市浩诚印刷有限公司
开 本：787毫米×1092毫米 1/16
印 张：23.5 字 数：350千字
版 次：2017年7月第1版 2017年7月第1次印刷
定 价：98.00元

策划 广州市黄埔区文化广电新闻出版局

原著 （清）崔弼

校注 闫晓青

浴日亭

目录

前　言

目前，中国古代四海神庙唯一完整保存下来的只有广州的南海神庙，它位于广州市黄埔区庙头村，地处广州历史城区东面、珠江北岸。

南海神庙又称波罗庙，因地处广州之东，宋代称（南海）东庙（西庙已毁，故址在今广州市荔湾区文昌路广州酒家一带）。它是隋文帝下诏创建的国家坛庙，是中国古代官方祭祀海神的场所，是中国古代海神信仰发展的重要见证，也是古代海外交通贸易的重要史迹。南海神庙创建于隋开皇十四年（594），至今已经历一千四百余年。《隋书·礼仪志》："开皇十四年闰十月，诏……东海，于会稽县界；南海于南海镇南，并近海立祠……"南海镇，即扶胥镇，位于今广州市黄埔区庙头村，南临珠江，庙即建于近水处。唐沿隋制，于武德、贞观（618—649）年间立制，令"五岳、四镇、四海、四渎，年别一祭，各以五郊迎气日祭之……南海，于广州。"（《旧唐书·礼仪志四》）。自此以后，宋、元、明、清祀典不断。唐代首次扩建庙宇，后历代多次重修、拓展，规制愈加恢弘。所祀南海神，称为祝融，唐玄宗册尊南海神为广利王，宋、元两代屡有加封，称号多至"南海广利洪圣昭顺威显灵孚王"。配以明顺夫人。历朝颁赐玉带、冕旒等甚多，朝廷每年派大臣代表皇帝举行祭典，留下大批珍贵的碑刻，有"南方碑林"之美誉。

南海神庙建庙千余年来，庙内所遗碑刻甚多，涉及政治、经济、文化、宗教、典章、制度、人物、职官等方面。如皇位继承，宫廷政变、禳灾祈福、天时气候、兵燹寇盗、海事贸易、宗教礼制、文人歌赋、庙制变化、民间信仰、祭海习俗等，极为丰富。但记载南海神庙的文献不多，王昶《金石萃编》、陆耀遹《金石续编》、陆增祥《八琼室金石补正》均对岭南碑刻载之不多，更何况南海神庙；吴兰修《南汉金石志》、汪兆镛《番禺县续志·金石志》、岭南宝汉剑斋《岭南金石拓本》等对南海神庙有所涉及；乾隆间任广东学政之翁方纲所撰《粤东金石略》所载仅南海神庙之碑名及其所加跋语及考证；阮元《广东通志·金石略》载碑文、题记三十余方，但仅至元代；同治《广州府志·金石略》、同治《番禺县志·金石略》所载亦仅至明末。明代郭棐的《岭海名胜记》和清代陈兰芝增辑的《岭海名胜记》设有一卷记录南海神庙相关内容，但亦远远不足。而集大成者，当推清嘉庆年间番禺举人崔弼所辑《波罗外纪》，其中设碑牒一卷，收录南海神庙碑刻七十余方。

《波罗外纪》是一本完整记载广州南海神庙历史的资料集，涵盖了南海神庙大量碑刻、历史记载、文辞歌赋、民间传说、民间习俗等历史资料。类别丰富，数量繁多，有关南海神庙记载为其他典籍所远远不及。因之，《波罗外纪》为历来研究南海神庙历史的重要参考文献。

关于《波罗外纪》编撰者崔弼，史书记载不多。同治《番禺县志》卷四十六有传。结合《波罗外纪》中其师帅承瀛（时任广西督学使、翰林院编修）和广州粤秀、越华、羊城书院山长谢兰生所作序，以及崔弼本人自序，可知其大概之生平事迹。崔弼，生卒年不详，字积匡，号鼎来，广东番禺员岗（今广州市番禺区南村镇员岗村）人。父名国佐，为邑生员，以孝闻于乡。崔弼少承家学，年十二即能诗，未成年成诗一卷，名《丱兮集》。成年后曾赴京城、江浙等地游历，家中藏书数万册。嘉庆六年（1801），崔弼参加广东辛酉科乡试，中举人，主考官为帅承瀛。嘉庆九年（1804），帅承瀛在为《波罗外纪》作序时称“番禺崔生年逾五十矣”，可知中举人时崔弼已年逾五旬，据此可推测其当出生于乾隆十八年（1753）之前。崔弼的才学受到本地士绅的广泛肯定，嘉庆十五年（1810），广东布政使曾燠爱才下士，曾上门拜访，并赠诗“燕寝清香一罇酒，眼中复得谢与崔”“崔子商歌出金石，豪气不为饥寒销”以赞崔弼为人耿介、品质高洁。崔弼晚年居于广州越秀山麓，与名士酬唱。其日事纂述，自亲铅椠。道光年间，崔弼卒，享年八十九。两广总督阮元题其墓云：“诗人崔鼎来宝藏。”著有《珍帚编诗集》《游宁草》《两粤水经注》《波罗外纪》等书。

至于《波罗外纪》初次刊刻年代，为嘉庆九年（1804）。因其明确记载“嘉庆甲子二月镌”，且谢兰生序亦落款“嘉庆甲子初春南海谢兰生叙并书”，嘉庆甲子即嘉庆九年（1804）。而其自序云：“故采访俚事为详，时嘉庆五年冬番禺崔弼言。”落款为嘉庆五年（1800）冬。观此书卷六碑牒所载内容止于清嘉庆五年（1800）御赐匾“灵濯朝宗”，知《波罗外纪》书稿成于嘉庆五年末，于嘉庆九年刊刻成书。此次整理所用底本为清嘉庆九年刻光绪八年（1882）博陵崔氏补刻本，因书中扉页载有“光绪八年孟冬博陵崔氏补刊”。博陵崔氏，是汉朝至隋唐时期的北方望族，即今天的河北安平县一带。崔弼后人以此表明自己的郡望。清王士祯《池北偶谈》云：“唐人好标望族，如王则太原，郑则荥阳，李则陇西、赞皇，杜则京兆，姚则吴兴，张则清河，崔则博陵之类，虽传志之文亦然。”历代人亦常以郡望自标。崔弼卒于道光年间，光绪八年（1882）其已不在人世，因之此书乃崔弼后辈族人于光绪八年再行刊刻而成，现藏于广东省立中山图书馆。该馆亦藏有嘉庆九年初刻本，二者内容基本一致。不同之处在于嘉庆九年版本无封面和光绪刻本扉页以及帅承瀛所题序。故选取光绪八年刻本为底本进行校注。

《波罗外纪》补刻本约七万字，除了帅承瀛序、谢兰生序及崔弼自序外，共八卷，分别为卷一神灵、卷二庙境、卷三法物、卷四遗荫、卷五年表、卷六碑牒、卷七文赋、卷八诗歌，卷八后附崔弼诗歌几十首。另书前附有谕旨《谕沿海居民敬神》《波罗全图》和《铜鼓图》等插图。

波罗全图为乾嘉时东起虎门西至鱼珠段珠江两岸的著名景物，“大小虎门”“南岗头”“莲花城”“狮子塔”“大、二滥尾”“鹿步司署”“御碑亭”“南海神庙”“浴日亭”等清晰可见；铜鼓图，则配以文字说明，使得南海神庙内大小铜鼓的形制、尺寸及特点一目了然，形象生动。

具体来讲，卷一神灵，记载了南海神庙内主要神灵，包括南海神（附礼器、祭品、祭田）、明顺夫人、六侯、列朝祭海考证和灵著等五篇。卷二庙境，记载了当时南海神庙内、外有关景物，包括波罗江、戙旗岗、尉迟岩、龙头石、海光寺、凝真观、屈公祠、陈蘧觉祠、鹿步巡检司署、浴日亭、郡城八景等十一篇，记载范围不局限于南海神庙，附近相关景物及设施亦有所涉及。卷三法物，记载了前代留传下来的物品，包括铜鼓、铁船和铁酒槽等三篇，惜此三种物品目前均已不存。卷四遗荫，记载了南海神庙内、外的波罗树、榕、木棉、鱼、虾和赑屃之异等六篇，其中波罗树、木棉多被文人歌咏、记载，与南海神庙历史息息相关。卷五年表，自上古轩辕氏、有虞氏、夏、商、周、秦、两汉、三国、南朝宋、北魏等历代祭祀岳镇海渎之事，以及隋代南海神庙建立后，历代皇帝遣官祭祀之事，以表格形式罗列，使得南海神的祀典一目了然。卷六碑刻，是全书的重点，篇幅最多，记载了当时南海神庙内保存的历代碑刻共七十三方，包括：唐碑二方、宋碑九方、元碑十方、明碑二十六方、清碑二十六方，是研究南海神庙的重要实物资料，可弥补史料之不足。卷七文赋，记载了历代与广州、南海神庙有关的文人辞赋，包括《粤会赋》《波罗庙赋》《波罗铜鼓赋》《张邑侯甘霖记》《南海庙施田记》《重修南海神庙碑记》《拟南海神庙碑》和《修阿公坑记》等八篇，其中亦有不少历史记载。卷八诗歌，记载了唐、宋、元、明和清各个时代文人就南海神庙内、外相关人、事、物的诗歌一百余首，富含很多历史信息。

正如崔弼自序中所言，他辑《波罗外纪》的目的在于“白沙碑仅三百年而乌焉成马，渐就颓泐。历代摹拓，当事疲于奔命，安知不曳之而倒，使粗沙大石相磨治乎？弼惧文之勒于石者，久之而不能辨也，又惧好古者之不能游龙门、登禹穴、探往迹也。钞庙中见在可读之碑，与父老所传灵著事实，或诗文之有涉于南海庙而不必镌之石者，皆编而付之梨枣。不事渡扶胥之江，手一卷而殿寝之壮观如见；不用睹韩山之石，口一篇而唐宋之巨制益亲。”可见，其一是担心庙内碑刻久之湮没不存，二是全面记录有关神庙的碑刻内容、文人诗赋、传说故事等，令人即使不达于此地，亦可通过此书了解南海神庙。

考察历代典籍对南海神庙的记载，《波罗外纪》最大的价值即在于其记载南海神庙内容之全面、系统、丰富，是记录南海神庙最齐备的资料集。故此，对《波罗外纪》进行校注，无疑是很有价值和意义的。

闫晓青

二〇一七年四月

凡　例

一、本书以广东省立中山图书馆藏清光绪八年（1882）刻本为底本，以广州黄埔南海神庙珍藏的碑刻、有关碑刻拓片、依据原碑刻拓片复制的碑刻以及相关文献参校。

二、底本中的按语或考证的文字，多低于正文一格或两格，今用5号楷体标示，以示区别。双行小字，今改用小5号宋体字标示，以与原文区别。

三、凡底本与碑刻、拓片及其他文献所载相异者，均在校注中予以说明。

四、僻见异体字、俗体字、古体字均改为通用字。

五、底本不误，他本文字不同而意可两存者，在校注中予以列出。

六、底本疑误，但缺依据者，一仍其旧，在校注中说明。

七、底本错字，径改，在校注中注明原字。

八、底本有脱字，径补，文中用（ ）括注标示，并在校注中说明。

九、凡底本有衍文，用［ ］括注标示，并在校注中说明。

十、底本有大段缺失，为不影响整体篇幅，亦于原文中径补，用（ ）标示，并在校注中说明。

序　一①

天地之大观，至海而止；天地之奇诡，亦自海而极。有木元虚[1]，殚精疲神，摹拟形相，而邀路之海童[2]，当蹊[3]之马衔[4]，仿佛之天吴[5]，闪尸之蜩蛎[6]，掩郁万状，混沌毕出，试效熬波出素，诺一续，为之未当也。河神谓之冰夷[7]，江神谓之奇相[8]，淮水神曰无支祈[9]，又曰淮涡[10]。祀秩不经，语终惚恍。惟南海神庙祀千三百年。孟夏气至，祝册必遣专官；封号叠加，香币常经御目。至我朝，柴望[11]益隆，圣祖仁皇帝亲书“万里波澄”扁[12]锡[13]之，宪皇帝又加号“昭明龙王”[14]。自是或三年，或五年，侍御之臣，封疆之吏，奉龙章、函龙涎而至者络驿于途。今皇帝御极之五年，继颁宸翰[15]，迭彰王灵，煌煌乎盛事，弗可及已。

岁辛酉[16]，恭承简命[17]，主试岭南，得番禺崔生[18]，年逾五十矣，呈所辑《波罗外纪》，庄录列圣谕祭南海神文，及前贤碑碣与所过诗歌，上起李北海[19]、韩昌黎[20]、苏子瞻[21]、杨诚斋[22]辈，下迄陈白沙[23]、湛甘泉[24]诸先生，暨本朝名公卿，鸿裁巨制，靡不搜罗，间取其生平一二吟咏关及海王轶事者列缀于后。其岂惟显扬海若[25]之威灵，铺张海宇之华藻云尔哉。将使后之啣天子命恭承祀事者手兹一本，身虽未历扶胥之境，而祝融之庙貌与伏波之鼓、达奚之树[26]如指诸掌也。考唐宋遗文，不啻大禹岣嵝[27]、周宣猎碣[28]森然列吾前也，以昭明典章，以赞襄鸿业。此《纪》顾不重乎？

---

① “序一”原书无，为方便阅读，今加。

抑又闻云："白玉蟾有《罗浮志》[29]矣，梁时[30]书目有《广州刺史碑》十二卷矣。"屈士煌《施田记》又云："田之广长短狭，具见《庙志》矣。"今其书皆不存。惟翁覃溪《粤东金石略》所辨书韩碑者为陈谏，而非陈谏重；辨铜鼓内无汉将军款识，考核精详，可为粉本[31]。生老且贫，濒海居，三岛十洲，吟哦殆遍。琅環福地[32]中，虽天禄[33]渠不能拟其富也。吾意此《纪》，其非望洋向若而叹[34]，为井蛙之不可与语[35]可知。故书此以弁其首。

广西督学使者、前辛酉科广东乡试主考官、翰林院编修、加一级、友生帅承瀛[36]题。

校注

[1] 木元虚：木华，字元虚，广川（今河北景县）人。西晋辞赋家，著有《海赋》（见昭明《文选》）。

[2] 海童：传说中的海中神童。《文选·左思〈吴都赋〉》："江斐于是往来；海童于是宴语。"刘逵注："海童，海神童也。"李善注引《神异经》："西海有神童，乘白马，出则天下大水。"

[3] 蹊：原作"溪"，今据文意改。

[4] 马衔：衔，原作"御"，今据文意改。马衔，海神名。《文选·木华〈海赋〉》："海童邀路，马衔当蹊。"李善注："马衔，其状马首，一角而龙形。"吕向注："马衔、海童，并海中神怪。"

[5] 天吴：古代神话传说中的水神。《山海经》："朝阳之谷，有神曰天吴，是为水伯。其为兽也，人面八首八足八尾，皆青黄。"《山海经·海外东经》："朝阳之谷，神曰'天吴'，是为水伯。"

[6] 蛧蜽：原作"蛧两"，今据文意改。蛧蜽亦作"蝄蜽"。传说为山川的精怪。《国语·鲁语下》："木石之怪曰夔、蛧蜽。"韦昭注："蛧蜽，山精，效人声而迷惑人也。"《说文·虫部》："蛧蜽，山川之精物也。淮南王说：'蛧蜽，状如三岁小儿，赤黑色，赤目、长耳、美发。'"桂馥义证："字书从鬼同。"宋孙奕《履斋示儿编·字说·集字一》："蛧蜽，俗作魍魉。"

[7] 冰夷：冯夷，古代传说中的河神。《山海经·海内北经》："从极之渊，深三百

仞，维冰夷恒都焉。冰夷人面，乘两龙。”郭璞注：“冰夷，冯夷也。”又指黄河水神。《庄子·大宗师》：“冯夷得之，以游大川。”成玄英疏：“姓冯名夷，弘农华阴潼乡堤首里人也。服八石，得山仙。大川，黄河也。天帝锡冯夷为河伯，故游处盟津大川之中也。”

[8] 奇相：江神名。《广雅·释天》：“江神谓之奇相。”王念孙疏证：“《史记·封禅书》索隐引庾仲雍《江记》云：‘奇相，帝女也，卒为江神。’”晋郭璞《江赋》：“奇相得道而宅神，乃协灵爽于湘娥。”

[9] 无支祈：亦名无支奇、无支祁，古代传说中淮水水怪名。《山海经》：“水兽好为害，禹锁于军山之下，其名曰无支奇（无支祁）。”“其形若猿猴，金目雪牙，轻利倏忽。”

[10] 淮涡：古代传说中的淮水水神名。《太平广记》卷四六七引唐韦绚《戎幕闲谈》：“禹因囚鸿蒙氏、章商氏、兜卢氏、犁娄氏，乃获淮涡水神，名无支祁。善应对言语，辨江淮之浅深、原隰之远近。形若猿猴，缩鼻高额，青躯白首，金目雪牙，颈伸百尺，力逾九象。”

[11] 柴望：柴祭与望祭，古代祭祀山川神灵的两种形式，用火烧柴祭天谓之柴，望祭山川谓之望。《礼记·王制》：“岁二月东巡守，至于岱宗，柴而望祀山川。”《后汉书·光武帝纪下》：“辛卯，柴望岱宗，登封太山。”

[12] 扁：匾额。多作匾。

[13] 锡：赏赐。

[14] 宪皇帝又加号“昭明龙王”：指清雍正三年（1725）封南海神为“南海昭明龙王之神”。

[15] 宸翰：帝王的墨迹。

[16] 辛酉：嘉庆六年（1801）。

[17] 简命：简任，选派任命。元柯丹丘《荆钗记·堂试》：“简命分专邦甸，报国存心文献。”明李东阳《送顾天锡员外审刑山西》：“谋谟内朝佐，简命诸曹臣。”

[18] 崔生：崔弼，字积匡、升東、鼎来，番禺（今广东广州）人。嘉庆六年（1801）举人。家贫，工诗，日事纂述，著述颇多，有《两粤水经注》《波罗外纪》《珍帚编》。

[19] 李北海：李邕，字泰和，广陵江都（今江苏扬州江都）人。唐代书法家。李邕少即成名，召为左拾遗，曾任户部员外郎、括州刺史、北海太守，人称“李北海”。有《李思训碑》《麓山寺碑》等。

[20] 韩昌黎：韩愈（768—824），字退之，邓州南阳（今河南孟县）人。唐代著名文学家。元和十四年（819）因谏迎佛骨触怒皇帝，被贬为潮州刺史。后改为袁州

刺史。

[21] 苏子瞻：苏东坡（1037—1101），字子瞻，又字和仲，号铁冠道人、东坡居士。眉州眉山（今四川眉山）人。北宋文学家、书法家、画家。

[22] 杨诚斋：杨万里（1124—1206），字廷秀，自号诚斋。江西吉水人。宋高宗绍兴二十四年（1154）进士，历任太常博士、广东提点刑狱、尚书左司郎中兼太子侍读、秘书监等。其诗被称为"诚斋体"，著有《诚斋集》存世。与陆游、范成大、尤袤齐名。

[23] 陈白沙：陈献章（1428—1500），字公甫，号石斋，晚号石翁，又自号古冈病夫，广东新会都会村人，后徙居江门白沙村，故人称白沙先生。明代著名理学家、书法家，自创茅龙笔。二十岁中举，入国子监。成化十八年（1482），应召至京，任翰林院国史检讨。著有《白沙集》传世。《明史》有传。

[24] 湛甘泉：湛若水（1466—1560），初名雨，又名露，字符明，号甘泉，广东增城新塘人。弘治五年（1492）举于乡。陈献章门人，不乐仕。后入南京国子监，弘治十八年（1505）会试，赐进士，选庶吉士，授翰林院编修，寻丁母忧，筑西樵讲舍讲学。嘉靖初，入朝上经筵讲学，进侍读，拜礼部侍郎。历任南京吏、礼、兵三部尚书。卒年九十五岁。一生所至必建书院以祀陈献章，为白沙学派的重要传承人。《明史》卷二八三有传。

[25] 海若：海神名。《庄子·秋水》："于是焉河伯始旋其面目，望洋向若而叹。"《楚辞·远游》："使湘灵鼓瑟兮，令海若舞冯夷。"王逸注："海若，海神名也。"洪兴祖补注："海若，庄子所称北海若也。"

[26] 达奚之树：传说中古印度使者所种植之波罗树，因后来被封为达奚司空而如此言。

[27] 大禹岣嵝：岣嵝碑，因刻于湖南境内南岳衡山岣嵝峰而名。相传此碑颂扬夏禹，故亦被称为"大禹功德碑"。罗含《湘中记》、赵晔《吴越春秋》、郦道元《水经注》、徐灵期《南岳记》、王象之《舆地记胜》均有载。

[28] 周宣猎碣：石鼓文，刻在十块石鼓侧面的秦篆，是我国最早的石刻文字，世称"石刻之祖"。因为文字刻于十个鼓形的石头上，故称。亦称猎碣，据云叙周宣王狩猎事。

[29] 白玉蟾有《罗浮志》：误。《罗浮志》为明陈槤所撰。陈槤，字庭器，号琴轩，广东东莞人。明洪武二十三年（1390）举人。《罗浮志》收入清伍崇曜辑《岭南遗书》第三集。

[30] 梁时：字用行，明初江苏吴江人。曾讲学于长洲（今苏州）一带，洪武二十一年

（1388），以善书荐授岷府纪善，永乐初迁翰林院典籍，参修《永乐大典》，充任副总裁。著有《噫余集》存世。

[31] 粉本：中国古代绘画施粉上样的稿本，即画稿。元代汤垕《画论》："古人画稿，谓之粉本，前辈多宝蓄之。盖其草草不经意处，有自然之妙。宣和绍兴所藏之粉本，多有神妙者。"

[32] 琅環福地：传说仙人所居藏有大量武学典籍的洞府。環，嬛之假借。元伊世珍《琅嬛记》："华心乐之，欲赁住数十日，其人笑曰：'君痴矣。此岂可赁地耶？'即命小童送出。华问地名，对曰：'琅嬛福地也。'"

[33] 天禄：中国古代汉族传说中的神兽，与"天命"和"禄位"有关。似鹿而长尾，一角者为天禄，二角者为辟邪，可攘除灾难，永安百禄。古人把它们对置于墓前，既有祈护祠墓、冥宅永安之意，亦作为升仙之座骑，寄托古人辟邪除灾、迎祥纳福的美好愿望。

[34] 望洋向若而叹：仰望海神而兴叹。原指在伟大事物面前感叹自己的渺小，现多比喻做事时因力不胜任或没有条件而感到无可奈何。《庄子·秋水》："于是焉河伯始旋其面目，望洋向若而叹。"

[35] 井蛙之不可与语：井底之蛙你不可以和它讲海，因为它被狭小的生活环境所局限。《庄子·秋水》："北海若曰：'井蛙不可以语于海者，拘于虚也；夏虫不可以语于冰者，笃于时也……'"

[36] 帅承瀛（1767—1841）：字仙舟，湖北黄梅人。清嘉庆元年（1796）一甲三名进士，授编修，累迁国子监祭酒。先后督广西、山东学政，历太仆寺卿、通政使、副都御史，署仓场侍郎。嘉庆六年（1801）广东辛酉科乡试主考官，是年崔弼中举人。

序　二①

勺水[1]，在天地间水也。众江之于海水，犹勺水也。记勺水则小，记海水则大；记勺水之江水则小，记海水之勺水则大。天下之水不汇于江不能入海，粤之水不汇于江亦不能入于海。

波罗江者，粤水之网络，而入海之门户也。立乎江之上，云沙浩渺，原田弥漫，未见海也。观乎是书，而涓流之所注，与灵海之委输，已了然指诸掌矣。或曰：南，离火[2]也。火，水妃[3]也。江上有庙，祠祝融之神，神司天发英以生百宝，是宜记。庙祀久远，法物森罗，逮我朝褒崇优异，冠冕百王，又宜记。其余名篇巨制，积而日多，散而渐轶，又不可以不记。是故，上际天神，下详水土，又包举乎礼乐文章，读者于此惊其滈汗[4]而无涯，渊潾而无极，而光怪潜孕真如，朱敛绿烟，吹炯九泉，洞心刿目，煌煌乎大观也哉。

夫记土俗者，各夸其美，犹河伯之习于河、北海若之习于海耳。今崔君鼎来，以释《禹贡》[5]、志《河渠》[6]、注《水经》[7]之才之学，而聊于波罗一江，以发凡而起例，意犹存乎见少，未尝以此自多。使崔君尽出其才与学，以遍记天下名山大川，观者又将旋其面目，而不徒兴望洋之叹。吾姑以是书为崔君述作之权舆[8]云尔。

嘉庆甲子[9]初春，南海谢兰生[10]叙并书。

① “序二”，原书为“序”。

校注

[1] 勺水：一勺水，指少量的水。《礼记·中庸》："今夫水一勺之多，及其不测，鼋鼍蛟龙鱼鳖生焉，货财殖焉。"晋葛洪《抱朴子·用刑》："钻燧之火，勺水可灭。"

[2] 离火：五行中的火。八卦之中，离为南方，因南方为太阳正午之位，属阳，且四象之中南方属于丙丁之火，为朱雀守护。所以八卦中离位为火，即离火。

[3] 水妃：亦作"水妣"。指火。《左传·昭公九年》："火，水妃也。" 杜预注："火畏水，故为之妃。" 宋苏轼《云龙山观烧得云字》云："丁女真水妃，寒山便火耘。"宋梅尧臣《正仲往灵济庙观重台梅》云："玉盘迭捧溪女归，鱼鳞作室待水妣。"

[4] 淯汗：水长流貌。郭璞《江赋》："淯汗六州之域，经营炎景之外。"李周翰注："淯汗，长流貌。"

[5] 《禹贡》：《尚书》中的一篇，战国时魏国人托名大禹的著作，因此以《禹贡》名之。《禹贡》以山脉、河流等为标志，将全国划分为冀州、兖州、青州、徐州、扬州、荆州、豫州、梁州、雍州等九州，并对每州的疆域、山脉、河流、植被、土壤、物产、贡赋、少数民族、交通等自然与人文地理现象作了介绍。

[6] 《河渠》：《河渠书》，出自《史记》。作者司马迁，是我国第一部水利通史。记载了从大禹治水开始，至汉元封二年（前109）黄河瓠子堵口及其以后各地倡兴水利、开渠引灌等史实，为历代史书撰述河渠水利专篇的典范。

[7] 《水经》：我国第一部记述水系的专著。作者和成书年代历来说法不一，传为三国时人桑钦所著。此书简要记述了全国137条主要河流的水道情况，但缺乏系统性，对水道之来龙去脉及流经地区之地理情况载之不详，相当简略。北魏郦道元为之作注，成《水经注》。

[8] 权舆：起始。《诗·秦风·权舆》："今也每食无余，于嗟乎！不承权舆。"朱熹集传："权舆，始也。"三国魏曹丕《登城赋》："孟春之月，惟岁权舆，和风初畅。"清黄宗羲《〈淮安戴氏家谱〉序》："武王克商，封微子于宋，七世而曰戴公，此戴姓之权舆也。"

[9] 嘉庆甲子：嘉庆九年（1804）。

[10] 谢兰生（1760—1831）：字佩士，号澧浦、里甫、理道人，广东南海人，寓广州。嘉庆七年（1802）进士，羊城书院掌教。工诗善画。著有《常惺惺斋日记》《常惺惺斋文集》《常惺惺斋诗集》《游罗浮日记》《书画题跋》等。

自　序①

南为离，为火，为文明。云汉之昭回，日星之烂漫，川渟岳峙，百宝之焜耀，含精孕采，历千秋而不可掩，皆是物也，而皆有神以司之。神不可知，而恒征于人。

庙于开皇[1]，王于天宝[2]，加封于皇祐、至元[3]，神之灵昭昭矣。元和碑版[4]，照耀千春；玉局诗篇[5]，峥嵘万壑。以至天章宸翰[6]，烂然与旒纩簪导同新。人借神而光，神亦依人而显。皇华使者，事隆望秩，大礼成，必考文渊之鼓[7]，询达奚之树，周视两庑，必求所谓"蜿蜿蚍蚍"之文[8]，而登章邱[9]，必口诵手划，流连不能去。其归也，作《南游草》、纪行录，长歌丽句，附苏韩之末光。直谓华阳真逸[10]，《鹤铭》[11]无剥蚀之时，岘首[12]行人，羊叔[13]洒永思之泪矣。然诅楚之文[14]，或与那湫[15]同缺；峄山之刻[16]，亦缘野火失真[17]。白沙碑[18]仅三百年而乌焉成马[19]，渐就颓泐。历代摹拓，当事疲于奔命，安知不曳之而倒，使粗沙大石相磨治乎。

弼惧文之勒于石者，久之而不能辨也，又惧好古者之不能游龙门、登禹穴、探往迹也。钞庙中见在可读之碑，与父老所传灵著事实，或诗文之有涉于南海庙而不必镌之石者，皆编而付之梨枣[20]。不事渡扶胥之江，手一卷而殿寝之壮观如见；不用睹韩山之石[21]，口一篇而唐宋之巨制益亲。人能文，其精神必著于天而为神，神爱其文，必有蛟蜃海怪默为之护。此书之刻，吾知潮阳迁客[22]、儋耳谪宦[23]有与，巡海六侯，未能唾弃余也。弼，神部邑人[24]，居雷峰[25]侧，去神祠五十

① "自序"原书无，今加。

里，常馆于祠之东三十里，岁导祠下常八九过。故采访俚事为详。

时嘉庆五年[26]冬，番禺崔弼言。

校注

[1] 庙于开皇：指南海神庙于隋开皇十四年（594）建立。

[2] 王于天宝：指唐天宝十年（751）封南海神为“广利王”。

[3] 加封于皇祐、至元：指宋皇祐五年（1053）为南海神加封“昭顺”号，成为“南海洪圣广利昭顺王”。元至元二十八年（1291）加封南海神为“广利灵浮王”。

[4] 元和碑版：指唐元和十五年（820）韩愈所撰《南海广利王庙碑》。碑版，泛指碑志之属。《碑版广例》：“开元二十五年羊愉撰景贤大师身塔记，末有碑版所详，不复多载语，后魏昌冯王新庙碑，有碑版湮灭语；后人碑版名称，殆自此始。”唐杜甫《八哀诗·赠秘书监江夏李公邕》：“干谒走其门，碑版照四裔。”

[5] 玉局诗篇：指苏轼所作浴日亭诗。苏轼曾任玉局观提举，后人遂以“玉局”称苏轼。玉局观是宋代著名的道观，在今四川成都市北。宋王象之《舆地纪胜》：“昔老君与张道陵至此，有局脚玉床自地自出，老子升座说南斗经，既去而座隐入地中，因成洄穴，故以玉局为名，苏轼提举玉局观，即此。”

[6] 天章宸翰：帝王的笔墨诗文。

[7] 文渊之鼓：文渊，即马援。相传马援南征时，南方潮湿，皮鼓因潮湿而不鸣，马援因之以铜制鼓。传言南海神庙铜鼓即为马援所制骆越之鼓。马援（前14—49），字文渊，扶风茂陵（今陕西兴平窦马村）人。东汉开国功臣之一。官至伏波将军，被人尊称为“马伏波”。东汉时，交趾女子征侧、征贰姐妹起兵反汉，汉光武帝刘秀派马援率军平定了交趾，因功封新息侯，并在其地立铜柱，作为汉朝最南方的边界。《后汉书》卷二十四《马援列传》载：“援将楼船大小二千余艘，战士二万余人，进击九真贼征侧余党都羊等，自无功至居风，斩获五千余人，峤南悉平。”唐李贤注引《广州记》曰：“援到交址，立铜柱，为汉之极界也。”后历代文人的诗赋中常提到此段历史。庾信《哀江南赋》云：“东门则鞭石成桥，南极则铸铜为柱。”宋之问《韶州诗》：“珠崖天外郡，铜柱海南标。”张籍《送南客》：“夜市连铜柱，巢居独象州。”皆指此事。

[8] “蜿蜿虵虵”之文：唐韩愈所撰《南海广利王庙碑》有“蜿蜿虵虵”之句，此处代指此碑。

[9] 章邱：南海神庙西南之小山丘。

[10] 华阳真逸：《瘗鹤铭》之撰者。铭署有“华阳真逸撰，上皇山樵正书”。

[11] 《鹤铭》：指江苏镇江一处六朝时期的摩崖石刻《瘗鹤铭》。是为葬鹤而撰写之铭文，大字正书，被奉为“大字之祖”。由于只书名号，历来对作者和所作年代争议不断。作者有王羲之、陶弘景、顾况、王瓒、皮日休等说法。

[12] 岘首：山名，即湖北襄阳县南的岘山。亦指“岘山碑”。西晋时，羊祜镇守襄阳，勤于治世，大兴学校，关心百姓疾苦，后人在他常游憩的岘山上为他立庙树碑，见者无不落泪。后遂以“岘首”比喻对死者的怀念。

[13] 羊叔：羊祜，字叔子，泰山南城人。晋武帝平吴之功臣。著名战略家、政治家和文学家。博学能文，清廉正直。

[14] 诅楚之文：《诅楚文》。相传为秦石刻文字。战国后期秦楚争霸激烈，秦王祈求天神保佑秦国获胜，诅咒楚国败亡，因称《诅楚文》。宋欧阳修《集古录跋尾·秦祀巫咸神文》：“右《秦祀巫咸神文》，今流俗谓之‘诅楚文’。其言首述秦穆公与楚成王事，遂及楚王熊相之罪。”亦省称“诅楚”。

[15] 那湫：朝那湫渊。秦汉时湖名，古代先民祭祀、求雨的圣地，皇家在此建有专用祭祠“湫渊祠”。《史记·封禅书》：“湫渊祠朝那。”刘宋裴骃《史记集解》引苏林语：“湫渊在安定朝那县，方四十里，停不流，冬夏不增灭，不生草木”。《固原州志·图说》：“即顾氏指为秦王投文诅楚处。”唐司马贞《索隐》：湫渊“即龙之所处也”。现已不存。

[16] 峄山之刻：峄山石刻、峄山碑。峄山，位于今山东省邹城市东南，与泰山南北对峙，《孟子》“孔子登东山而小鲁，登泰山而小天下”中的“东山”即指此山。《史记·秦始皇本纪》：“始皇二十八年东行郡县，上邹绎山，与鲁诸儒生议刻石、颂秦德、议封禅，望祭山川之事。”李斯当即成文篆字，派人刻碑石于峄山之上，遂有此碑。

[17] 野火失真：指原秦峄山石刻被焚烧之后，据拓片摹刻的文字已失真。据唐封演《封氏闻见记》，此碑后被北魏太武帝登峄山时推倒。但因李斯小篆盛名遐迩，碑虽倒，慕名前来摹拓的文人墨客、达官显贵仍络绎不绝。当地官民因常疲于奔命送往迎来，便聚薪碑下，将其焚毁，从此不可摹拓。到了唐代，有人叹惜秦碑被毁，便将流传于世的拓片摹刻于枣木板上。原碑线条纤细柔和，直可中绳，圆可中规，而摹刻笔画略显肥厚。因此，杜甫《李潮八分小篆歌》有“峄山之碑野火焚，枣木传刻肥失真”句。

[18] 白沙碑：位于南海神庙西南章邱小山上之陈献章诗碑。

[19] 乌焉成马：乌、焉、马三字字形相近，几经传抄而写错。指文字因形体相似而传

写错误。《周礼·天官·缝人》："丧，缝棺饰焉。"汉郑玄注："故书焉为马，杜子春云'当为焉'。"古谚："书经三写，乌焉成马。"

[20] 付之梨枣：刻版刊印书籍。梨枣，旧时刻书多用梨木、枣木，故用以代称书版。

[21] 韩山之石：与首山之铜等并列的传说级别的炼器材料，极为罕见。此处代指历代珍贵碑刻。

[22] 潮阳迁客：指韩愈。韩愈在唐宪宗元和十四年（819），因谏迎佛骨一事被贬至潮州，故称。韩愈，参"序一"注[20]。

[23] 儋耳谪宦：指苏东坡。宋哲宗绍圣四年（1097），苏东坡被贬到海南岛儋州（今海南儋州），故称之为"儋耳谪宦"。参"序一"注[21]。

[24] 神部邑人：南海神庙所在地与崔弼所居地同归番禺县管辖，故自称为神部邑人。

[25] 雷峰：原位于广州市番禺区南村镇员岗村与陈边村交界的雷峰山，山上建有雷峰寺，始建于南汉，后改名海云寺。崔弼即居于雷峰寺侧。

[26] 嘉庆五年：公元1800年。

天一生水，万壑朝宗。位北极而常尊，图南溟而永奠。——纪神灵。

祝融一宫[1]，牂牁万顷。走五羊而西折，控二虎[2]以东升。——纪庙境。

鲸吼雷门，龙掀海府。将军之武库常存，广利之威灵斯在。——纪法物。

五松封爵[3]，六榕手书[4]。思遗爱于甘棠[5]，发瑞光于黄木。——纪遗荫。

封山禅父[6]，历汉溯秦。昆池无不劫之灰[7]，海屋有长添之算[8]。——纪年表。

禹刊岣嵝[9]，汉勒燕然[10]。鸿裁[11]识王国之华，片石感韩山之旧[12]。——纪碑牒。

湘水歌骚[13]，洛神感植[14]。微之则虮虱[15]有声，广之亦宫人[16]能诵。——纪文赋。

迁客[17]能吟，老奴欺汝。捋龙须而得，固成明月之珍；附骥尾[18]而来，或备輶轩[19]之采。——纪诗歌。

校注

[1] 祝融一宫：指南海神庙。南海神庙奉祝融为南海神，因建庙祀之。《汉书·扬雄传上》："丽钩芒与骖蓐收兮，服玄冥及祝融。"颜师古注："祝融，南方神。"唐韩愈《南海神广利王庙碑》："考于传记，而南海神次最贵，在北东西三神河伯之上，号为祝融。"

[2] 二虎：珠江入海口之大、小虎山。《广州府图经志》："东莞县西南大海中，有大虎、小虎，二山相次，若虎踞之状，故名虎头门。"为海外进入广州的门户。

[3] 五松封爵：秦始皇二十八年（前219）封禅泰山，风雨暴至，避于松树下，因此树护驾有功，按秦官爵封为五大夫。后世人不明"五大夫"为秦官，而附会为五株松。《史记·秦始皇本纪》："乃遂上泰山，立石，封，祠祀。下，风雨暴至，休于树下，因封其树为五大夫。禅梁父。"唐李白《奉钱二翁寻桃花源序》："虽五松受职，草木有知，而万象乖度，礼刑将弛。"《秦并六国平话》卷下："始皇等待雾开，见五松遮盖车驾。秦始皇遂封为五大夫。"

[4] 六榕手书：指苏东坡为广州著名佛教古迹六榕寺手书"六榕"二字。六榕寺始建于南朝梁武帝大同三年（537），初名宝庄严寺。宋太宗端拱二年（989），更名净慧寺。宋哲宗元符三年（1100），苏东坡到此游览，见寺内有古榕树六棵，便题书"六榕"二字。后人将"六榕"刻于木匾悬挂于寺门之上。明成祖永乐九年（1411），净慧寺改称六榕寺，舍利塔亦称六榕塔，并沿袭至今。

[5] 甘棠：召南之民歌咏称颂召公的一首颂诗。《诗经·风·召南》之一首，共九句，三十六字。《毛诗序》："《甘棠》，美召伯也。召伯之教，明于南国。"《史记·燕召公世家》："召公之治西方，甚得兆民和。召公巡行乡邑，有棠树，决狱政事其下，自侯伯至庶人各得其所，无失职者。召公卒，而民人思召公之政，怀棠树不敢伐，歌咏之，做《甘棠》之诗。"

[6] 封山禅父：祭祀天地。《史记·封禅书》："古者封泰山禅父者七十二家。"《史记·封禅书》张守义正义："此泰山上筑土为坛以祭天，报天之功，故曰封。此泰山下小山上除地，报地之功，故曰禅。"

[7] 昆池无不劫之灰：昆池，即昆明池，在今陕西西安附近。劫，佛教用语，佛教认为天地自形成到毁灭为一劫。后以此喻指巨大灾难后的遗物，或指因兵火战乱，世事发生了巨大的变化。南朝梁释慧皎《高僧传》卷一《汉洛阳白马寺竺法兰》："昔汉武穿昆明池底得黑灰，以问东方朔，朔云不委，可问西域人。后法兰既至，众人追以问之，兰云：'世界终尽，劫火洞烧，此灰是也。'"

[8] 海屋有长添之算：海屋，寓言中堆存记录沧桑变化筹码的房间。旧时用于祝人长

寿。宋苏轼《东坡志林》卷二《三老语》：“尝有三老人相遇，或问之年……一人曰：海水变桑田时，吾辄下一筹，尔来吾筹已满十间屋。”

[9] 禹刊岣嵝：参“序一”注[27]。

[10] 汉勒燕然：在燕然山上刻《燕然山铭》以纪功，永志不忘。用它表示取得了重大的胜利，也用以形容建功边地的决心和气概。燕然，山名，今蒙古境内杭爱山。《后汉书·窦宪传》：“与北单于战于稽落山，大破之，虏众崩溃……宪、秉遂登燕然山，去塞三千余里，刻石勒功，纪汉威德，令班固作铭曰……”宋范仲淹《渔家傲·秋思》有“浊酒一杯家万里，燕然未勒归无计”句。

[11] 鸿裁：鸿文，巨著、大作。南朝梁刘勰《文心雕龙·诠赋》：“故知殷人缉《颂》，楚人理赋，斯并鸿裁之寰域，雅文之枢辖也。”清全祖望《皇舆图赋》：“汉典唐经，藐不足道，乃以睿谟，而成鸿裁。”

[12] 片石感韩山之旧：南北朝时著名文学家庾信，很喜爱北魏文学家温子升所作《韩山碑》。受梁明帝派遣出使北周时有人问他北方如何？庾信说，只有韩山一片石（即《韩山碑》）能与之相语，其他所闻就像驴鸣犬吠一般。

[13] 湘水歌骚：此指《离骚》。湘水，指湖南湘江（旧属楚地）。骚，忧愁也。传屈原于国破后吟歌于泽畔，投汨罗江以殉国。汨罗江为湘水之支流。《楚辞》中有屈原之《离骚》《九歌》。

[14] 洛神感植：洛神即宓妃。植，三国曹操之子曹植。宓妃原是伏羲氏的女儿，因迷恋洛河两岸景色，降临人间，来到洛阳。三国时期的曹植因民间洛神的传说而作《洛神赋》。李商隐的诗中，多次引用曹植感甄（洛神）的情节。《东阿王》：“君王不得为天子，半为当时赋洛神。”

[15] 虮虱：虱及其卵。比喻卑贱或微小。晋葛洪《抱朴子·吴失》：“笑虮虱之宴安，不觉事异而患等。”

[16] 宫人：妃嫔、宫女之通称。西汉成帝订的一项后宫制度，在后宫九等级中，宫人排名第八，享五品官俸禄。北宋年间宫人被废。南宋始称作宫女。

[17] 迁客：遭贬斥放逐之人。唐刘长卿《听笛歌别郑协律》：“旧游怜我长沙谪，载酒沙头送迁客。”

[18] 附骥尾：《史记·伯夷列传》：“颜渊虽笃学，附骥尾而行益显。”司马贞《索隐》：“按：苍蝇附骥尾而致千里，以譬颜回因孔子而名彰也。”后用以喻依附先辈或名人之后而成名。唐李咸用《和彭进士感怀》：“若向云衢陪骥尾，直须天畔落旄头。”

[19] 輶轩：轻车，多由使臣乘坐。借指出使的大臣。汉应劭《风俗通义·序》：“周、秦常以岁几月，輶轩之使，求异代方言。”

谕沿海居民敬神

雍正二年[1]

上谕：

沿海居民人等：朕思天地之间，惟此五行之理，人得之以生全，物得之以长养。而主宰五行者，不外夫阴阳。阴阳者，即鬼神之谓也。孔子言："鬼神之德，体物而不可遗。"岂神道设教哉？盖以鬼神之事，即天地之理，故不可以偶忽也。凡小而丘陵，大而川岳，莫不有神焉主之，故当敬信而尊事，况海为四渎之归宿乎？使以为不足敬，则尧舜之君，何以柴望[2]秩于山川？文武之君，何以怀柔百神，及河乔岳[3]？今愚民昧于此理，往往淫祀而不信明神，傲慢亵渎，致于天谴。夫善人多而不善人少，则天降之福，即稍有不善者，亦蒙其庇；不善人多而善人少，则天降之罚，虽善者亦被其殃。

近者，江南报：上海崇明诸处，海水泛溢。浙江又报：海宁、海盐、平湖、会稽等处，海水冲决堤防，致伤田禾。朕痛切民隐，忧心孔殷。水患虽关乎数，或亦由近海居民平日享安澜之福，绝不念神明庇护之力，傲慢亵渎者有之。夫敬神，固理所当然，而趋福避祸之道，即在乎此。能敬则谓之顺天，不敬则谓之亵天。亵天之人，顾可望绥宁之福乎？诗曰："敬天之怒，无敢戏渝。"[4]又曰："畏天之威，于时保之。"[5]朕固当朝乾夕惕[6]，不遑宁处，以敬承天意，亦愿尔百姓共凛此言，内尽其心，外尽其礼。敬神如神在，实以至诚昭事，而不徒尚乎虚文。人意即神意，一念之感格，自足以致休祥，岂独一家一乡之被其泽哉？尔百姓果能人人心存敬畏，必获永庆安澜。

着该督抚将此谕旨，令该地方官家谕户晓，俾沿海居民一体知悉。

特谕。

校注

[1] 雍正二年：公元1724年。

[2] 柴望：参“序一”注[11]

[3] 怀柔百神，及河乔岳：对百神、河流和山川都要善待。语出《诗经·周颂·时迈》。毛苌为之作注曰：“怀，来也；柔，安也。”《礼记·中庸》：“柔远人则四方归之，怀诸侯则天下畏之。”及，祭及。河，黄河，此指河神。《毛传》：“乔，高也。高岳，岱宗也。”乔岳，高山，此指山神。

[4] 敬天之怒，无敢戏渝：敬畏上天之威怒，不敢贪逸享乐。《诗经·大雅》：“敬天之怒，无敢戏豫。敬天之渝，无敢驰驱。”

[5] 畏天之威，于时保之：畏惧上天之威严，保佑得到安定。《诗经·周颂》：“我其夙夜，畏天之威，于时保之。”

[6] 朝乾夕惕：一天到晚勤奋谨慎，没有一点疏忽懈怠。《周易·乾》：“君子终日乾乾，夕惕若，厉，无咎。”

南岡頭
獅子塔
蓮花城

波羅全圖
小虎門
大虎門
斜西

鹿步司署
尉遲岩
戙旗岡

嶺汛
二濫尾
大濫尾

南海神廟

海光寺
御碑亭

浴日亭

觀

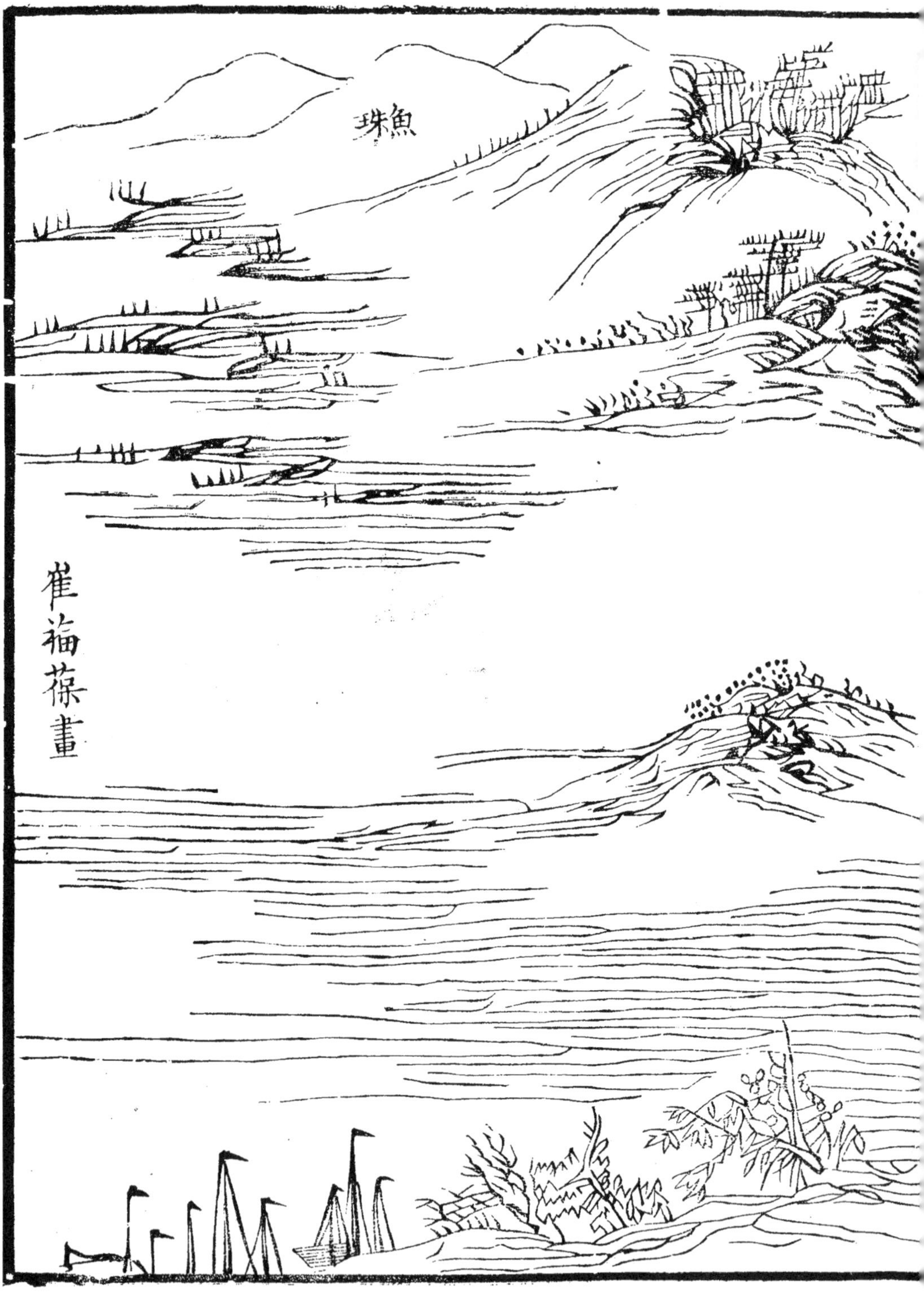
魚珠
崔福葆畫

白沙

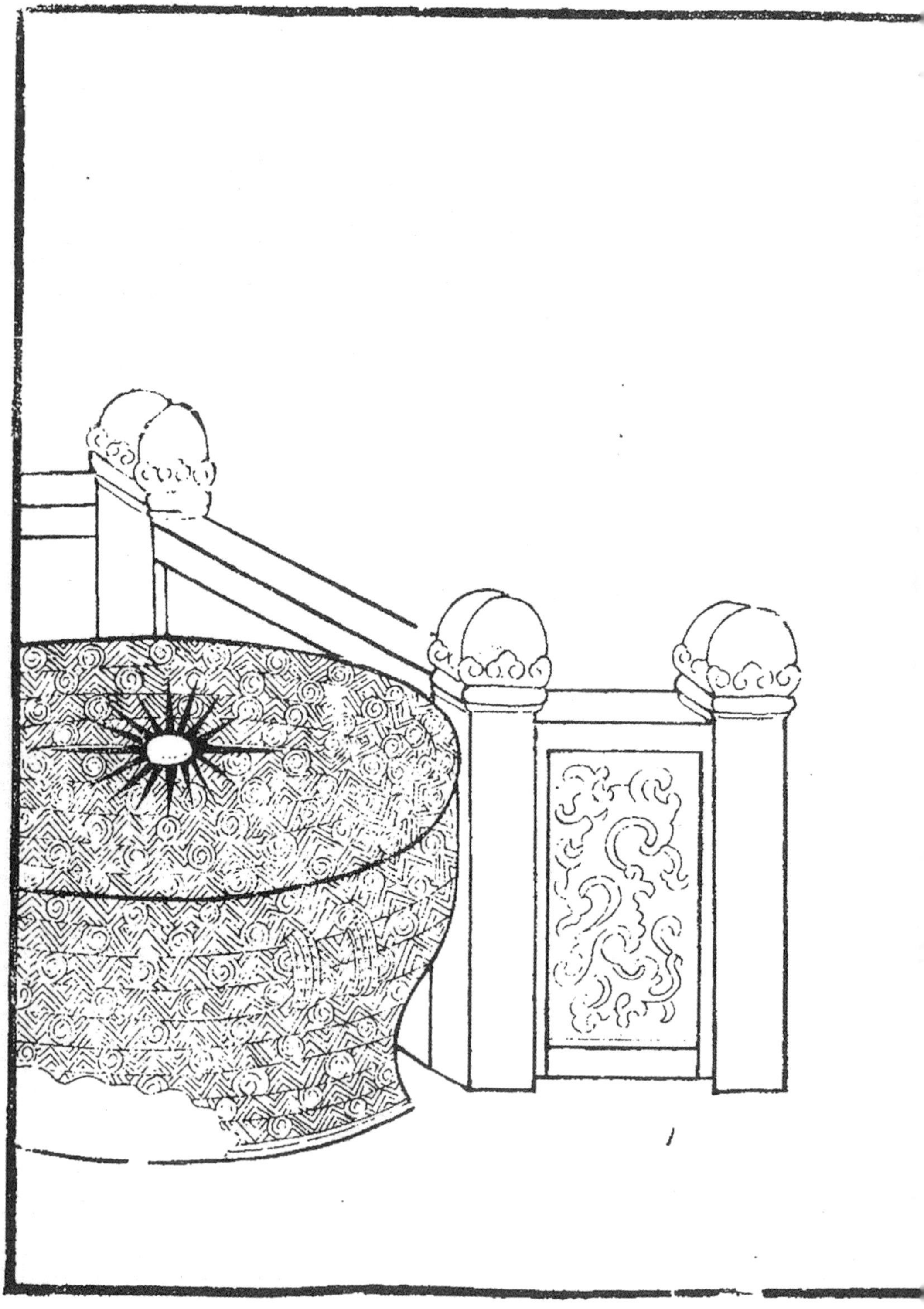

铜鼓图跋①

铜鼓东大西小，大者面径三尺五寸五分，高一尺九寸六分，面较鼓身四边宽出寸许，腹渐缩，下又渐廓。面缀六蛙，周以雷文[1]。小者面径二尺八寸三分，高一尺二寸，腹尚微廓，腹下乃缩。制同。皆有脐，微凹。

铜柱[2]成，交州[3]宁；铜鼓鸣，征侧[4]平。粤人非铜无以为生，是薏米[5]也，而以为珠是铜也，安知非金之精？鸢站武溪[6]，功在南溟[7]，吾以为南海神，其即新息侯[8]之灵乎！

粥跋。

校注

[1] 文：通“纹”。

[2] 铜柱：铜制作为边界标志的界桩。此指东汉马援征伐交趾征侧、征贰叛乱后，于今越南北部所立之铜柱。北魏郦道元《水经注》：“郁水又南，自寿泠县注于海。昔马文渊积石为塘，达于象浦，建金标为南极之界。俞益期《笺》曰：‘马文渊立两铜柱于林邑岸北，有遗兵十余家不反，居寿泠岸南，面对铜柱。’……《临邑记》曰：‘建武十九年，马援树两铜柱于象林南界，与西屠国分，汉之南疆也。’”

[3] 交州：西汉置交趾刺史部，东汉建武年间，光武帝改为交州刺史部，简称交州，治广信县，后迁番禺。辖境约今广东、广西大部及越南北部。

[4] 征侧：东汉初举兵反汉之交趾女子。可参《后汉书》卷二十四《马援传》。

[5] 薏米：薏苡，可食，入药。《后汉书》卷二十四《马援传》：“初，援在交趾，常饵薏苡实，用能轻身省欲，以胜瘴气。南方薏苡实大，援欲以为种，军还，载之一车。时人以为南土珍怪，权贵皆望之，援时方有宠，故莫以闻。及卒后，有上书谮之者，以为前所载还，皆明珠文犀。”

[6] 武溪：武陵五溪之简称，即今湖南泸溪县武水。武水入粤地为北江之一支。

[7] 南溟：南海。

[8] 新息侯：马援。参“自序”注[7]。

---

① “铜鼓图跋”，今加。

波罗外纪目录

郡城八景[3]

法物　卷三

铜鼓

铁船

奠酒槽[4]

遗荫　卷四

波罗树

榕

木棉

鱼

虾

赑屃之异

年表　卷五

碑牒　卷六

唐碑　六之一[5]

册祭南海神记　李邕作《金石略》作张九皋

南海神庙碑　韩愈作

宋碑　六之二

开宝南海神庙碑　裴丽泽作

中书门下牒康定二年

中书门下牒皇祐五年　蔡襄作诰

　南海神祠状奏　元绛作

　敕祀南海神庙记　元绛作

元碑　六之三

明碑　六之四

景泰五年碑
景泰六年碑
天顺元年碑[6]
成化元年碑
成化壬辰重修南海神祠碑记　余志作
成化四年碑
成化十三年碑
成化二十年碑
弘治[7]元年碑
弘治[8]六年碑
正德元年碑
正德六年碑
正德七年碑
嘉靖十一年碑
嘉靖十七年碑
万历十六年碑
崇祯[9]八年祀海神记　叶绍颙[10]作

国朝碑　六之五

圣祖仁皇帝御碑[11]
顺治八年碑
（康熙六年碑）[12]
（康熙二十一年碑）[13]
康熙二十四年碑
康熙二十七年碑
康熙三十五年碑
康熙三十六年碑
康熙四十二年碑

文赋　卷七

诗歌　卷八

碑刻　八之一

登浴日亭[18]　宋　**苏轼**

浴日亭和东坡韵[19]　明　**陈献章**

奉命修理南海王祠偶成一律以纪岁月　元　**河南王按弹溥化**

弘治[20]三年秋八月十有二日，予与方伯刘时雍祭南海神，夜泊浴日亭下。祭毕，登舟，天色尚未明，见日柱已挂插海矣，倚篷东望，诗兴浩然，噫吁！亭有坡翁诗刻，予敢言诗哉？志所见耳。　下明　**薛纲**

浴日亭　**王相**

浴日亭次东坡韵　**徐文溥**

浴日亭次东坡韵　**李时华**

谒南海神祠登浴日亭次东坡原韵　**陈玉章**

入春三日登浴日亭步东坡韵　**王命璿**

丁未冬日，代天祭告南海，同冯苍心、刘瑞堂、杨莲峰诸公登浴日亭漫赋　本朝　**董笃行**

登浴日亭和东坡原韵　**周人骥**

和抚军祀南海神庙登浴日亭步东坡原韵　**周龙官**

南海庙铜鼓歌　**德保**五首

祭南海神庙得诗四首

乾隆五十五年庚戌，恭逢圣寿八旬，泒祭南海，诹[21]吉于二月十一日，由京起程，四月初十日展谒神祠。因登浴日亭，读苏长公诗，援笔记此，不暇计其工拙也。　**孟邵**

承祭南海神庙礼成述事　**裘行简**

题壁

名集　八之二

校注

[1]　祭器：正文卷一作“礼器”。

[2]　检：原脱，今据正文卷二补。

[3]　景：原作“境”，今据正文卷二改。

[4]　奠酒槽：正文卷三作“铁酒槽”。

[5]　唐碑　六之一：原作“唐牒　六之”。

[6]　“天顺元年碑”与“正统九年碑”先后次序颠倒，应为“正统九年碑”在先，“天顺元年碑”在后。

[7][8] 弘治：原作“宏治”，因避清高宗乾隆弘历讳而写作“宏治”，今改。

[9]　崇祯：原作“崇正”，因避清世宗雍正胤禛讳而写作“崇正”，今改。

[10]　叶绍颙：原作“叶绍顒”，因避清仁宗嘉庆颙琰讳而作减笔，今改。

[11]　圣祖仁皇帝御碑：正文卷六置于康熙三十六年（1697）碑之后。

[12]　康熙六年碑：原脱，今据正文卷六补。

[13]　康熙二十一年碑：原脱，今据正文卷六补。

[14]　康熙四十八年碑：原脱，今据正文卷六补。

[15]　雍正九年碑：原脱，今据卷六正文补。

[16]　今皇帝御赐扁：正文卷六作“嘉庆五年御赐扁”。

[17] 重修南海神庙碑记：原作“亲祀南海神记”，正文卷七无载，今据宣统《南海县志·金石略》王士俊所作碑记改。

[18] 登浴日亭：正文卷八作“苏东坡先生浴日亭诗”。

[19] 浴日亭和东坡韵：正文卷八作“陈白沙先生浴日亭和东坡韵诗”。

[20] 弘治：参“波罗外纪目录”注[7]。

[21] 诹：原作“陬”，今据文意改。

[22] 明：原作“宋”，今改。据阮元《广东通志·职官表》，陆万钟于明万历九年（1581）任广东布政使司参议，十二年（1584）升任广东提刑按察使司副使。

[23] 南海庙：正文卷八作“波罗庙”。

[24] 王士祯：原作“王士正”，因避清世宗雍正胤禛讳而写作“王士正”，至乾隆时复改为“祯”，今改。

[25] 王黄湄：原作“王黄眉”，即王又旦。

神灵 卷一

南海神

昌黎碑[1]云："南海神次最贵，在东西北三神、河伯之上，号为祝融。"虞翻[2]云："祝，大也；融，明也。南海为太明之地，其神沐日浴月，以开炎天，故曰祝融也。"庙在波罗江上，建自隋开皇年。唐开元中封"广利王"[3]，岁以立夏气至，命广州刺史行事祠下，祝文书御名。宋皇祐中，加号"昭顺"。[4]绍圣中，复加"威显"。元至元间，加号"广利灵孚王"。明洪武三年，始封"南海之神"，春、秋二仲月遣官致祭。六年，复赐黄金香盒，重十六两。国朝康熙四十四年重修，屡遣官致祭。雍正三年，封为"南海昭明龙王之神"，并修殿宇。中为神祠，东为厨库牲房，西为斋宿所，南为仪门，又南为华表、望洋之所。

邑志引《新语》[5]云：南海祠书额，宜曰"南海之帝"。盖以《家语》[6]云：水、火、木、金、土，是谓五帝。又庄生云"南海之帝为倏[7]"，故也。南海之帝实祝融。祝融，火帝也，帝于南岳，又帝于南海者。《石氏星经》[8]云：南方帝，其精朱鸟为七宿。司夏，司火，司南岳，司南海，司南方是也。司火而兼司水，盖天地之道，火之本在水，水足于中而后火生于外。火非水无以为命，水非火无以为性。水与火，分而不分，故祝融兼为水火之帝也。其都南岳，故南岳主峰名祝融。其离宫在扶胥[9]，故昌黎[10]云：南海阴墟，祝融之宅。海在南而离宫在北，故曰阴墟也。体阴而用阳，故以阴为宅也。

四海以南为尊，故祝融神次最贵，在北东西三帝、河伯之上。又曰：祝融，赤帝也。《淮南子》[11]云：南方之极，自北户[12]之界至炎风[13]之野，赤帝祝融之所司是也。《正义》[14]云：赤帝，南方赤熛怒之神。赤熛怒者，火赫赫炎炎之象。火者，南人之命，南人之事赤帝，盖事火也，事火者，事其命也。据此，则赤帝与祝融合而为一神。不知《月令》[15]云："其帝炎帝，其神祝融。"祝融实炎帝之佐耳。《史记》[16]言：共工氏[17]以水乘木与祝融战，不胜而怒。其后女娲氏没而神农作，则是祝融反先于炎帝，似又以木德王矣。谯周《古史考》[18]以炎帝与神农各为一人。罗泌《路史》[19]以共工氏[20]或为帝，或为伯，而不王。祝融氏或以为臣，或以为火德之主。《礼记注》[21]以祝融为颛顼[22]之子，名黎。古皇之事，若存若亡，不可考据。然粤人事真武[23]以为黑帝，事五显[24]以为赤帝。史称人皇以后有五龙氏[25]，兄弟五人乘龙上下，岂即五显之谓欤！五行惟火为至光显，尊莫以尚，故祝融辅之，称次最贵焉。古无称南海帝者，惟南汉帝神以自帝[26]，未可为法。

校注

[1] 昌黎碑：唐元和十五年（820）韩愈所作《南海神广利王庙碑》。

[2] 虞翻：字仲翔，会稽余姚（今浙江余姚）人。日南太守虞歆之子。本是会稽太守王朗部下功曹，后投奔孙策，自此仕于东吴。于经学颇有造诣，尤其精通易学。后谪居交州，故宅即今广州光孝寺。

[3] 唐开元中封"广利王"：误。唐玄宗封南海神为"广利王"并非在开元中，实在天宝十年（751）。参本书卷六《册祭南海神记》《南海神庙碑》。

[4] 加封"昭顺"之前，宋康定二年（1041）首加"洪圣"号，此处漏载。参本书卷六之康定二年"中书门下牒"。

[5] 《新语》：清屈大均所著《广东新语》。共二十八卷，笔记体，分天语、地语、山语等，记述广东事物及风土人情。下所引文为该书卷六"南海之帝"文。

[6] 《家语》：《孔子家语》，又称"孔氏家语"，一部记载孔子及其弟子之思想言行的著作。原二十七卷，有魏王肃注。

[7] 南海之帝为倏：《庄子·应帝王》："南海之帝为倏，北海之帝为忽，中央之帝为浑沌。"

[8] 《石氏星经》：古代天文学著作。战国魏石申著《天文》，共八卷。因其书价值颇高，被后人尊称为《石氏星经》。《史记·天官书》《汉书·天文志》录有片段。

[9] 扶胥：今广州黄埔庙头地区，其南侧珠江段旧称扶胥江。

[10] 昌黎：参"序一"注[20]。

[11] 《淮南子》：又名《淮南鸿烈》《刘安子》。西汉皇族淮南王刘安及其门客集体编写的一部道家名著。内容繁富，包罗万象，涉及哲学、政治、经济、军事、天文、地理、农学、生物、音律、神话等方面，是我国古代一部百科全书式的著作。刘安（前179—前122），汉高祖刘邦之孙，淮南厉王刘长之子，汉文帝十六年（前164）袭父爵为淮南王。

[12] 北户：古国名。亦借指南方边远地区。《尔雅·释地》："觚竹、北户、西王母、日下，谓之四荒。"郭璞注："觚竹在北，北户在南。"邢昺疏："北户者，即日南郡是也。"

[13] 炎风：热风。南朝梁萧统《锦带书十二月启·蕤宾五月》："炎风以扇户，暑气于是盈楼。"

[14] 《正义》：《史记正义》，唐张守节撰，注释《史记》的重要著作。《史记正义》除了对《史记》进行注解外，自身内容更是旁征博引、包罗万象，从文字考订、注音释义到注人、事、天文、历法、山川、虫鱼、鸟兽、名物、制度、官制，无所不备，无所不包。

[15] 《月令》：《礼记》卷六《月令篇》。

[16] 《史记》：西汉史官司马迁撰，一百三十卷，分本纪、表、书、世家、列传，为我国第一本纪传体通史。

[17] [20] 共工氏：原作"工共氏"，今改。可参《山海经》《淮南子·原道训》。

[18] 《古史考》：三国魏晋之际史家谯周所撰，共二十五卷。原书散失于宋元之际。清人章宗源据诸书辑录一卷，得九十一条。主要考订司马迁的《史记》所载史事。

[19] 《路史》：南宋人罗泌所撰，共四十七卷。此书为杂史。路史，即大史之意，记述了上古以来有关历史、地理、风俗、氏族等方面的传说和史事，取材繁博庞杂，是神话历史集大成之作。《四库全书》有收录。

[21] 《礼记注》：汉代郑玄对《礼记》所作之注。

[22] 颛顼：中国上古部落联盟首领，号高阳氏，黄帝之孙，昌意之子，主管北方的天帝。《史记·五帝本纪》载：颛顼"静渊以有谋，疏通而知事，养材以任地，载时以象天，依鬼神以制义，治气以教化，洁诚以祭祀"。

[23] 真武：玄天上帝、玄武大帝，神话传说中的北方之神，为道教神仙中的玉京尊神。

[24] 五显：五圣大帝、五通大帝、华光菩萨，广东、福建以及东南亚等地重要的民间信仰之一。

[25] 五龙氏：古代神话传说中的人物。自人皇后有五龙氏，兄弟五人，并乘龙上下，故曰五龙氏也。

[26] 惟南汉帝神以自帝：指南汉时后主刘鋹封南海神为昭明帝。

礼器

柷[1]一，笾[2]四，豆[3]四，簠[4]二，簋[5]二，爵[6]二，铏[7]如爵之数，篚[8]一，尊[9]一，羊、豕函[10]各一。

校注

[1] 柷：古代打击乐器，像方匣子，用木头做成，奏乐开始时敲打。东汉许慎《说文解字》："柷，乐木空也，所以止音为节。"《尚书·益稷》："合止柷敔。"郑玄注："柷，状如漆桶而有椎。合乐之时投椎其中而撞之。"《旧唐书·音乐志》："柷……方面各二尺余，傍开员孔，内手于中，击之以举乐。"形如方形木箱，上宽下窄，用椎（木棒）撞其内壁发声，表示乐曲即将起始。用于历代宫廷雅乐。传世清代柷，通高约五十厘米、每边长六十五厘米。

[2] 笾：古代祭祀燕享时所用的器皿，主要用以盛放果品。《尔雅·释器》："竹豆谓之笾。"疏："笾，以竹为之，口有藤缘，形制如豆，亦受四升，盛枣、栗、桃、梅、蔆芡、脯脩、朊鲍、糗饵之属，祭祀、燕享所用。"

[3] 豆：古代盛肉或其他食品的器皿。《说文解字》："古食肉器也。从口，象形。凡豆之属皆从豆。"

[4] 簠：古代祭祀和宴飨时盛放黍、稷、粱、稻等饭食的器具。《释文》："外方内

圆曰簠，用贮稻粱，容一斗二升。”

[5] 簋：古代用以盛放煮熟饭食的器皿，也用作礼器。段玉裁《说文解字注》：“黍稷方器也。《周礼》舍人注曰：‘方曰簠，圆曰簋，盛黍稷稻粱也。’掌客注曰：‘簠，稻粱器也。簋，黍稷器也。’”

[6] 爵：古代一种用于饮酒的容器。段玉裁《说文解字注》：“首尾喙翼足具见。爵形即雀形也。”程瑶田《通艺录》曰：“前有流，喙也。脑与项也。胡也。后有柄，尾也。容酒之量。其口左右侈出者，翅也。近前二柱、耸翅将飞，皃也。其量，腹也。腹下卓尔鼎立者，其足也。”

[7] 铏：古代盛羹的鼎，两耳三足，有盖，常用于祭祀。《广韵》：“祭器。”《玉篇》：“羹器也。”《周礼·天官·亨人》：“祭祀，共大羹、铏羹。宾客亦如之。”贾公彦疏：“云‘铏羹’者，皆是陪鼎膷膷膮，牛用藿，羊用苦，豕用薇，调以五味，盛之于铏器，即谓之铏羹。”

[8] 篚：古代贵族或君王在举行祭祀、宴飨、征伐及丧葬等礼仪活动中使用的礼器，用以盛放丝帛。《广韵》：“竹器，方曰筐，圆曰篚。”《孟子注疏》：“篚，以竹为之，长三尺，广一尺，深六寸，足高三寸，上有盖也。”

[9] 尊：古代使用的大中型盛酒器和礼器。其形制圈足，圆腹或方腹，长颈，敞口，口径较大。盛行于商代至西周时期，春秋后期已经少见。《说文》：“尊，本酒器，字从酋，廾以奉之。或从寸。或从缶作罇。”

[10] 函：盛放东西的盒子。《周礼·秋官·伊耆氏》：“共其杖咸。”注：“咸读为函，以此藏杖也。”

祭品

羊一俎[1]，豕一俎，和羹三铏，帛一篚，黍稷二簋，稻粱二簠，枣栗盐藁鱼四笾，韭菹醓醢鹿醢四豆，皆有司[2]存庙。

校注

[1] 俎：古代祭祀、燕飨时所用的礼器。《说文》：“俎在且部，礼俎也。从半肉，在且旁。指事亦会意。非从人。”

[2] 有司：古代官吏的泛称。古代设官分职，各有专司，故称。《史记·廉颇蔺相如

列传》："召有司案图。"

祭田

波罗海心沙、东马廊、西马廊、深井、金鼎[1]、石鱼塘，共田六顷六十八亩。宣德四年[2]，番禺沙亭[3]屈原裔，号萝壁；屈鉴，号秋泉[4]；屈怀义，号南窗，所蠲以供祀事。俾道士一房，僧二房，收其租，其税旧载鹿步三图四甲陆光仓户，后改僧户，复改南海神田户。皆潮田[5]，岁一熟。淤泥所积，子母相生，到今不知增几顷矣。田形、册籍、税亩、条约，勒石于庑下。屈士煌[6]为之记。

校注

[1] 深井、金鼎：位于今广州黄埔长洲岛。

[2] 宣德四年：公元1429年。

[3] 沙亭：今广州番禺化龙镇沙亭村，与今南海神庙隔江相望。清屈大均《广东新语·神语·南海神》："南海神庙在波罗江上……而吾乡沙亭，与庙仅隔一江，一舸随潮，瞬息可至。"

[4] 秋泉：今广州番禺新造思贤村内尚存"秋泉屈公祠"。

[5] 潮田：沙田。指沿海濒江淤泥积成的田地。

[6] 屈士煌（1630—1685）：字泰士，一字铁井，士燝弟。番禺人，贡生。明桂王永历间授兵部司务，试职方司主事。其诗今存八十余首。清陈伯陶《胜朝粤东遗民录》卷一有传。

明顺夫人

宋真宗赐王玉带。至和[1]元年，加王冕九旒，犀簪导，青纩充耳。青衣五章，朱裳四章，革带钩𫓧。绯绂、素单、大带锦绶，剑佩履袜。内出花钗、九袜、袿襡、簪钿，署曰：“赐明顺夫人。”明顺者，王之夫人，皇祐所封号也。郡志引《新语》云：“《志》称昭顺王。”《语》称“明顺夫人”，或昭顺为明顺之讹。

今南海夫人称岑氏，庙之东有岑姓，冒夫人之族。其男妇抱婴孩入庙，置座前，嘱姑娘怀汝去之，即不哭。《新语》载：新兴有东山神者，处女采桑过焉，歌曰：“路边神，尔单身。一蚕生二茧，吾舍作夫人。”还家，果一蚕两茧，且甚巨。是夜风雨大作，女失所之。有一红丝自屋起，牵入庙中。追寻之，兀坐无声息矣。遂泥而塑之，称罗夫人。神岂其类耶！《道书》：南海君姓视名赤，夫人姓翳名郁寥，皆妄也。夫人而岑之，诬夫人即以诬神，此与十姨庙[2]相似。

校注

[1] 至和：原作“致和”，误，今改。至和，宋仁宗年号。

[2] 十姨庙：本为纪念诗圣杜甫而建造的“拾遗庙”。随着时间推移，尤其是宋朝不再设置“拾遗”官职后，“拾遗”此官职便渐渐被人们淡忘。加之此庙曾多次被毁，以讹传讹，“拾遗庙”变成了“十姨庙”。庙在杜曲，即今西安市长安区少陵原东南。

六侯

达奚司空，相传波罗国有贡使携波罗子二登庙种之。风帆忽举，舶众忘而置之。其人望而悲泣，立化庙左，一手加眉际作远瞩状，即达奚司空云。郡志作达摩之弟，尤不经[1]。《北史》[2]有达奚珣、达奚武，皆贵族。《咸陟堂集》[3]作突奚，绍兴乙丑《六侯碑》[4]封助利侯。

杜公司空，“杜”讹作“社”，封助惠侯[5]。

巡海曹将军封济应侯。

巡海提点使封顺应侯。

王子一郎封辅灵侯。

王子二郎封赞宁侯。

六侯皆著灵应于海上者。

校注

[1] 不经：不见于经典，没有根据。《汉书·司马迁传赞》：“唐、虞以前虽有遗文，其语不经，故言黄帝、颛顼之事未可明也。”颜师古注：“非经典所说。”

[2] 《北史》：李延寿撰，记述北朝从公元386年到618年，魏、齐、周、隋四个封建政权共二百三十三年历史的史书。共一百卷，其中本纪十二卷，列传八十八卷。

[3] 《咸陟堂集》：明末清初岭南著名遗民僧成鹫的诗文总集。成鹫（1637—1722），又名光鹫，字迹删，号东樵，又号东樵山人。本姓方，原名颛恺，字趾，号麟趾。广东番禺人。诸生。为明番邑举人方国骅之子。中年剃度，学佛于鼎湖，晚主大通寺。工诗文，能画。书室称咸陟堂。著有《咸陟堂文集》《诗集》《诗文续集》《鹿湖近草》《楞严经直指》《金刚经直说》《道德经直说》《庄子内篇》《鼎湖山志》。沈德潜《清诗别裁集》略云：“上人姓方氏，本名诸生，九谷先生弟也。中年削发，不解其故，然既为僧，所著述皆古歌诗杂文，无语录偈颂等项，本朝僧人鲜出其右者，拟之于古，其惟俨、祕演之俦欤？”徐世昌《晚晴簃诗汇》略云：“迹删从离幻禅师为弟子，晚主大通寺。年八十六示寂。”

[4] 《六侯碑》：指方渐于宋绍兴十五年乙丑（1145）在南海神庙所翻刻之《六侯之记》碑。本书卷六有收录。

[5] 助惠侯：应作“助威侯”。

列朝祭海考证

汉宣帝神爵元年[1]，制诏太常：“夫江海，百川之大者也，今阙焉无祠。其令祠官以礼为岁事，以四时祠江海洛水，为天下祈丰年焉。”

后汉章帝元和二年[2]，诏祀山川百神应礼者。

宋武帝[3]令："郡国有五岳，置宰祀三人。及有四渎应祀者，皆孟春、仲冬祀之。"后魏景穆帝[4]立五岳四渎于桑干水[5]之阴，春秋遣有司祭其山川诸神三百二十四所。每岁十月，遣祀官诣州镇。遍有水旱灾厉，则牧守[6]各随界内而祈谒。王畿内诸山川，有水旱则祷之。

隋文帝开皇年[7]，祀四镇四海。东海于会稽县界、南海、南镇并近海立祠，及四渎并取侧近，巫一人，主知洒扫，并令多植松柏。

唐武德、贞观之制：五岳、四镇、四渎、四海，年别一祭，各以五郊迎气[8]日祭之。东海于莱州[9]，南海于广州，西海、西渎、大河于同州[10]，北海及北渎、大济于洛州[11]。其牲皆用大牢，祀官以当界都督、刺史充。天宝六载[12]，河渎封为灵源公，济渎封为清源公，江渎封为广源公，淮渎封为长源公。十载正月，以东海为广德王，南海为广利王，西海为广顺王，北海为广泽王。德宗贞元二年[13]，诏太常卿裴郁等十人，各就方镇祭岳、渎等。旧礼皆四郊祀，望而祭之。天宝中，始有遣使祈福之祀，非礼之正也。

宋乾德六年[14]，有司请祀东海于莱州，南海于广州，西海、河渎并于河中府[15]，北海、济渎并于孟州[16]，淮渎于唐州[17]，江渎于扬州扬子江口。开宝四年，广南平[18]，遣司农少卿[19]李继芳祭南海。刘鋹[20]先尊海神为昭明帝，庙为聪正宫，其衣饰以龙凤。诏："自今岳、渎及东海、南海庙，各以本县令兼庙令，尉兼庙丞，专掌祀事，常加案视，务于蠲洁，仍籍其庙宇祭器之数，受代日，交以相付。本州长吏，每月一诣庙宇察举。县近庙者，迁治所就之。"仁宗康定二年[21]，增封海、渎，遣官致祭：东海为渊圣广德王，南海为洪圣广利王，西海为通圣广润王，北海为冲圣广泽王；江渎为广源王，河渎为灵源王，淮渎为长源王，济渎为清源王。徽宗政和三年[22]，议礼局上五礼新仪。祭岳、镇、海、渎，设位南向，以西为上。山川从祀西向，以北为上。诸岳、镇、海、渎，年别一祭，以祭五帝日祭之，东海于莱州界，东渎、大淮于唐州界，南海于广州界，南渎、大江于益州界，西海、西渎、大河于河中府界，北海、大渎于孟州界。

元世祖时，每岁遣使祀岳渎。至元二十八年[23]，加五岳为帝；加封江渎为会源顺济王，河渎灵源弘济王，淮渎长源博济王，济渎清源善济王，东海广德灵会王，南海广利灵孚王，西海广顺灵通王，北海广泽灵祐王，遣使分祭。泰定帝泰定元年[24]，遣使祀岳、渎。又以盐官海溢[25]，遣使祀海神。顺帝至正十年[26]，重建岳渎及四海神庙。

明洪武三年[27]，建山川坛祭岳镇，祭渎、钟山之神于殿内。七年，令祭山川诸神，于春秋仲月上旬择日。后又以孟春。二十一年，令岁仲秋中旬择日祭山川坛。嘉靖祀典：五岳、五镇、四海、四渎之神五坛，北向；京畿山川，西向；天下山川，东向。

校注

[1] 神爵元年：公元前61年。

[2] 元和二年：公元85年。

[3] 宋武帝：南朝宋刘裕。刘裕于隆安三年（399）参军起义，义熙九年（413）灭割据益州的谯纵，收复广州，攻克江陵、成都、襄阳。义熙十三年（417）灭后秦，永初元年（420），刘裕废东晋恭帝司马德文，自立为帝，国号大宋，都建康，南朝开始。其进行的一系列改革措施，进一步打击了腐朽、黑暗的贵族、士族势力，改善了政治和社会状况，为元嘉之治打下了坚实的基础，被明代大思想家李贽誉为“定乱代兴之君”。

[4] 后魏景穆帝：拓跋晃（428—451），北魏太武帝拓跋焘的长子，母贺夫人。432年，被立为皇太子。451年，由于宦官宗爱陷害，许多太子宫的属官被杀，拓跋晃惊惧而死，追谥景穆太子。次年，其子文成皇帝拓跋濬即位，追尊拓跋晃为景穆皇帝，庙号恭宗。

[5] 桑干水：桑干河。源于山西北部管涔山，向东北流入河北官厅水库。相传，在每年桑葚成熟时干涸，故有此名。

[6] 牧守：州郡的长官。州官称牧，郡官称守。

[7] 隋文帝开皇年：公元581—600年。

[8] 五郊迎气：汉明帝于永平二年（59）制定的五郊迎气祭祀礼仪。祭祀是在立春、

立夏、立秋、立冬日以及立秋前十八天分别对青、赤、白、黑、黄帝的祭祀。《后汉书》卷二《明帝纪》："是岁，始迎气于五郊。"《续汉书·祭祀志中》："立春之日，迎春于东郊，祭青帝句芒。""立夏之日，迎夏于南郊，祭赤帝祝融。""立秋之日，迎秋于西郊，祭白帝蓐收。""立冬之日，迎冬于北郊，祭黑帝玄冥。""先立秋十八日，迎黄灵于中兆，祭黄帝后土。"

[9] 莱州：今山东东北部莱州市。

[10] 同州：今陕西渭南大荔县。

[11] 洛州：今河南洛阳。

[12] 天宝六载：公元747年。

[13] 贞元二年：公元786年。

[14] 乾德六年：公元968年。

[15] 河中府：今山西永济蒲州镇。

[16] 孟州：今河南西北部焦作孟州市。

[17] 唐州：今河南南阳唐河县。

[18] 开宝四年，广南平：原作"开宝三年，广南平"，误，今改。宋李焘《续资治通鉴长编》卷十二："开宝四年……六月……改命司农少卿李继芳祭南海。刘鋹先尊海神为昭明帝，庙为聪正宫，其衣锦以龙凤。诏削去帝号及宫名，易一品服。"开宝四年，公元971年。

[19] 司农少卿：北魏、宋代官职名，北魏时期为大司农少卿省称，宋代为司农寺少卿省称，为司农寺副长官，正六品官。元脱脱《宋史·职官志五》："元丰官制行，始正职掌，置卿、少卿、丞、主簿各一人……少卿为之贰。"

[20] 刘鋹：五代十国时期南汉君主，史称南汉后主。南汉大宝元年（958）到大宝十四年（北宋开宝四年，971）在位。

[21] 康定二年：公元1041年。

[22] 政和三年：原作"正和三年"，误，今改。政和三年，公元1113年。

[23] 至元二十八年：公元1291年。

[24] 泰定元年：公元1324年。

[25] 海溢：海啸。宋方勺《泊宅编》卷中："政和丙申岁，杭州汤村海溢，坏居民田庐凡数十里。"明范濂《云间据目抄·记祥异》："五月三十日，漕泾海溢，俗谓海啸。边民飘决者千余家。"

[26] 至正十年：原作"至元十年"，误。至正十年，公元1350年。

[27] 洪武三年：公元1370年。

灵著

长庆[1]中，进士张无颇居南康，将赴举，游丐[2]番禺。值府帅[3]改移，投诣无所，愁疾，卧于逆旅[4]，仆从皆逃。忽遇善《易》[5]者袁大娘来主人舍，睁视无颇曰：“子岂久穷瘁？”遂脱衣，买酒而饮之。曰：“君困厄如是，能取某一计，不旬朔，自当富赡，兼获延龄。”无颇曰：“某困卧如是，敢不受教？”大娘曰：“某有玉龙膏一合，子不惟还魂起死，因此亦遇名姝[6]。但立一表白，曰能治业疾。若常人求医，但言不可治；若遇异人请之，必须持此药而一往，自能富贵耳。”无颇拜谢，受药，以暖金合盛之。曰：“寒时但出此合，则一室暄热，不假炉炭矣。”无颇依其言，立表数日，果有黄衣[7]若宦者叩门甚急，曰：“广利王知君有膏，故使召见。”无颇志大娘之言，遂从使者而往。江畔有画舸，登之，甚轻疾。食顷，忽睹城宇极峻，守卫甚严。宦者引无颇入十数重门，至殿庭[8]，多列美女，服饰甚鲜，卓然侍立。宦者趋而言曰：“召张无颇至。”遂闻殿上，使轴帘见，见一丈夫衣王者之衣，戴远游冠[9]，二紫衣侍女扶立而临砌[10]，招无颇曰：“请不拜。”王曰：“知秀才非南越人，不统摄[11]，幸勿展礼[12]。”无颇强拜，王磬折[13]而谢曰：“寡人薄德，远邀大贤，盖缘寡人爱女有疾，一心钟念。知君有神膏，倘获全平，实所愧戴。”遂命阿监[14]二人引入贵主[15]院。无颇又经数重户，至一小殿，廊宇皆缀明玑翠珰，楹楯焕耀，若布金钿，异香氲郁，满其庭户。俄有二女搴帘，召无颇入，睹真珠绣帐中有一女子，才及笄年，衣翠罗缕金之襦。无颇切其脉，良久，曰：“贵主所疾，是心之所苦。”遂出龙膏，以酒吞之，立愈。贵主遂抽翠玉双鸾篦而遗无颇。目成者久之，无颇不敢受。贵主曰：“此不足酬君子，但表其情耳。然王当有献遗[16]。”无颇愧谢。阿监遂引之见王。王出骇鸡、犀、翡翠碗、丽玉、明瑰而赠无颇，无颇拜谢。宦者复引送于画舫。归番禺，主人莫能觉，才货其犀，已巨万矣。无颇睹贵主华艳人，颇思之。

月余，忽有青衣[17]叩门而送红笺，有诗二首，莫题姓氏。无颇捧之，青衣倏忽不见。无颇曰："此必仙女所制也。"词曰："羞解明珰寻汉渚[18]，但凭春梦访天涯。红楼日暮莺飞去，愁煞深宫落砌花。"又曰："燕语春泥堕锦筵，情愁无意整花钿。寒闺敧枕不成梦，香炷金炉自袅烟。"顷之，前宦者又至，王令复召，贵主有疾如初，无颇忻然复往。见贵主，复切脉次，左右云：王后至。无颇降阶[19]，闻环佩之声，宫人侍卫罗列。见一女子，可三十许，服饰如后妃。无颇拜之，后曰："再劳贤哲，实所怀惭。然女所疾，又是何苦？"无颇曰："前所疾耳，心有击触而复作焉。若再饵药，当去根干耳。"后曰："药何在？"无颇进药合，后睹之默然，色不乐，慰喻[20]贵主而去。后遂白[21]王曰："爱女非疾，其私[22]无颇矣。不然者，何以宫中暖金合得在斯人处耶？"王愀然良久，曰："复为贾充女[23]耶？吾亦当继其事而成之，无使久苦也。"无颇出，王命延之别馆，丰厚燕犒。后王召之，曰："寡人窃慕君子之为人，辄欲以爱女奉托，如何？"无颇再拜辞谢，心喜不自胜。遂命有司择吉日，具礼待之。王与后敬仰逾于诸婿[24]，遂止月余，欢宴俱极。王曰："张郎不同诸婿[25]，须归人间。昨梦检于幽府，云当是冥数，即寡人之女不至苦矣。番禺地近，恐为时人所怪，南康又远，况别封疆，不如归韶阳甚便。"无颇曰："某意亦欲如此。"遂具舟楫、服饰、异珍，金珠宝玉无算[26]。曰："惟侍卫辈即当自置，无使阴人[27]，此减算耳。"遂与王别，曰："三年即一到彼，无言于人。"

无颇挈家居于韶阳，人无知者，住月余，忽袁大娘叩门，见无颇，无颇大惊。大娘曰："张郎今日及小娘子酬媒人可矣。"二人各具珍宝赏之，然后告去。无颇诘妻，妻曰："此袁天纲女，程先生妻也，暖金合即某宫中宝也。"后每三岁，广利王必夜至张室。后无颇为人疑讶，于是去之，不知所适。《太平广记》

旧传荆州江亭柱间有词，曰："帘卷曲阑，独倚山。展暮天无际，泪眼不曾晴。家在吴头楚尾，数点雪花，乱委扑漉，沙鸥惊起。诗句欲成时，没入苍烟丛里。"黄鲁直[28]读之，凄然曰："似为余发也，不知何人所作，笔势类女子。又'泪眼不曾晴'之句，疑为鬼耳。"是夕，梦女子曰："我家豫章吴城山，附客舟至此，坠水死，不得归，登江亭有感而作，不意公能识之。"鲁直惊寤，曰："此必吴城小龙女辈也。"时建中靖国元年[29]云。

乾道六年，吴明可芾守豫章，其子登科，同年生清江朱景文因缘来见，得摄新建[30]尉。适府中葺吴城龙王庙，命之董役，颇极严致。及更塑偶像，朱指壁间所绘神女容，相谓工曰："必肖此乃佳。"凡三四易，然后明丽艳冶如之，朱甚喜。忽忆荆州词，以谓语意愤抑凄惋，殆非龙宫娴雅出尘态度，为赋《玉楼春》一阕，书于壁曰："玉阶琼室冰壶帐，宁地水晶帘不上。儿家住处隔红尘，云气悠扬风淡荡。有时闲把兰舟放，雾鬓云鬟乘翠浪。夜深满载月明归，画破琉璃千万丈。"既而夜梦旌幢羽葆，仪卫甚盛，拥一辎軿。有美女子居其中，传言龙女来谒，下车相见，宴饮寝昵，如经一日夜。言谈潇洒，风仪穆然，将行，谓朱曰："君当不记畴昔事矣！君前身本南海广利王幼子，因行游江湖，为我家婿[31]，妾实得奉箕箒。今君虽以宿缘来生朱氏，然吴城之念，正尔不忘，故得禄多在豫章之分。须君官南海，阳禄且尽，此时当复诣佳偶。知君所作《玉楼春》词，破前人之误，甚以为感。非君忆旧游，亦无因知我家如此其熟也。"言毕怆别而去。既觉，乃亟作文纪其事。特未悟南海之说，但云"岂非他日或以言事贬窜至彼耶！"尔后每夕，外人常闻室内笑语声，久而病瘠，家人疑其有祟，挽使罢归。明年，又以事来吴，公已去。后帅龚实之留摄酒官，俄以家难去。服阕，调袁州分宜主簿，顷次家居。县之士子，昔从为学，闻其归乡，相率来谒。因话邑中风土，偶及主簿廨前有南海王庙，朱恍然自失，明日抱疾，遂不起。元未尝得至官，凡两摄职于豫章，所谓“多得禄”者，如是而已。盖初治像及撰词时，方寸堕妄境，故自绝其命。神女之梦契，殆必黠鬼托以为奸者欤！乐平人临江司户说其事甚详。《异闻总录》

万历壬午四月间，广中疍贼肆劫于南、番、东、顺之间，抚之甚夷，而当事贪功奏剿。于时，偏将沈茂麻、镇都赵升等，会同海道副使闽朱公东光，发兵出海。朱以梁文统精勇数十百人，驾三四艘自卫，期各将于波罗庙。及朱船至，而诸将皆退遁，不果来，朱复进约三十里。而所称“狮百脚”疍贼以五十艘来薄朱船，梁文乘风纵火，挺刃而前，奋击大呼，贼皆糜溃，降贼舟三十余艘而归。至沙湾，诸将皆舣船相待，船有浮获。潜问之，则皆此湾良家男女也。梁文遍语诸将曰：“歼贼所以安民，今掳民为贼，公等逾于贼矣！且国法可奸，独不畏天道乎！”诸将不纳，梁文遂举所降贼舟与之，悉舍所浮男女约千一百有奇。于是沙湾家以沈香貌梁尸祝之，梁文盲一目，村人呼之为“独目梁”。沈继山司马戍岭南，身所睹记。惜此人当今无识而怜之者，因语其友姚氏，冀闻之采风者收之杂记，使千古之下，知有此人，为诛降杀顺者之戒。《见闻录》

此段似非灵著，以有期庙一语，故录之。然梁文之乘风纵火，克摧勍敌；又脱千百无辜于虎口中，不尸其功，其人固大贤。亦乌知非赫赫者之默相之，以活此一方男女乎！至神灵之能御灾捍患，灭贼以救民，见于宋碑者，所在皆然，兹不具录。

溟海吞吐百粤，崩波鼓舞百十丈，状若雪山。尝有海神临海而射，故海浪者既下，下者乃复高，不为民害。父老云：凡渡海至海安，所闻涛声哮吼，大地震动，则知三四日内必有大风雨，不可渡。又每月十八日勿渡，渡则撄神之怒。又云：凡渡海，风波不起，岛屿晴明，忽见朱旗绛节，骖驾双螭，海女、人鱼先后导从，是海神游也。火长[32]亟焚香再拜则吉。其或日影向西，巨舶相遇，帆樯攲侧，楼柁不全，或两或三，时来冲突，火长必举火物色之。举火而彼不应，是鬼船也，火长必披发掷钱米以压胜；或与之决战不胜，必号呼海神以求救，海神甚灵。嘉靖间，有渡琼海者，见海神特立水上，高可丈余，朱发长髯，冠剑伟丽。众惊伏下拜，海神徐掠舟而过，有光景，经久不灭。次日有三舟复见，大噪拒之，风波大作，舟尽覆。语云：“上海人，下海神。”盖言以海神为命也。

粤人事海神甚谨，然出入率不泛祀海神，以海神渺茫不可知。凡渡海自番禺者，率祀祝融。祝融者，南海之君也。祠在扶胥江口，南控虎门，东溯阳谷。朝暾初出，辄见楼殿浮浮，如贝阙鲛宫，随潮下上，每当天地暝晦，鲸呿鳌掷，飓风起乎四方，雾雨迷其咫尺，舟中之人，涕泣呼号，皆愿少缓须臾之死以请于祝融。其声未干，忽已天日晴明，飘行万里，如过枕席。

校注

[1] 长庆：唐穆宗李恒年号，共四年。长庆四年（824）正月，唐敬宗李湛即位沿用。

[2] 游丐：求食，谋职。

[3] 府帅：唐代对地方军政长官如都督府都督、节度使、经略使等的一种称谓。韩愈《送郑尚书序》：“岭之南，其州七十。其二十二隶岭南节度府，其四十余分四府。府各置帅，然独岭南节度为大府……大府帅或道过其府，府帅必戎服，左握刀，右属弓矢，帕首袴鞾迎郊。”

[4] 逆旅：客舍，旅馆。《左传·僖公二年》：“今虢为不道，保于逆旅。”杜预注：“逆旅，客舍也。”

[5] 《易》：《周易》，中国最古老的占卜术著作，被誉为“群经之首，大道之源”。

[6] 名姝：著名的美女。唐李希济《妖妄传·张和》：“蜀郡豪家，富拟卓郑。蜀之名姝，无不毕致。”

[7] 黄衣：黄色的衣服，借指僧道或宦官。《资治通鉴·后周世宗显德四年》：“冬，十月，戊午，设贤良方正，直言极谏、经学优深可为师法、详闲吏理达于教化等科。”元胡三省注：“此所谓制举也。时诏应天下诸色人中，不限前资，见任职官，黄衣草泽，并许应诏。”

[8] 庭：原作“廷”，今改。

[9] 远游冠：古代冠饰之一。诸侯王常戴，制如通天冠，有展筒横于前而无山述。山述，在梁与展筒之间，高起如山形者。诸王所戴，有五时服备为常用，即春青、

夏朱、季夏黄、秋白、冬黑（采用五行之色）。始于春秋战国时期，初为楚制，系楚庄王所戴。秦统一中国后，采楚制为远游冠。西汉时为四时服，春青、夏赤、秋黄、冬皂。汉以后历代沿用，至元代始废。

[10] 临砌：临近台阶。

[11] 统摄：统领，总辖。

[12] 展礼：行礼，施礼。北周庾信《将命至邺》诗："交欢值公子，展礼觌王孙。"

[13] 磬折：弯腰，表示谦恭。《礼记·曲礼下》："立则磬折垂佩。"唐孔颖达疏："臣则身宜偻折如磬之背，故云磬折也。"《后汉书·马援传》："述鸾旗旄骑，警跸就车，磬折而入。"李贤注："磬折者，屈身如磬之曲折，敬也。"

[14] 阿监：宫中女官。唐白居易《长恨歌》："梨园子弟白发新，椒房阿监青娥老。"

[15] 贵主：尊贵的公主。《后汉书·窦宪传》："今贵主尚见枉夺，何况小人哉！"

[16] 献遗：馈赠品。

[17] 青衣：侍女、宫女。三国魏曹操《与太尉杨彪书》："有心青衣二人，长奉左右。"《北史·后妃传序》："青衣、女酒、女飨、女食、奚官女奴视五品。"

[18] 汉渚：汉水水边。汉王逸《九思·疾进》："周徘徊兮汉渚，求水神兮灵女。"

[19] 降阶：走下台阶，以示恭敬。《周书·赵僭王招传》："滕王逌后至，隋文帝降阶迎之。"

[20] 慰喻：亦作"慰谕"。抚慰，宽慰晓喻之意。

[21] 白：禀告，报告。唐柳宗元《童区寄传》："虚吏白州，州白大府。"

[22] 私：偏爱。清黄宗羲《原君》："岂天地之大，于兆人万姓之中，独私其一人一姓乎？"

[23] 贾充女：指贾充女与韩寿的爱情故事。南朝宋刘义庆《世说新语》："晋韩寿貌美，大臣贾充辟他为掾（僚属）。一次充女在帘后窥见韩寿，私相慕悦，遂私通。女以皇帝赐充之西域异香赠寿。被充所发觉，遂以女妻寿。"

[24] [25] [31] 壻：同"婿"。

[26] 无算：无法算计。形容数目多。

[27] 阴人：在阳间给阎王爷办事之人。

[28] 黄鲁直：黄庭坚（1045—1105），字鲁直，号山谷道人，晚号涪翁，又称黄豫章，洪州分宁人。其诗文"超轶绝尘，独立万物之表"。

[29] 建中靖国元年：北宋徽宗赵佶的年号，公元1101年。

[30] 新建：今江西南昌新建县。

[32] 火长：指挥船只航行的人。宋吴自牧《梦粱录·江海船舰》："风雨晦冥时，唯凭针盘而行，乃火长掌之，毫厘不敢差误，盖一舟人命所系也。"

庙境　卷二

波罗江[1]

《郡志》云："韩愈碑[2]'扶胥之口、黄木之湾'即此。在南海神庙前，岭南海水之会也。罗浮[3]虽夜半见日，然在山岭高处；海隅卑下，此独见之。若凌倒景，光怪灵幻，最为奇绝。"

孙伯度《南征纪略》[4]云："南海庙在羊城东海道八十里，曰'波罗'。"

王士祯[5]《南来志》："三江下石门，东过沥滘、东冲，达于蚬江，由珠江会于扶胥江之口，所谓波罗江也。"

《县境图说》："自珠江下流至波罗，三江之水，会于黄木湾，以入大洋。琵琶、赤岗双塔[6]并峙，而狮子山屹立中流，虎门蹲踞海口，为夷船聚泊之所，尤邑之险隘也。"南海在郡城一百里，浩淼无际，东流闽浙，南通岛夷。潮源于东南大洋，入于虎头、甲子[7]二门，以达于斜西海，其南则入于厓山[8]，故曰："祝融之汪，南海也。"停水曰"汪"。

东江源自惠州老龙，西流至邑东八十里南江头[9]，入于波罗，与西、北二江水合，出虎门入海，南海庙在焉。蚬江东冲分流于西塱，达于蚬江，合于波罗江。俗呼白蚬壳江。

郁水[10]源于滇、邕，遵封川而南，合桂水、浈水、湟水[11]，即在灵洲出石门[12]，环城西南而东注扶胥入于海。

珠江在城南五羊驿前，石排涌出海中，仿佛珠浮海上，即海珠石[13]也。受灵洲之水[14]，合郁水之流，自石门东南汇于白鹅潭[15]。过郡城下，东趋虎头门[16]达于海。上五条本《府志》

校注

[1] 波罗江：亦称扶胥江。指珠江至南海神庙前的一段。

[2] 韩愈碑：指唐韩愈《南海神广利王庙碑》。本书卷六有收录。

[3] 罗浮：罗浮山。道教名山，位于广东惠州博罗境内。

[4] 孙伯度《南征纪略》：指孙廷铨所撰《南征纪略》。孙廷铨，字伯度，又字次道，益都（今山东淄博）人。明崇祯庚辰（十三年，1640）进士。入清，官至大学士，谥文定。顺治辛卯（八年，1651），奉使祭告禹陵（今浙江绍兴）及南海。此乃其纪程之书。上卷自出都至杭州，下卷自杭州至会稽，迄南祀毕而止。其间游览古迹，多因以追论史事。同时酬赠诸诗，亦载于书中。

[5] 王士祯：原作"王士正"，因避清世宗雍正胤禛讳而改为正，乾隆时复改为"祯"。王士祯（1634—1711），原名士禛，字子真、贻上，又号渔洋山人。新城（今山东淄博桓台县）人，清顺治间进士。官至刑部尚书，颇有政声。著有《带经堂集》《渔洋诗集》《池北偶谈》等。见《清史列传·王士祯传》。

[6] 琵琶、赤岗双塔：琶洲塔位于广州市海珠区琶洲（今新港东路），靠近珠江边。建于明万历二十八年（1600），原为风水塔，传说当年珠江中常有金鳌浮出，故名海鳌塔。又因所在山岗形如琵琶，故称为琶洲塔。当年，在琶洲未与珠江南岸相连时，岗顶的琶洲塔犹如中流砥柱，故"琶洲砥柱"被列为清代羊城八景之一。赤岗塔位于海珠区赤岗五凤村，明万历四十七年（1619）建。四周原处珠江河水中，因建于一座赤红色砂岩的小山岗上，故名"赤岗塔"。赤岗塔与琶洲塔相呼应，成为珠江经广州出海口的风水双塔。明代中期以后，成为中外航船出入广州导航的标志，是广州海上丝绸之路的重要文化遗产。

[7] 甲子门：位于广东汕尾东面。在宋代，与香港西北面的屯门并称为当时外国航船入华的两个重要外港，故南宋周去非《岭外代答》有云："外夷其欲至广者，入自屯门，欲至泉州者，入自甲子门。"

[8] 厓山：今作崖山，位于广东新会南大海中。与汤瓶嘴对峙如门，形势险要。为扼守南海门户。宋末宋军曾在此和元军交战，最终宋军惨败，史称崖山海战。

[9] 南江头：位于今南海神庙东面、广州黄埔南岗处。

[10] 郁水：广西境内南盘江、邕江合流后流入广东境内之西江。

[11] 浈水、湟水：合成北江之二水。浈水与武水于韶关合流南下，为北江之上流；湟水，今称连江，位于北江西岸，流经连县、阳山、英德，于英德县江头嘴而合于北江。

[12] 石门：位于广州市区西北的小北江与流溪河汇合处的白云区石井镇内。小北江为西江、北江总汇，水量大，流速急，而流经这里时，要横穿西南走向的岩石山岗，河道收整，石门两岸群山对峙、壁石如门。每当朝阳升起和日落时分，满天霞彩与云蒸雾蔚的江水组成了一幅奇丽的景观，人们称之为“石门返照”。是宋、元两代“羊城八景”之一。

[13] 海珠石：原为广州市区珠江段近北岸一巨石，旧称为“海珠岛”，大约在今爱群大厦附近，民国时与北岸相连。

[14] 灵洲之水：广东佛山南海官窑之水。灵洲，今有灵洲镇，位于南海官窑附近。

[15] 白鹅潭：位于广州沙面西南江面。

[16] 虎头门：即虎门。指珠江口大、小虎二山。参“自序”注[2]

戙旗岗[1]

在南海庙前东南江心里许，祀神则建旗其上，故名。

校注

[1] 戙旗岗：一处由海浪冲击而成的山岗，位于南海神庙东南方，唐宋时期一直被喻为“神山”，过往商船经过均要膜拜。现戙旗岗已不存。文称“建旗其上，故名”，建即立、竖。广州话称“立”为“戙”，音“洞”。建旗即立旗，故称“戙旗”。

尉迟岩

在庙后五里，岩高数丈，中有石室，旁有清泉，土人称“阿公坑”，祀敬德[1]其中，以为尉迟曾居此地也。道士司香火，偶撒钱于林木间，游人得之，以作樗蒱[2]资本。有赢竞以为神，必牲酒以酬，并倍其钱投焉。久之而耕者、贾者亦视为利薮，投钱者众，而道士肥矣。太[3]其宫而立之碣，倩余为文[4]，附七卷后。

校注

[1] 敬德：尉迟恭（585—658），字敬德，朔州平鲁下木角人。唐朝名将，官至右武侯大将军，封鄂国公，是凌烟阁二十四功臣之一。

[2] 樗蒱：亦作“樗蒲”，是继六博戏之后，始于汉末的一种棋类游戏，自外国传入。博戏中用于掷采的投子最初是用樗木制成，故称樗蒲。此木制掷具系五枚一组，故名“五木之戏”，或名“五木”。《晋中兴书》载：“樗蒲，老子入胡所作，外国戏耳。”

[3] 太：通“大”。扩大，张大。

[4] 倩余为文：请我撰文。指本书卷七“文赋”中崔弼所撰的《修阿公坑记》。倩，请。

龙头石[1]

在尉迟岩东上，多飞瀑，多怪石。俗传仙人罗隐[2]鞭石填海[3]，与海神约，鸡鸣即止。神假鸡鸣，石即不行。今此山万石锋厉向前，却有奔注汪洋之势。语出《齐东录》[4]。此以与祖龙之铎作对。罗隐不第东归，终于吴越。时宇内瓜分，无由南客粤东，而广惠间传罗隐仙迹甚多，皆疑以传疑也。

校注

[1] 龙头石：今称“龙头山”。位于南海神庙的北面，因山间有一清溪蜿蜒而流，如飞龙起舞，故名。山上奇石林立，多有民间传说。

[2] 罗隐：本名横，字昭谏，因屡试不第，愤而改名为隐，自号江东生。新城（今浙

江富阳）人。唐末诗人、道家学者。有诗集《甲乙集》存世。《全唐诗》收有其诗。罗隐的事迹见《旧五代史·梁书》《十国春秋》《唐诗纪事》《唐才子传》等，而以钱俨《吴越备史》和沈崧《罗给事墓志》所载较为详备，近人汪德振撰有《罗隐年谱》。

[3] 鞭石填海：指做事得到神助。《太平御览》卷四《三齐略》："秦始皇作石桥于海上，欲过海看日出处。有神人驱石，去不速，神人鞭之，皆流血，今石桥犹赤色。"

[4] 《齐东录》：《齐东野语》，二十卷。作者周密，字公谨，自号草窗，又号弁阳啸翁、萧斋、泗水潜夫、华不注山人、弁阳老人等。祖籍济南。其家世代为官，其于宋宝祐年间任义乌令；入元不仕，寓杭，以南宋遗老自居，交游广，故见闻甚博。《齐东野语》之名，乃作者不忘祖籍之意。书中所记，多宋元之交的朝廷大事，很多可补史籍之不足。

海光寺[1]

在庙内东边。僧二房，与道士分理庙租香火。每岁二月神诞时，百货丛集，庙门、寺里则摆卖字画、洞碑、古帖、虫鱼、卉木，铺张尽致；闺房秘器，淫亵之图，罗列神前，恬不为怪。有袒腹佛盘睡其左，游者必摩挲其脐，谓可求子云。

校注

[1] 海光寺：原位于南海神庙东面，今已不存。清仇巨川所纂《羊城古钞》卷三："海光寺，在波罗庙左侧，古木参天，波涛与钟梵相应，游人往来不绝。"2005年，广州市考古工作者在南海神庙东门旁发现清乾隆八年（1743）海光寺门额，已残，尚存"大清乾隆癸亥孟夏吉旦"与"海光寺"等字。

凝真观[1]

在庙西偏，道人所居。凡官府来祭，斋宿于此。旧储《波罗志》版，岁久漫漶不存。使者[2]、承事[3]泛览庙内历朝碑文，必责僧道打碑以呈，纸料工价不敢推诿，意惟雷轰《荐福》[4]，可免供亿[5]。将往代名公鸿文巨制，效淮西推倒[6]，十已七八，仅扫韩、苏一二纸，聊以塞责。一片石，不能语。噫!

校注

[1] 凝真观：原位于南海神庙西面，今已不存。2005年在浴日亭所在的山岗北侧山脚下，考古发现道光二十八年（1848）凝真观门额，已残，尚存“道光戊申六月”与“凝真”等字。据乡民回忆，二十世纪五十年代凝真观曾作庙头小学，六十年代被拆除。

[2] 使者：受命出使的人，泛指奉命办事的人。《礼记·投壶》：“司射、庭长及冠士立者，皆属宾党；乐人及使者、童子，皆属主党。”

[3] 承事：治事，受事。《左传·成公十二年》：“百官承事，朝而不夕。”

[4] 雷轰《荐福》：即雷轰《荐福碑》。指命途多舛。宋惠洪《冷斋夜话》卷二载，范文正公（仲淹）镇鄱阳时，有书生上诗甚工，并自言平生未尝饱，天下寒饿无出我右者。时盛行欧阳率更（即欧阳询，其楷书被称为“率更体”）字，其所写荐福碑墨本值千钱。文正准备为之拓印一千本，使售于京师。纸墨已具，一夕雷击碎其碑。宋苏轼《穷措大》诗：“一夕雷轰荐福碑。”

[5] 供亿：按需要供给。唐刘禹锡《谢贷钱物表》：“经费所资，数盈巨万；馈饷时久，供亿力殚。”

[6] 淮西推倒：唐宪宗派宰相裴度率军擒斩淮西节度使吴元济后，命韩愈写《平淮西碑》以纪念。而大将李愬认为碑文未突出其功，向宪宗陈述。宪宗命段文昌重写碑文，将韩文推倒重刻。此处借推倒原碑一事，喻庙内之碑多为倒状。参《旧唐书·韩愈传》。

屈公祠[1]

在庙门内东北，祀番禺沙亭乡屈原裔[2]族子屈鉴、族孙屈怀义，皆舍田以供祀事者。

校注

[1] 屈公祠：原在南海神庙东北，今已不存。

[2] 番禺沙亭乡屈原裔：今番禺沙亭思贤村为屈氏所聚居人。可参本书卷一“祭田”。

陈蘧觉祠[1]

在屈公祠南下。公名大震，宋宝祐进士，吏部侍郎，知全州。亦舍地入庙以广庙基者。

校注

[1] 陈蘧觉祠：原在南海神庙东北，今已不存。陈蘧觉，即陈大震（1228—1307），号蘧觉，增城沙村（今广州新塘南安村）人，南宋宝祐元年（1253）番禺籍进士，其时沙村属番禺。沙村位于南海神庙之东。

鹿步巡检司署[1]

在海光寺东。

校注

[1] 鹿步巡检司署：原在南海神庙东面，今已不存。清时番禺县分四个巡检司管辖，即沙湾巡检司、茭塘巡检司、鹿步巡检司、慕德里巡检司。南海神庙一带归鹿步

巡检司。鹿步巡检司衙门原在今黄埔南湾村前，清雍正十三年（1735）知县逯英详请改迁至波罗庙东面。

浴日亭

在庙西南百步，有一峰岿然出于林表，是曰章丘。俯瞰牂牁之洋、大小虎门之浸，惊涛怒飓，倏忽阴晴，洲岛潆洄，远山灭没，万里无际，极于尾闾，诚炎溟一巨观也。亭在其上。《淮南子》[1]云："日浴于咸池。"咸池者，旸谷也。凡日出之处，皆曰旸谷。南海，阳明之谷，谷之大者也。《书》[2]云："宅嵎夷。"嵎，海隅也。章丘在海隅，亦嵎也。嵎夷、旸谷，一也。日出于谷而天下皆明，故观日者必于谷。罗浮[3]称朱明之天，日之初出，山上必先见之，有"见日台"焉。然扶胥之口，地以卑而见日，若凌倒景，比罗浮所见，乃益奇。尝中夜而起，四顾寥寂。潮鸡始声，月影未息。俄而狮子海东，光如电激。繇红而黄，波涛荡涤。半晕始飞，鸿蒙已辟。火云一烧，天海皆赤。潮头高以数丈，日体大可百尺。因咏子瞻"坐看旸谷浮金晕"[4]与白沙"赤腾空洞昨宵日"[5]之句，心荡神摇，欲拟之而茫然未得也。《新语》[6]云。

《府志》："浴日亭在波罗庙西，前有华表，为望洋之所。夜半见日出，金轮翻涌，赤波昕昕，炜煌数千万里，洵巨观也。宋苏轼、明陈献章、湛若水、国朝周人骥，皆镌石留题。"

钮玉樵[7]《觚剩》云："南海之神，唐天宝间封为广利王，其庙遥对虎门。韩昌黎碑文首序神秩之贵，次序海涛之恶。今庙前止成小涌，以通官舫。南望水田万顷，沟塍相错，与韩碑绝不符矣！余昔在关中[8]游慈恩寺[9]，访所谓曲江池[10]者，只见高陇平畴，往来耕牧，当年则宫殿绕其外，菰蒲[11]积其中，而风浪之兴，或至覆舟者也。是知山川之形，虽亘古常存，而沧桑之幻，亦何时不见哉！”

校注

[1] 《淮南子》：参卷一“南海神”注[11]。

[2] 《书》：即《尚书》，又称《书经》。我国现存最早的记言体史书，是关于上古时代的政事史料汇编。《尚书》按朝代分为《虞书》《夏书》《商书》《周书》，按文体分为诰、训、谟、誓、命、典六种。主要记载了上古帝王有关政事和治国的言论。有《尧典》《舜典》篇。《礼记·大学》：“《帝典》曰‘克明峻德’。”郑玄注：“《帝典》，亦《尚书》篇名也。”

[3] 罗浮：参卷二“波罗江”注[3]。

[4] 子瞻“坐看旸谷浮金晕”：指苏东坡《南海浴日亭》诗，本书卷八有收录。子瞻，参“序一”注[21]。

[5] 白沙“赤腾空洞昨宵日”：指陈白沙《浴日亭追次东坡韵》诗，本书卷八有收录。白沙，参“序一”注[23]。

[6] 《新语》：参卷一“南海神”注[5]。

[7] 钮玉樵：清代人钮琇，字玉樵，江苏吴江人。曾任广东高明县令，卒于康熙四十三年（1704），著有《觚賸》。下引文出自《觚賸》卷七《粤觚上》。

[8] 关中：关中平原，又称渭河平原，号称“八百里秦川”。在陕西省中部。西起宝鸡，东至潼关，南接秦岭，北到陕北高原。因四周被东边的函谷关、西边的大散关、南边的武关、北边的萧关四座雄关围定而得名。

[9] 慈恩寺：位于今陕西西安城南和平门外，公元589年建立，唐代长安四大译经场之一。寺内建有大雁塔。

[10] 曲江池：在唐长安城（今陕西西安）东南隅，因水流曲折得名。兴于秦汉，盛于隋唐，历时千年，是我国古代风景园林之经典。

[11] 菰蒲：两种多年生草本植物。菰，生在浅水里，嫩茎称“茭白”“蒋”，可做蔬菜。果实称“菰米”“雕胡米”，可煮食。蒲，生在池沼中，高近两米。根茎长在泥里，可食。叶长而尖，可编席、制扇，夏天开黄色花。

郡城八景[1]

郡城八景，因时改易。扶胥浴日[2]、石门返照[3]、海山晓霁[4]、珠江秋色[5]、菊湖云影[6]、蒲涧簾泉[7]、光孝菩提[8]、大通烟雨[9]，此宋志八景[10]也。见元志则为：粤台秋月[11]、白云晚望[12]、景泰僧归[13]，而海山、珠江、菊湖、光孝革矣。见明志则曰：粤秀松涛[14]、穗石洞天[15]、番山云气[16]、药洲春晓[17]、琪林苏井[18]、海珠晴澜[19]、象山樵歌[20]、荔湾渔唱[21]。而全革其旧矣！今之题羊城八景者，曰：粤秀连峰[22]、琶洲砥柱[23]、五仙霞洞[24]、孤兀禺山[25]、镇海层楼[26]、浮邱丹井[27]、西樵云瀑[28]、东海鱼珠[29]。虽一时取尚不同，亦因时而变。宋时扶胥尚有浴日之奇，今则已成平陆，明时粤秀松尚成阴，今则童童无多树矣，可叹也。

波罗庙每岁二月初旬，远近环集如市，楼船、花艇，小舟、大舸，连泊十余里。有不得就岸者，架长篙接木板作桥，越数十重船以渡。其船尾必竖进香灯笼，入夜明烛万艘，与江波辉映。管弦呕哑嘈杂，竟十余夕。连声爆竹，起火通宵，登舻而望，真天宫海市，不是过矣！至十三日海神诞期，谒神者仅三更，烧豭蜡燕赍，楮帛蚖脂，络绎庙门，填塞不能入。庙内置小桌数百，桌前置香炉烛台，置席，置签珓，就席拜者赁以钱。两庑下卖签语者、卖符者，僧、道、巫觋[30]、黥奴、乞丐，拥杂衣冠，不可穷诘。庙前为梨园剧一棚，近庙十八乡各奉六侯，为卤簿葳蕤，装童男女作万花舆之戏。自鹿步、墩头、芳园，皆延名优，费数百金以乐神。庙前搭篷作铺店，凡省会、佛山之所有日用器物、玩好、闺阁之饰、儿童之乐，万货丛萃，陈列炫售，照耀人目。其鬻小鼓、小钲、笙、竽、篪、笛者，必叮叮当当，滴滴坎坎，刺刺聒耳。糊纸作鸡，涂以金翠，或为青鸾彩凤，大小不一，谓之波罗鸡。凡谒神者、游剧者，必买符及鸡以归，馈遗邻里，谓鸡比符为尤灵，可以辟鸟雀及虫蚁，作护花铃云。祀神毕，登浴日亭。听铜钲四响，兰桨动摇，蒲帆齐举，海艘悉发矣。潮未长[31]，沙田阁[32]舟，倩疍人推挽，如橇行泥中，驼牵蚁负[33]。岁无赖子业此得升斗者，常数十百人。其有剪柳钻舱，治以鹿步巡司；惟喝雉呼庐，一掷百万，连船轰赌，不能觉察，比于金吴弛禁[34]也。至花朝[35]以后，男船毕退，女舸渐登。近而红粉村姑，山花插髻；远则青楼荡妇，浪蝶随身。借祈祷为名，恣为游观。海光寺里，坡诗亭子[36]，冶服艳妆，遗钗堕珥，此亦嬉春旧俗矣。

波罗庙去海不过百步，向来风涛万顷，岸临不测之渊。韩碑[37]称忧戚悸怖，辞疾不愿往。故能东瞰扶桑，俯眺幽阻。今则淤积既久，咸卤继至，沧海为田，去钮玉樵[38]所云“一小涌仅通官舫”时又百余年矣。潮当长[39]，就岸犹易；水稍消，则平沙十里，挽舟行陆，进退两难。十年前肇伯李先生馆于庙东屈祠，与弼商议：筑路自浴日亭下直至戙旗岗畔，潮干可动舟处皆甃以石，官民之来祭者往返悉便。作呈词托鹿步司某，详大宪批准签题矣。但路太长，杙木作桩，填沙砌石，费数千金，不易猝办，理事又难其人。是以中止。后有能者，克继吾志，再行呈请，发簿沿签，成此康庄无量之福矣。谨录前呈于后：

为联请修建御祭码头石路，以宁海波，以昭祀典事。

缘南海神祠自隋代开皇而建。昭明王号，乃我朝雍正所封。波罗江口，自昔名曰扶胥，浴日亭边，于今永隆望秩。则有庙前海道，积之久，半为十里平沙。倘遇潮退鲛宫，行之难，比于千重蜀路。其或皇华使者、仗钺大臣，啣纶綍以祝纯禧，典至重矣；褰衣裳而渡泥滓，辱莫甚焉。生等生长海壖，涵濡帝德。拟鸠工而筑坝，维舟楫，使坦坦可登。更聚石以成途，骋车舆，愿平平莫碍。不惟行香二月，利涉便于行人；抑且卜算千秋，风波恬于海岛。为此叩请仁台，具详大宪。值兹圣寿齐天之日，仰惟海童效顺之年。凡存禋祀，罔不修明，所有典章，类皆毕举。倘能俯赐生等，具簿签题；更复晓谕通州，捐金乐助。俾投钱饮马[40]，即鞭石以为梁；解佩[41]渡江，乍回头而是岸。有余则立官亭以避风雨，修官渡以便农商。来往有坦途，神人胥庆洽矣。

神殿前后，皆甃以石或瓦砖，惟神后刓一坎，深二三尺，龙气喷薄，虽夏月，其泥亦温热如蒸。好事者谓取泥和药，可以已病。或杂糠粫喂猪，亦肥腯无疾。神诞后，取他土填平，来岁仍然坟起，亦足征地脉之奇矣。相传庙之东有井，每天使奉祝册祭告，必汲其水作盥洗。奠毕，取楮帛[42]亲投其中。使者鞠躬井旁，突见赤发髼面，狰狞的皪，巨臂毛拳，接帛入井。见者惊悸，毛竖股栗，不能成礼。后遂填井，移达奚司空像压之。今助利侯位下即其迹云。

校注

[1] 郡城八景：标题原无，据波罗外纪目录补。

[2] 扶胥浴日：指广州南海神庙浴日亭观日出之景色。唐宋时这里三面环水，“前临大海，茫然无际”，人站亭中，观赏海景日出，壮观景象，一览无余。

[3] 石门返照：指位于广州市区西北的小北江与流溪河汇合的石门处之景色。宋时石门为广州八个“卫星城镇”之一，地处西、北江交通要冲，河流在此骤然收窄，两岸岩石壁立，故名石门。傍晚，夕阳西下，此处江面常出现海市蜃楼的奇观，人们称为石门返照。

[4] 海山晓霁：指宋代广州大南门外江边的海山楼（位于今大南路与北京路交界处）之晨景。其时江面宽阔，登楼揽胜，天高海阔，番舶云集，十分壮观。宋《舆地纪胜》称：“极目千里，为登之揽胜。”

[5] 珠江秋色：指广州珠江两岸之景色。广州秋天天气凉爽，正是出游佳季，珠江水清江阔，故为一景。“两岸江堤竞映色，一湾碧水向珠江”是对珠江景色的形象描述。

[6] 菊湖云影：菊湖是当年广州城北的人工湖，在今越秀山东南麓小北花圈一带。每当丽日当空，湖边秋菊倒映于湖面，云影飘动，成为胜景。

[7] 蒲涧簾泉：在广州白云山南麓滴水岩，即今云岩茶室附近。宋时林密泉清，危崖飞瀑，时有古寺钟声，故成一景。秦初方士郑安期在此采摘菖蒲，坠崖羽化成仙

之传说即发生在此处。

[8] 光孝菩提：指位于广州城西的著名佛寺光孝寺及其内的菩提树景致。高僧智药得道后在光孝寺种下一棵菩提树。寺内林木婆娑，楼阁隐现其间，景色典雅清幽。

[9] 大通烟雨：指位于广州芳村花地的宋代大通寺内烟雨景色。宋时大通是广州八大“卫星城镇”之一，港通佛山，帆影频频，绿树碧波，朝出霞雾，烟雨迷蒙。“大通烟雨”为八景之一。

[10] 景：原作“境”，今改。

[11] 粤台秋月：指广州越秀山上越王台的秋天景色。粤（越）台指越王台，在今孙中山纪念碑所在的山岗。陈际清《白云粤秀二山合志》称：“山顶有观音阁，即玉山楼旧址，故又谓之观音山，山之东北，越王台故址存焉，汉赵佗建。”越王台原是南越国君臣饮宴游乐的地方。秋高气爽之夜，明月照在越王台上，四周幽深寂寥，林木森森，远望南面城中点点灯火，景色美丽，故有“粤台秋月之称”。

[12] 白云晚望：指广州白云山上白云古寺（今九龙泉井上方至摩星岭脚地段）之晚景。传说昔有“晚望亭”建于此，登临此处，举目四望，全城尽收眼底，尤以夕阳西下之时，霞光暮色，山下城内万家灯火，美景在望，故称为“白云晚望”。

[13] 景泰僧归：指广州白云山景泰寺一带（今白云山山顶公园“天南第一峰”一带）之景色。南朝梁时崇尚佛学，梁武帝天监年间，该处建有佛教名刹景泰寺。宋代更名为龙果寺。元代寺院附近建有归僧亭。山谷流泉，林荫寺美。“景泰归僧”为八景之一。

[14] 粤秀松涛：指广州粤（越）秀山之秀丽景色。明代粤（越）秀山种有成片马尾松，岗峦起伏，站在高处看连绵的岗峦上是茂密的松林，山风吹过，如涛声阵阵，故称“粤秀松涛”。

[15] 穗石洞天：指广州惠福西路五仙观景色。五仙观建于明洪武年间，是一座祭祀五仙的谷神庙。观内裸露的红砂岩层上面有一巨大的脚印状凹穴，古人以为是仙人足迹。其实在晋代以前，此处位于江边，为“坡山古渡头”，凹穴是古时珠江洪水期的急流冲蚀而成的。清代的“五仙霞洞”亦指此地。

[16] 番山云气：当时番山（今广州中山四路、文德路一带）一带，亭阁掩映于林木中。加之番山东侧有文溪流经，水气上蒸，林木荫蔽，云蒸霞蔚，致成“云气”，故称“番山云气”，成为城中游览胜景。

[17] 药洲春晓：指广州教育路、西湖路一带药洲遗址的风光。这里原为南汉的皇家园林。刘岩在此凿湖五百余丈，聚方士炼丹，故称药洲。药洲遗址今仍存，内有古

碑刻、太湖石、题刻等。药洲是南汉皇家园林的中心地带，药洲因“九曜石”而闻名。明初，宝石桥、黄鹂巷等胜迹犹存，九曜石傲立湖中。拂晓时分，城中万籁俱寂，旭日升起，彩霞满天，倒映湖中，水天一色；水面绿莲红荷，堤岸垂柳飞絮，宁静安详，造就“药洲春晓”之景色。

[18] 琪林苏井：指原位于中山六路北侧玄妙观之景色。苏东坡寓居天庆观时曾开凿一口井，即“苏井”。因为观前为琪林门，琪林即玉石林之意。到了明代，观内殿宇宏伟，亭台楼阁掩映于花树丛中，景色优美，故为一胜景。

[19] 海珠晴澜：指广州海珠石一带江阔潮涌成澜的美景。海珠石是古时广州珠江中一块巨型白垩纪礁石，宋时仍居江中，石上建有慈度寺。后因泥沙冲积，与珠江北岸陆地相连，为历代游览胜地。明代珠江江面宽阔，据梁储所记：“遇风涛骤作，则千艘万舫，皆可以御舻而入避。”可见珠江河面之“晴澜”十分壮观。故有“海珠晴澜”之景。

[20] 象山樵歌：指广州解放北路西侧象岗山周围的景色。象岗是个孤立耸起的高岗，因形如大象得名。明代称“席帽山”。清代岗顶建有拱极炮台。《图书集成·职方典》引《广州府志》称：“周六里许，平坦可容车马，以形似名。”阮元《广东通志》引黄佐《广东通志》称：“席帽山在番禺双井街……其下有兰湖。”象山樵歌即指这一带松林茂密，为砍樵之处。

[21] 荔湾渔唱：指广州荔湾湖一带之景色。古时荔湾湖一带为水乡泽国，河涌纵横，碧水涟漪，鱼虾成群，荔枝火红，渔夫吟唱，一片诗情画意，故有荔湾渔唱之名。相传西汉陆贾大夫出使南越国时在此种下荔枝而闻名。“一湾溪水绿，两岸荔枝红”、唐代所言“十里红尘，八桥画舫”、晚唐诗人曹松所称的“南国名园”、南汉时刘王花坞的“红云宴”均指此地。

[22] 粤秀连峰：指广州越秀山群峰景致。粤秀山在元代即已开发。元代即有“粤台秋月”，明代则有“越秀松涛”，清代则为“粤秀连峰”。东西约两公里，峰峦起伏，林木密茂，景色宜人，故成一景。

[23] 琶州砥柱：参卷二“波罗江”注[6]。

[24] 五仙霞洞：指五仙观及其周围的景色。五仙观建于明洪武十年（1377），是一座祭祀五仙的道观。坐北向南，依山而建。后殿东侧裸露的一块红砂岩，上有巨大脚印凹穴，被认为是仙人拇迹。

[25] 孤兀禺山：禺山即广州中山四路禺山书院一带。此处为城内最高点，清代建有禺山书院、关帝庙、城隍庙，西侧为藩府所在。林木繁多，游人甚众。清代称为高

坡。禺山高耸，云雾飘迷，林木茂盛，为城中一景。

[26] 镇海层楼：指广州越秀山上的镇海楼。镇海楼为明代广州城最高点，登楼远眺，珠江如带，全城在望。楼高五层，俗称五层楼，为岭南第一楼，清时楼冠全城，名人雅集，遂成一景。

[27] 浮邱丹井：今广州中山七路和光复路附近积金巷旁之浮邱山原有浮邱井，相传为葛洪取水炼丹处。据载："浮邱在城西一里，邱下有井，晋葛稚川炼丹于此，尝饮斯水，而井遂以丹异焉。"另据《粤中见闻》记载：丹井前原有宋代经略蒋之奇修建的朱明馆，后学士赵志皋谪官至粤，在此开浮邱社，与粤中名士赋诗吟咏。明代时，浮邱山一带成为一方胜景。

[28] 西樵云瀑：指广东南海西樵山景色。西樵山山体为坚硬的粗面岩，裂隙多，易于储水，故易成流泉飞瀑，因水汽飞溅，常成云雾，飘出洞外，故名。

[29] 东海鱼珠：指与长洲岛隔海相望的珠江东面广阔的河段景色。鱼珠是指江中突起的礁石，浮沉波际，俗名鱼珠石。清时鱼珠石四面被水围绕，由于石块被波涛冲刷，圆净如珠。而北面一山像鱼张口向珠，故称鱼珠。此地正处中流，视野开阔，造就"东海鱼珠"一景。

[30] 巫觋：古代称女巫为"巫"，男巫为"觋"，合称"巫觋"。泛指以装神弄鬼替人祈祷之巫师。

[31] [39] 长：通"涨"。

[32] 阁：通"搁"。

[33] 驼牵蚁负：负，原作"附"，今改。即"驼负千斤，蚁负一粒"之意，指做事尽自己最大的努力。

[34] 金吴弛禁：金吴，应作"金吾"。负责皇帝大臣警卫、仪仗及徼循京师掌管治安的武职官员。《汉书·百官公卿表》颜师古注："金吾，鸟名也，主辟不祥。天子出行，职主先导，以御非常，故执此鸟之象，因以名官。"古代由负责京城警卫的金吾禁止夜行，但于正月十五日开放夜禁，称为"金吾不禁""金吾弛禁"。唐韦述《西都杂记》："西都京城街衢，有金吾晓暝传呼，以禁夜行；惟正月十五夜，敕许金吾弛禁，前后各一日。"

[35] 花朝：农历二月十五日之花朝节。宋人吴自牧《梦粱录·二月望》："仲春十五日为花朝节。"

[36] 坡诗亭子：指浴日亭。因有苏东坡诗碑而如此称。

[37] 韩碑，指唐韩愈《南海神广利王庙碑》。本书卷六有收录。

[38] 钮玉樵：参卷二“浴日亭”注[7]。

[40] 投钱饮马：比喻为人廉洁，不损公肥私。唐徐坚《初学记》卷六引《三辅决录》：“安陵清者有项仲仙，饮马渭水，每投三钱。”

[41] 解佩：解下佩带的饰物。因佩为古代文官朝服上之饰物，故亦指脱下朝服辞官。汉刘向《列仙传·江妃二女》：“江妃二女者，不知何所人也，出游于江汉之湄，逢郑交甫。见而悦之，不知其神人也，谓其仆曰：我欲下请其佩。”仆曰：‘此间之人，皆习于辞，不得恐罹侮焉。’交甫不听……遂手解佩与交甫。交甫悦，受而怀之中当心。趋去数十步，视佩，空怀无佩。顾二女，忽然不见。《诗》曰：‘汉有游女，不可求思。’此之谓也。”

[42] 楮帛：古代祭祀时焚化的纸钱。

法物　卷三

铜鼓

南海庙有二铜鼓，大小各一。大者径五尺，小者杀五之一，高各称广。大者因唐时高州太守林霭，得之于蛮酋大冢，以献节度使郑絪[1]，絪以献于庙中者。其制：中空无底，切垂四悬，腰束而脐隐起，旁有两耳，通体作络索连钱及水縠纹，色微青如铺翠，半断起如辰砂，铜质尽化，金精独存，有光莹然可鉴，盖千余年物也。边际旧有蛙六，今不存。其小者或谓出浔州铜鼓滩。先是滩水湍急，舂石底作铜鼓声，入夜辄有光怪。一日水涸铜鼓见，太守取之，悬于四穿楼[2]，其四角有金虾蟆五，为番人所窃，声遂稍石，乃归于南海庙中。色纯绿，作鹧鸪斑，斜文纤丽，隐隐若八卦象。岁二月十三[3]，祝融生日，粤人击之以乐神。其声闉鞳铿鍧，若行雷隐隐，闻于扶胥北岸二十余里。近则声小，远乃声大，神器也。嘉靖间，海寇曾一本[4]谋移去，铁索忽断，不可举。有老父云：此铜鼓昔浮海至，其鸣应潮。自为大盗所移，灵蛙残缺，遂不复自鸣。又云：铜鼓之大者，旧雌雄各一，今庙所存者雄也，其雌向遇风雷，飞入狮子海中，今雄鸣，则雌辄相应云。

粤故多铜鼓，或谓雷、廉至交趾[5]，濒海饶湿，革鼓多痺缓不鸣，伏波始制铜为之，状亦类鼓而稍埤，缩腹下杀，周以繁纹，面上八角皆缀以坐蛙，名为“骆越之鼓”。或曰：《晋书》云诸獠并铸铜鼓，以高大为贵。初成，悬于庭中，置酒召客，豪富子女则以金银为大钗，执以扣鼓，因遗主人，名“纳鼓钗”。攻杀时则声其鼓，至者如云。其所铸鼓，惟豪强称最，号为“都老鼓”。庙中铜鼓，盖诸峒獠所遗也。或曰：《周礼·司徒》有鼓人，掌六鼓四金之事。司马大阅，则群吏致其鼓、铎、镯、钲，以听坐作。故范铜为鼓，皆属军乐。意汉时其制尚存，故伏波铸之，留西南夷中甚众，其形皆如腰鼓，而面脐在上方。出庙中所藏，其内有镌云：“汉伏波将军所铸”，乃是阳识。凡三代铜器用阴识，其字凹。秦汉用阳识，其字凸，阳识易成，阴识难铸，此必汉物无疑。大抵粤处处有铜鼓，多从掘地而得，其状各异，皆伏波所瘗，以镇蛮者。每遇风雨辄有声，诸蛮于深溪邃洞之间，循其声之所自，往往求得铜鼓。盖物之神灵者，岁久必思自见云。

朱竹垞[6]《南海庙二铜鼓图跋》：“广州波罗江上南海神庙，铜鼓二。大者，唐岭南节度使郑细得诸高州守所献，面阔五尺，脐隐起，设两耳，通体微青，杂以丹砂瘢，其光可鉴。小者杀大者五之一，从浔州滩水涌出，色纯绿，杂以鹧鸪斑。每岁二月上壬，土人[7]击以乐神，民间有疾，祷于庙，亦击之。考《周官》，六鼓四金，鼓人辨其声用，籥章以土，韗人[8]以木，革以冒之，不闻范金也。迨伏波将军平交趾，诸葛丞相渡泸，始铸铜为鼓，流传三川，百粤颇多。岭南一道，廉州有塘，钦州有村，博白有潭，万州、灵山、文昌有岭，取以名其地。鼓初成，杀牲置酒，子女繁会，出金银钗叩之，纳诸主者。有仇怨相攻，则鸣鼓集众，俄顷乌合。蜀则凡鼓悉称诸葛所遗，其值易牛千头，苗民得此，雄视一方，要其制，无若南海庙中之大。”

《太平广记》[9]引《岭表录异》[10]云：“僖宗朝，郑细镇番禺日，有林霭者，为高州太守。有牧儿，因放牛，闻田中有蛤鸣，牧童遂捕之。蛤跃入一穴，掘之深大，即蛮酋冢也，蛤乃无踪。穴中得一铜鼓，其色翠绿，土蚀数处损缺，其上隐起，多铸蛙黾之状，疑其鸣蛤即鼓精也。遂状其原由，纳于广帅，悬于武库[11]，今尚存焉。”吴青坛《岭南杂记》[12]云：“南海庙极宏敞，有铜鼓二，其一径五尺余，刻镂精巧，青红斑驳，叩之渊渊，言是汉以前物。其一径三尺，声质俱劣，乃宋时物也。”

翁覃溪[13]《粤东金石略》云：“南海神庙铜鼓，旧闻内有阳识‘汉伏波将军所铸’七字，载于《广东新语》。渔洋先生《皇华纪闻》[14]亦闻下有款式，未及观。此鼓重大，道人颇以启视为难。果有之，当为粤中金石文第一。昔每过兹庙，辄以不一启视为憾。辛卯六月，自东郡按试归，适值修庙，语道士径启视之，则其内光洁无一字，信乎纪载之不足凭也。鼓二皆在殿中，东大西小，大者面径三尺五寸五分，高一尺九寸六分；小者面径二尺八寸三分，高一尺二寸。昔人所记，谓小者杀大者五之一，误也。小者腹尚微廓，腹下乃缩。至大者则面较鼓身四边宽出寸许，腹渐缩，下又渐廓。朱竹垞谓鼓穷腰、錞削下，盖取二器折衷之，此言良是。昔人所记，概以上廓下杀，误也。大者面腹周以雷文，面缀六蛙，相传蛙为番人取去，今其迹犹存。昔人所记面缀两蛙，或又谓小者四角金虾蟆五，为番人所窃，皆误也。大者其面一边损蹩，两旁各有两耳，穿以四索，色青，光可鉴。小者制同，耳较小，面纹已模糊，下亦剥缺。所谓鹧鸪斑、八卦画者，不甚可辨矣。”

檀默斋[15]云：“按番禺旧志，则铜鼓贮神庙者二，其一为黄萧养所毁，贮州库者；二为林霭所献。今诸家之说，谓庙中二鼓，大小各一，小者即林霭所献者是也。今神庙与州库，大小有四鼓，其大者亡其一，或以为盗毁，或以为飞去矣。而州库之二小者，未审何时移置，以补其亡。且小者亦有二，何止存一鼓，其一鼓更何适也？”此段从邑志抄出，语不可解。

吴莱[16]《古迹记》云：“庙有玉简、玉箫、玉砚、象鞭，林霭所献铜鼓及真宗所赐玉带、蕃国刻金书表、龙牙、火浣布[17]诸物，今皆不存，唯大小铜鼓尚留殿东西耳。”

铜鼓之说无定论，志往事者，各援古人记载及乡俗传闻，以为臆断。据番禺旧志：“南海庙铜鼓二，黄寇毁其一。”省志以为铜鼓之大者，雄雌各一，其雌者飞入海中。其为寇毁、为飞去，俱不必辨。但今庙中则居然二鼓矣。岂毁者可复铸耶，抑飞去者复飞还耶？所存之一，又不著出处。且默斋邑志又并州库言大小四鼓，其大者亡其一，亡州库者耶？亡庙中者耶？所存所补，语不分明。诸家以庙东之大鼓为林霭所献，庙西之小者得之浔州滩水，然则毁者、飞者又何鼓耶？

吴莱《古迹记》又言：“并霭所献亦不存。”则此庙东之鼓又宜别有考据矣！今庙门小联：“法物将军鼓；鸿文刺史碑。”为益都李文藻[18]题。总之为伏波所遗至当。

校注

[1] 郑絪：字文明，荥阳（今河南郑州荥阳）人。卒年七十八。幼有奇志，善属文，所交皆天下名士。擢进士、登宏词科。曾任岭南节度观察使、广州刺史、检校礼部尚书。以廉政称。以太子太傅致仕。《旧唐书》有传。

[2] 四穿楼：位于广西桂平县城，因四面通风而得名。

[3] 十三：原作“十二”，今据文意改。

[4] 曾一本：诏安（今福建漳州诏安县）人，明隆庆年间漳、潮海盗横行时期的代表人物之一。开始在潮州、雷州及琼州等多地活动，后进入广州、东莞等。为俞大猷、李锡合击所败，在郭成进剿时，被王诏生擒。

[5] 雷、廉至交趾：雷，指雷州；廉，指廉州。均在广东西部。交趾，交趾郡，今广西及越南北部地区。

[6] 朱竹垞：朱彝尊，字锡鬯，号竹垞，秀水（今浙江嘉兴）人。康熙十八年（1679）举博学鸿词科。二十二年（1683）入直南书房。博通经史，诗词俱佳，精于金石，为清初著名藏书家。曾参与纂修《明史》。著有《曝书亭集》《日下旧闻》《经义考》《词综》等。《清史稿》有传。

[7] 土人：土著，本地人。北魏郦道元《水经注·汶水》：“出谷有平丘，面山傍

水，土人悉以种麦。”

[8] 韗人：古代主治皮革鼓木的工匠。《周礼·考工记·韗人》：“韗人为皋陶。”郑玄注引郑司农曰：“皋陶，鼓木也。”孙诒让正义：“‘韗人为皋陶’者，亦以事名工也。《祭统》注释韗为韗磔皮革，明此工主治革以冒鼓，又兼为鼓木。”《礼记·祭统》：“韗者，甲吏之贱者也。”唐孔颖达疏：“韗人之官，掌作鼓木张皮两头輓之，以为鼓，是韗磔皮革之官。”

[9] 《太平广记》：宋代李昉等人奉宋太宗之命编纂的小说集。全书五百卷，取材于汉代至宋初以野史传说及道经、释藏等为主的杂著。开始于太平兴国二年（977），次年完成。因成书于宋太平兴国年间，和《太平御览》同时编纂，故名《太平广记》。

[10] 《岭表录异》：唐刘恂所撰的地理杂记。共三卷，与《北户录》同系记述岭南异物异事，也是了解唐代岭南道物产、民情的重要资料。

[11] 武库：泛指藏器物的仓库。

[12] 吴青坛《岭南杂记》：吴青坛，即吴震方，浙江石门（今浙江桐乡石门镇）人。官至监察御史。著有《岭志杂记》《晚树楼诗稿》《读书正音》。其所著《岭南杂记》是记录岭南风土的杂录。上卷多记山川风土，兼及时事，下卷则记物产。

[13] 翁覃溪：翁方纲，号覃溪，直隶大兴（今北京）人。乾隆十七年（1752）进士，授编修。曾任广东、江西、山东三省学政。官至内阁学士。著有《粤东金石略》。《清史稿》有传。

[14] 渔洋先生《皇华纪闻》：渔洋先生，王士祯，参卷二“波罗江”注[5]。曾奉旨祭祀南海神庙。《皇华纪闻》为王士祯所撰。共四卷。康熙二十四年（1685），以少詹事奉使祭告南海，记录沿途所经之地故事而成此书。

[15] 檀默斋：檀萃，字岂田，号默斋，安徽望江（今安徽安庆）人。乾隆二十六年（1761）进士。在黔粤为官期间，好旅行，凡足迹所至，辄随手札录。后遍历滇中。著有《黔囊》《蒙岳记》《农部琐录》《滇海虞衡志》《楚庭稗珠录》等。文中所引，出自《楚庭稗珠录》。

[16] 吴莱：字立夫，本名来凤，门人私谥渊颖先生，元集贤殿大学士吴直方长子。浦阳（今浙江浦江）人。深研经史，宋濂曾从其学。著有《渊颖吴先生集》等。

[17] 火浣布：用石棉纤维纺织而成的布，因可用火燃烧去除其污渍，故名之“火浣布”或“火烷布”。《列子》：“火浣之布，浣之必投于火，布则火色，垢则布色，出火而振之、皓然凝乎雪。”

[18] 李文藻：字素伯，晚号南涧。山东益都（今山东青州）人。乾隆二十六年（1761）进士，曾任广东恩平、新安、潮阳知县，官至广西桂林府同知。通经史，擅诗文，好藏书，精于金石、方志、目录之学。著有《毛诗本义》《南北史考略》《国朝献征录》《粤谚》《齐谚》《南涧文集》等。

铁船[1]

庙旧有铁船，在后殿。约长八尺余，阔二尺，不知所自。每遇海风大起之夕，其船底必湿，人以为六侯巡海去。岁久不锈[2]，铁质如新。刘香[3]乱时始失去，庙旁诸父老犹能言之。

校注

[1] 铁船：原脱，今据目录补。

[2] 锈：原作“绣”，今改。

[3] 刘香：又名刘香佬（？—1635），香港南丫岛人。郑芝龙武装海盗成员之一。因拒绝降明，遂与郑芝龙于明崇祯二年（1629）决裂，明崇祯八年（1635）在广东海上作战时自尽身亡。

铁酒槽[1]

铁酒槽亦如小船，祭者奠酒其中，氤氲蕴藉，久而不散。病者叩神，啜其余沛立愈。后亦失去。

校注

[1] 铁酒槽：“波罗外纪目录”作“奠酒槽”。

遗荫　卷四

波罗树

波罗树即佛氏所称波罗蜜，亦曰优钵昙。其在南海庙中者，旧有东西二株。高三四丈，叶如频婆而光润，萧梁时西域达奚司空所植。千余年物也。他所有，皆从此分种。生五六年至径尺，削去其杪，以银针钉腰即结实。其实不以花成，实乃花，然常不作花，故佛氏以优钵昙花为难得。每树多至数十实，自根而干而枝条，皆有实，累累疣赘。若不实，则以刀砍树皮，有白乳涌出，凝而不流，则实。一斫一实，十斫十实，故一名“刀生果”。其以乳实者，乳，血也，犹人以母之血孕育而成形也。其根或行旁舍，则实潜结地中，熟而地裂，闻香始知，较枝干所生者尤美。此所谓无花之果也。广南[1]无花之果，若古度子[2]，若猕猴桃，若杨榣子[3]，凡有三四种，以菠萝蜜为大。盖果之胎生者，果不以花，果成或一生花，盖其花不为果而生，可以花可以无花者也。天下有有花无果之花，即有有果无花之果，造物者固以不齐为道。《天问》[4]云：“女岐无合，夫焉取九子[5]？”夫亦无花之果焉耳！波罗熟以盛夏，大如斗，重至三四十斤，皮厚有软刺，礧砢如佛头旋螺，肉含纯瓤，间叠如橘柚囊，气甚芳郁，有干、湿苞之分。干苞者，液不濡腻，味尤甜。每实有核数百枚，大如枣，仁如栗黄，煼熟可食，能补中益气，悦颜色。天下果之大而美者，惟此与椰子而已。

庙中二树已朽，今所存是其萌蘖[6]，亦大数十围。薜萝纠缠，枝柯臃肿，与诃子、槐、榕诸树森列阶下，皆数百年物也。相传波罗国有贡使，携波罗子二，登庙下种。风帆忽举，舶众忘而置之。其人望而悲泣，立化庙左，土人以为神，泥傅肉身祀之，一手加眉际作远瞩状，即达奚司空也。庙以故及江皆名波罗。庙外波涛浩淼，直接重溟，狮子洋在其前，大小虎门当其口，欠伸风雷，嘘吸潮汐。舟往来者，必祇谒祝融，酹酒波罗之树，乃敢扬帆鼓柁，以涉不测。

校注

[1] 广南：宋代分岭南为广南东路、广南西路。此处称“广南”，泛指二路。

[2] 古度子：无花果的一个品种名称。《本草纲目》记载：“古度子：出交广诸州。树叶如栗，不花而实，枝柯间生子，大如石榴及楂子而色赤。”

[3] 杨榣子：果名。北魏贾思勰《齐民要术·果蓏》：“《临海异物志》曰：‘杨榣，有七脊，子生树皮中。其体虽异，味则无奇。长四五寸，色青黄，味甘。’”石声汉注：“‘杨榣’，据所描写的果实看来，可能仍是‘五敛子’。”

[4] 《天问》：浪漫主义诗人屈原的一篇长诗，收录于西汉刘向编《楚辞》中。全诗共三百七十三句，计一千五百六十字。皆为屈原对于天地、自然和人世等一切事物现象的发问。

[5] 女岐无合，夫焉取九子：岐，原作“跂”，今改。神女女岐没有配偶，为何能够产下九子？语出屈原的《天问》。

[6] 萌櫱：植物开始生发的芽。

榕

发广州五十里为南海庙，岁时有司[1]致祭。庙外有大榕树一株，相距数武[2]，上干交结为门，必从此而入。庙极宏敞。《岭南杂记》

校注

[1] 有司：参卷一“祭品”注[2]。

[2] 武：古代六尺为步，半步为武。《国语·周语下》：“夫目之察度也，不过步武尺寸之间。”

木棉

木棉高十余丈，大数抱，枝柯一一对出，排空攫拿，势如龙奋。正月发蕾，似辛夷而厚，作深红、金红二色。蕊纯黄，六瓣，望之如亿万华灯，烧空绝赤。花绝大，可为鸟窠，尝有红翠、桐花凤之属藏其中。子绝大如槟榔，五六月熟，角裂，中有绵飞空如雪。然脆不坚韧，可絮而不可织。絮以褥，以蔽膝，佳于江淮芦花。或以为布，曰緤，亦曰毛布，可以御雨，北人多尚之。绵中有子如梧子，随绵飘泊，着地又复成树。树易生，倒插亦茂。枝长每至偃地，人可手攀，故曰“攀枝”。其曰“斑枝”者，则以枝上多苔，文成鳞甲也。南海祠前有十余株最古，岁二月祝融生朝[1]，是花盛发，观者至数千人。光气熊熊，映颜面如赭。花时无叶，叶在花落之后。叶必七，如单叶茶。未叶时，真如十丈珊瑚，所谓“烽火树”[2]也。

木棉正、二月开大红花，如山茶，蕊黄色，结子如酒杯。老则以拆裂，有絮茸茸，与芦花相似。其絮，海南蛮人织以为巾，上出细字，花卉尤工巧，名曰“吉贝”[3]，即古所谓“白叠巾”[4]。杜诗“光明白叠巾”[5]，即此。予买数斤归，欲效绵花制为絮，女工不能治。今询之粤人，亦无有织作者，或别是一种耳。广州阅武厅前及南海庙各有一株，甚大，开时赤光照耀，坐其下如入朱明之洞[6]也。《岭南杂记》

吴青坛[7]不识木绵，误以攀枝为吉贝，不知吉贝即绵花耳。田间岁种岁收，高不越三尺。黄花薄瓣，与木棉绝不相类，惟结实时皮壳略近。

校注

[1] 生朝：生日。民间以农历二月十三日为祝融诞辰。

[2] 烽火树：木棉树的别名，又被称作攀枝树、珊瑚树。清屈大均《南海神祠古木棉花歌》：“十丈珊瑚是木棉，花开后比朝霞鲜。天南树树皆烽火，不及攀枝花可怜。南海祠前十余树，祝融旌节花中驻……”

[3] 吉贝：棉花，非木棉花之木棉。元陶宗仪《南村辍耕录》：“闽、广多种木绵，

纺绩为布，名曰吉贝。松江府东去五十里许，曰乌泥泾。其地土田硗瘠，民食不给，因谋树艺，以资生业，遂觅种于彼。初无踏车椎弓之制，率用手剖去子，线弦竹弧置按间，振掉成剂，厥功甚艰。国初时，有一妪名黄道婆者，自崖州来，乃教以做造捍弹纺织之具。”

[4] 白叠巾：棉布做的巾。宋方勺《泊宅编》卷三：“闽广多种木绵……海南蛮人织为巾，上出细字，杂花卉，尤工巧，即古所谓白叠巾。”

[5] 杜诗“光明白叠巾”：指杜甫《大云寺赞公房之二》中“细软青丝履，光明白叠巾”句。可参《全唐诗》卷二百一十六。

[6] 朱明之洞：位于罗浮山。清屈大均《广东新语》卷三《山语》：“曰朱明者，言纯阳无阴也。盖天好阴，地好阳，洞中而有天，乃阴含阳，太极未分之象也。朱明洞群峰如环，中虚以成奥室，于卦为离，离为日，故曰朱明之洞。”如清朱彝尊《罗浮蝴蝶歌》：“我曾南游南海披图经，朱明之洞恨未探幽扃。一寸二寸花开菖蒲节，千个万个竹篆蝌斗形。”

[7] 吴青坛：原作“吴青檀”，误，今改。吴青坛，参卷三“铜鼓”注[12]

鱼

明《一统志》云：“广州海有资鱼、鲟鱼、凤尾鱼、短胫鱼、马交鱼之属。其尤大者鱀鱼，数年一至南海庙前。”

《新语》云：“鱀鱼，大者长二丈余，脊若锋刃。尝至南海庙前，谓之来朝。或一年数至，或数十年一至。若来数，则人有疫疾。志称南海岁有风鱼之灾。风，飓风；鱼、鱀鱼也。有乌、白二种，来辄有风，故又曰风鱼。鱀，一作鯬。谚曰：‘乌鯬白鯬，不劳频至。’”

虾

蔴涌大步[1]在波罗庙东南三十里，濒海。语云：“蔴涌大步好人家，既有鲜鱼又有虾。”二月间，麻虾肥大，味尤甘美，土人谓之朝王虾，盖取《酉阳杂俎》[2]“一岛虾供王一月食料”语意。

校注

[1] 蔴涌大步：即今广东东莞麻涌镇及下辖之大步村。

[2] 《酉阳杂俎》：唐段成式所著笔记小说集。所记有仙佛鬼怪、人事以至动物、植物、酒食、寺庙等，分类编录。

赑屃[1]之异

宋开宝碑[2]下赑屃[3]常作祟，耕海沙者每见大龟蹒跚田中，狼藉蹂躏，岁多不熟。迹之入庙，至碑下而没。土人见碑有潘美字[4]，又不识赑屃[5]，以为龟也，美实使之。自是凡耕沙田，必祭此石，以肉磨其口，烛泪成堆，谓之祭潘美龟云。

校注

[1] [3] [5] 赑屃：原作“屃赑”，误，今改。赑屃为传说中龙九子之一，形似龟，好负重，长年累月驮载着石碑。明杨慎《升庵集》卷八一：“俗传龙生九子，不成龙，各有所好，一曰赑屃，形似龟，好负重，今石碑下龟趺是也……”又昭明《文选·汉张衡西京赋》：“缀以二华，巨灵赑屃……”

[2] 宋开宝碑：指宋裴丽泽撰、韩溥书《大宋新修南海广利王庙之碑》，立于北宋开宝六年（973），故称宋开宝碑。

[4] 碑有潘美字：指此碑碑阴潘美的题字：“推诚宣力同德翊戴功臣、山南东道节度，襄、均、房、复等州观察处置兼三司水路发运桥道等使、南面行营兵马部署、广南诸州计度转运使、权知广州军府事、市舶使、金紫光禄大夫、检校太保、使持节襄州诸军事、襄州刺史、兼御史大夫、上柱国、荥阳郡开国侯、食邑二千户、食实封二百户潘美。”

年表　卷五

轩辕氏	《通典》：黄帝祭于山川，与为多焉。与，比也。比吉祭祀山川为多。	
有虞氏	虞氏秩于山川，遍于群神。	
夏商	禹甸高山大川，声教讫于四海。又曰：弼成五服，外薄四海。成汤肇域彼四海，其祭海虽无明文，然记曰：三王之祭川也，皆先河而后海，则先代无不崇海祀者。	
周	周制[1]：为坎坛祭四方，以血祭祭五岳，以埋沈祭山林川泽。乐甤宾，歌函钟，舞大夏，以祀山川。皆五献。《尔雅》：祭川曰浮沉。	
秦	秦并天下，令祠官所常奉名山川，鬼神可得而序。	
两汉	汉孝文[2]十二年，五谷不登，诏增修山川群祀。武帝因巡狩，礼其名山大川。用驹者悉以木偶马代行，过亲祠者乃用驹。	
	后汉章帝元和二年，诏祀山川百神应祀者。	
魏	魏文帝黄初三年，祀五岳四渎，咸秩群祀，瘗沈珪璋。	
宋[3]	梁武帝令，郡国有五岳置宰祀三人，及有四渎居海应祀者，皆孟春、仲冬之后祀之。	
北魏	魏景穆帝[4]立五岳四渎庙于桑乾水之阴，春秋遣有司祭其山川诸神二百二十四所。此山川神立庙之始。广州时不属魏，南海神尚未有庙也。	

（续表）

隋		隋置祀四镇：东镇沂山，西镇吴山，南镇会稽山，北镇医无闾山。在大海中遥祭冀州镇霍山，并就山立祠。祀西海、东海于会稽县界。南海、南镇并近海立祠。及四渎，并取侧近巫一人，主知洒扫，并令多植松柏。 此南海神庙之始。	
唐	高祖 太宗	唐武德、贞观之制，五岳、四渎、四海，年别一祭，各以五郊迎气日祭之。东海于莱州，东渎、大淮于唐州，西海、西渎、大河于同州，北海及北渎、大济于洛州，南海于广州，南渎、大江于益州。 此广州南海神庙之始。	
	玄宗[5]	天宝十载正月，以东海为广德王，南海为广利王，西海为广润王，北海为广泽王。分命卿监：诸岳渎及山川，取三月十七日，一时备礼兼册。 此封广利王之始。	分命义王府长吏、范阳张九皋奉玉简金字之册。 北海太守李邕撰碑[6]。
	宪宗	元和十二年。 十三年将夏，祝册自京师至。 十四年，广庙宫而大之，治其庭坛，改作东西两序斋庖之房。	诏用前尚书右丞、国子祭酒、鲁国孔戣为广州刺史，行事祠下。 持节袁州诸军事、守袁州刺史韩愈撰碑。 持节循州诸军事、守循州刺史陈谏书。[7]
宋	太祖	开宝四年南汉平[8]，六年命中使葺庙，告皇帝之旨，叙克复之意。 刘张先尊海神为昭明帝，庙为聪正宫，其衣冠以龙凤。诏自今岳渎及东海、南海庙各以本县令兼庙令，县尉兼庙承，专掌祀事。	遣司农少卿李继芳祭；将仕郎、右补阙、柱国裴丽泽撰碑铭[9]；朝议郎、行监察御史、权知端州军州事韩溥奉敕书；上柱国、荥阳郡开国侯潘美；上柱国、沛郡开国公朱宪；柱国、琅琊郡开国男王明；修庙、中散大夫、柱国谢处玭；修庙、录事参军林洵美。
	真宗	锡王玉带。	
	仁宗	康定二年，增封四海，加王号洪圣，此南海洪圣广利王之始。	中书门下官见碑牒[10]。

（续表）

宋	仁宗	皇祐五年，诏增昭顺之号，是为南海昭顺洪圣广利王，加冕旒、簪导，以答神庥以神力平侬智高之乱也。 赐王夫人为明顺夫人。	工部侍郎参知政事刘，给事中参知政事梁，户部侍郎平章事庞。 尚书工部郎中直集贤院上骑都尉元绛奏状词臣蔡襄作诰。[11]
宋	英宗	治平四年重修。	武宁章望之撰记；江都曹隲书。[12]
宋	神宗	熙宁七年秋八月，上以久旱，精祷天下名山大川。诏祀南海洪圣广利昭顺王，已而休应，复行赛谢之礼。	诏右谏议大夫、知广州程师孟。 苏咸记；李穜书。[13]
宋	哲宗	元祐间，以妖巫溃散，群盗战栗，特旨赐缗钱载新祠宇。	
宋	高宗	绍兴七年，加八字褒封，有“威显”之号，是为“南海广利洪圣昭顺威显王”。	左朝奉郎、权发遣南恩州军主管陈丰撰文。[14]
宋	高宗	绍兴乙丑，封达奚司空等为六侯。	
宋	孝宗	乾道□年闰七月庚辰重修落成。	洛师康与之记并书。[15]
宋	孝宗	乾道丁亥冬十月初六日经始，凡八十二日而告成。	崇道观廖禹记并书[16]。
宋	宁宗	庆元四年，礼部状，拟赐庙额，奉敕：宜赐“英护庙”为额。	
宋	理宗	宝庆元年重修，縻金钱六百万有奇。	朝议大夫、广南东路转运判官、义溪曾噩记。 奉议郎、充广南东路经略安抚司、主管机宜文字留元崇书[17]。
元	世祖	至元丙子，遣使驰驿。以宝香、锦幡、银盒、楮币诣祠下建醮。	近侍速古儿赤臣脱大赤、承务郎管领诸路怯怜口、总管府经历臣苏枢赍币，广州路儒学教授刘本记，葛元鼎篆并书。[18]
元	世祖	至元癸巳，命御香、锦幡、银盒等物驰驿至广州，备仪礼致祭于南海广利灵孚王。	遣中奉大夫、御史台侍御史郑制宜，侍仪司承奉班都知杨弥坚，承务郎、广南东道儒学提举王献记，儒学教授陈黄裳书。[19]

（续表）

元	成宗	大德九年，遣使持锦旛二、销金旛一、金盒、币二十五万钱祭。	近侍臣蔑可度；中顺大夫侍少监臣晏理帖睦，翰林学士、通议大夫、知制诰、同修国史臣卢挚，广州路儒学学正、权管学事刘光远并书[20]。
	仁宗	延祐七年祀。	与祭官：中奉大夫、广东道宣慰使都元帅邸元谦，监祭官：承直郎、海北广东道肃政廉访司经历完颜谦。
	泰定帝	泰定元年，告即位，以香幡、白金致祭。	遣御位下必闍赤绰思，监御位下舍里别赤、承德郎崇福院经历毕礼亚，承直宣慰使都元帅邸元谦，广州路儒学教授陈性存撰文。[21]
		泰定四年，降赐金幡、银盒钱物致祭。	遣近侍火儿赤臣黄头天；倪体真、明元大师、中岳庙住持、提点元门诸路道教所校录曹德仁，广州路儒学教授吕宏道记。[22]
	顺帝	至正十年祀。	遣秘书监卿月鲁不花，翰林院待制杨舟。舟自为记。[23]
		至正十一年祀。	遣大司农少卿王敬方，翰林修撰、朝请大夫安僧。
		至正乙未祀。[24]	承事郎、太府监右藏库使三宝奴，翰林修撰、承务郎牛继志。志自为记。[25]
明	太祖	洪武二年敕祀。 二月修庙。	元教院掌书、臣徐九皋承诏将事并记。[26] 中书椽高希贤董修，县尹吴诚督工，闽中徐宏撰记。[27]
		三年，诏除历代所封神号，称南海之神。	中书省点差典仪、臣王慥。
	仁宗	洪熙元年，告嗣位。	遣太常寺丞孔克准。撰《代祀记》，广东布政使司左参政况文。[28]
	宣宗	宣德十年祀。	遣广东布政使司左参政卢玉润，左参议黄翰撰记。[29]
	英宗	正统九年祷雨。[30]	遣礼科给事中章瑾。

（续表）

明	景皇帝	景泰五年祀。	遣吏科都给事中林聪。
		六年祀。	遣都察院右都御史马昂。
	英宗	天顺元年，复正大统，告祀。	遣翰林院编修尹直。
	宪宗	成化元年，告嗣大统。 四年祀。	遣富阳伯李舆。 遣广东巡抚陈濂。
		八年重修。	赐进士第、承直郎、广州府判、前刑部主事、睢阳余志撰记。[31]
		十三年祀。	遣巡抚两广、都察院右副都御史朱英。
		二十年祀。	遣朱英。
	孝宗	弘治[32]元年，告嗣承大统。	遣平卿伯陈信。
		六年，祷雨祀。	遣都察院右副都御史闵珪。
	武宗	正德元年，告嗣承大统。	遣工科都给事中王缜。
		六年祀。	遣广东布政司罗荣。
		七年，以群盗为梗、水旱相仍祀。	遣巡抚两广、都察院右都御史林廷选。
	世宗	嘉靖十一年，以储宫未立祀。	遣广州同知沈尚经。
		十七年，为天赐元储，致谢于神。	钦差道士周大同[33]，主祭官、布政司陆炎。
	神宗	万历十六年。	巡抚广东、监察御史蔡梦说致祭。
	思宗[34]	崇祯[35]八年。	以平海寇刘香，制府熊文灿致祭，巡抚广东、监察御史叶绍□撰记。[36]
国朝		顺治八年。	翰林院提督、四译馆太常寺少卿孙廷铨。
		康熙六年。	都察院左副都御史董笃行。
		康熙二十一年。	礼部左侍郎兼翰林院学士杨正中。
		康熙二十四年。	詹事府少詹事兼翰林院侍讲学士王士禛[37]。
		康熙二十七年。	广东承宣布政使司布政使张建绩。

（续表）

国朝	康熙三十五年。	詹事府少詹事兼翰林院侍讲学士李录予。
	康熙三十六年。	都察院右副都御史熊一潇。
	康熙四十二年。	户部右侍郎范承烈。
	康熙四十八年。	詹事府少詹事兼翰林院侍讲学士史夔。
	康熙五十二年。	都统马云霄。
	康熙五十八年。	翰林院侍讲学士李绂。
	雍正元年。	翰林院侍讲学士涂天相。
	雍正三年，崇神封号曰“南海昭明龙王之神”。	巡抚广东等处地方、提督军务兼理粮饷、都察院右副都御史年希尧。
	乾隆元年。	詹事府少詹事、兼吏部文选清吏司郎中行走福什宝。
	乾隆十三年。	广东布政使司赫庆。
	乾隆十七年。	通政司副使孙灏。
	乾隆二十年。	兵部右侍郎李清芳。
	乾隆二十五年。	日讲起居注官教习、庶吉士、詹事府少詹事德尔泰。
	乾隆三十七年。	礼部左侍郎金甡[38]。
	乾隆五十年。	都察院左副都御史觉罗巴彦学。
	乾隆五十五年。	宗人府府丞孟邵。
	嘉庆元年。	广州副都统和兴额。
	嘉庆五年御赐“灵濯朝宗”扁[39]。	内阁侍读学士裘行简。
所遣祭年分及祭官、承祀，不无罣漏。时据现存之碑录之，未及详考。		

校注

[1] 周制：《周礼·春官·大司乐》所载之制度。

[2] 汉孝文：汉文帝刘恒。

[3] 宋：宋武帝刘裕建立的刘宋，梁武帝时已灭，故应用“南北朝”为妥。

[4] 魏景穆帝：在位时间不足一年，历史年代简表未列，在南北朝时期内。

[5] 玄宗：原作“元宗”，因避清圣祖康熙玄烨讳而写作“元宗”，今改。

[6] 北海太守李邕撰碑：撰者有误。据《新唐书·元宗纪》：“天宝六载正月杀北海太守李邕。”此碑撰于天宝十年（751），时李邕已死，可知其非作者。同治《番禺县志·金石略》作“册祭广利王记”。

[7] 韩愈撰碑……陈谏书：同治十年《番禺县志·金石略》作“南海神广利王庙碑”。

[8] 开宝四年南汉平：原作“开宝三年南汉平”，今改。宋太祖开宝三年（970）派潭州防御使潘美攻南汉，开宝四年（971）南汉降。

[9] 裴丽泽撰碑铭：指《大宋新修南海广利王庙之碑》，撰于宋开宝六年（973）。

[10] 中书门下官见碑牒：指宋康定二年（1041）《中书门下牒》。

[11] 元绛奏状词臣蔡襄作诰：指宋皇祐五年（1053）《中书门下牒》，碑的上层为蔡襄奉敕所撰的诰文，中层为元绛所上的奏章，下层为元绛至南海神庙祭拜后之纪文。

[12] 章望之撰记；江都曹隲书：同治《番禺县志·金石略》作“重修南海庙碑”。

[13] 苏咸记；李穜书：同治十年《番禺县志·金石略》作“南海庙谢雨记”。此文位于宋开宝六年碑之阴、额部。

[14] 陈丰撰文：同治十年《番禺县志·金石略》作“南海广利洪圣昭顺威显王记”。

[15] 乾道□年……康与之记并书：阮元《广东通志·金石略》作“创建风雷雨师殿记”。时在乾道三年（1167）。

[16] 崇道观廖禹记并书：阮元《广东通志·金石略》撰者作“廖容”，碑作“重修南海庙记”，作于乾道丁亥，即乾道三年（1167）。

[17] 曾噩记……留元崇书：据清陆增祥《八琼室金石补正》卷一百一十八，二人所记、书之碑为“转运司修南海庙记”。

[18] 刘本记，葛元鼎篆并书：阮元《广东通志·金石略》作“南海庙代建宝醮记”。至元丙子，即至元十三年（1276）。

[19] 儒学提举王献记，儒学教授陈黄裳书：阮元《广东通志·金石略》作“祀南海庙记”，作于至元癸巳，即至元三十年（1293）。

[20] 广州路儒学学正、权管学事刘光远并书：据嘉靖《广州志·礼乐载》，卢挚于大德九年（1305）至庙致祭。另同治《番禺县志·金石略》文后有”大德十一年……刘光远并书”。可知致祭与书碑为前后之举。

[21] 广州路儒学教授陈性存撰文：阮元《广东通志·金石略》作“代祀南海王记”，

作于泰定元年（1324）。

[22] 广州路儒学教授吕宏道记：据阮元《广东通志·金石略》，所撰碑文为“代祀南海王记”，作于泰定四年（1327）。

[23] 翰林院待制杨舟。舟自为记：阮元《广东通志·金石略》作“代祀南海王记”，作于至正十年（1350）。

[24] 至正乙未祀：原作“至元乙未祀”，误，今改。至正乙未，至正十五年（1355）。

[25] 翰林修撰、承务郎牛继志。志自为记：阮元《广东通志·金石略》作“代祀南海庙”，作于至正乙未，即至正十五年（1355）。

[26] 徐九皋承诏将事并记：同治《番禺县志·金石略》作“祀南海之记”，作于洪武二年（1369）。

[27] 闽中徐宏撰记：据本书卷六明碑，所记之碑为“重修南海庙记”，作于洪武二年（1369）。

[28] 撰《代祀记》，广东布政使司左参政况文：同治《番禺县志·金石略》作“代祀南海神记”。作于洪熙元年（1425）。

[29] 左参议黄翰撰记：同治《番禺县志·金石略》作“遣祭南海神记”。作于宣德十年（1435）。

[30] 英宗正统九年与天顺元年，原前后次序误，今改。据《明史·英宗纪》所载，明宣宗于宣德十年崩，其长子朱祁镇继位，是为英宗，以明年为正统元年。明正统十四年（1449），为解除蒙古对边防威胁，英宗在未及充分准备下，率五十万军亲征。在土木堡（今河北怀来东），被瓦剌也先军所破，英宗被俘。于是英宗弟朱祁钰即位，为景帝，尊英宗为太上皇。改年号为景泰。次年英宗被释还京。景泰八年（1457），石亨等人发动政变，迎太上皇入宫复位，改元天顺。史称此次复辟事件为“夺门之变”。因之称“天顺元年，复正大统”，即指英宗重登帝位之事。故正统九年在前，天顺元年复正大统在后。

[31] 睢阳余志撰记：同治《番禺县志·金石略》作“重修南海庙记”。作于成化八年（1472）。

[32] 弘治：参“波罗外纪目录”注[8]。

[33] 钦差道士周大同：原文重复，今删去。

[34] 思宗：原作“怀宗”，误，今改。据《明史》本纪，崇祯年间，皇帝朱由检为“思宗”。

[35] 崇祯：参“波罗外纪目录”注[10]。

[36] 巡抚广东、监察御史叶绍□撰记：同治《番禺县志·金石略》，崇祯八年（1635）《祀海神记》撰文者为叶绍颙。“颙”字缺，为避清仁宗嘉庆颙琰讳故作缺字。

[37] 王士禛：参卷二“波罗江”注[5]。

[38] 金甡：甡，原作“牲”，误，今改。浙江钱塘人，清朝乾隆年间状元，官至礼部侍郎。行迹见《清史稿·谢墉传附》。

[39] 扁：参“序一”注[12]。

碑牒　卷六

唐碑　六之一

册祭南海神记[1]

我皇乘时，龙临大宝，四[2]十载矣。洪休铄于元吉[3]，玄[4]泽浸于有截；恢复五运，更明三辰。以为海者，冲融浮天，汗漫吐气，载[5]万有，朝百川，屡效休征之应，未崇封建之典。逮天宝十载三月庚子，册为广利王，明盛礼也。分命义王府长史[6]、范阳张九皋[7]奉玉简金字之册，将璧环币帛之贶，拖毳衣绣，洁牲正辞，神理居歆，伫百福而上达帝道。惟永视九瀛而咸乂，洋洋乎未始有也。

初，张公作宰南海[8]，亟迁右职，惠化未泯，琴堂尚存。人挹子奇之风，时美相如之使。议政之老，惟见子孙；佐书之史[9]，俱垂班[10]白。风阙[11]郊候，鳞集欢迎。咏旧德于江干，睹慈君于鹢首，咸谓“恺悌[12]君子，令闻[13]不忘”者欤?

夫典册光扬，德贵周洽；信美不著，古[14]人所惭。敢举其凡，以记于石。时[15]天宝十载暮春三月天王正土[16]德之元辰，海君受玉册之初吉也。

《金石略》云：唐张九皋祭册碑今亡，《复斋碑录》：唐张九皋祭南海册，天宝十载三月刻。

按：张九皋，邑志作九章，俱曲江公九龄之弟，其先为范阳人，九皋为南海太守兼岭南五府节度、经略、采访、处置等使，以天宝十四载薨，赠广陵郡大都督府长史。尝与季弟九章同泛沧溟，舳舻艅艎，凡数百辈。忽惊飚震发，骇浪山连，当呀呷之时，谓汩没同尽，中宵返风，漂泊孤屿，迟明相视，各在津亭，同役之人，仅有存者。考其时地，必九皋而非九章矣，章为太常卿。兹《记》据邑志，为北海太守李邕作[17]，文名先于昌黎[18]，文存而碑亡，使韩公独有千古，惜哉！

校注

[1] 册祭南海神记：《全唐文》卷九百八十七作“册祭广利王记”，清陈兰芝《南海庙志》作“唐册祭广利王记”。可与《唐大诏令集》卷七十四、《全唐文》卷九百八十七相参照。

[2] 四：原作“三”，今据《全唐文》卷九百八十七改。

[3] 元吉：原作“元古”，今据《全唐文》卷九百八十七改。元吉，大福。《文选·张衡〈东京赋〉》：“神歆馨而顾德，祚灵主以元吉。”薛综注：“元，大也；吉，福也。”

[4] 玄：原作“元”，因避清圣祖康熙玄烨讳而改写作“元”。今据清陈兰芝《南海庙志》改。

[5] 载：清陈兰芝《南海庙志》作“戴”。

[6] 义王府长史：义王为唐玄宗第二十四子李玼，原名李漼。开元十三年（725）三月封为义王。二十三年（735）七月，授开府仪同三司，改名李玼。兴元元年（784）四月薨逝。王府长史，从四品上。

[7] 张九皋：清陈兰芝《南海庙志》作“张九章”。张九章，广东曲江人，名相张九龄之弟，历任桂阳郡长史、太子司议郎，吉州、温州、曹州、广州等刺史，天宝年间任岭南经略使等，官至鸿胪卿。仅《大唐郊祀录》所载为张九皋，《旧唐书》《册府元龟》均作张九章。

[8] 张公作宰南海：指张九章在天宝初年任岭南经略使、广州刺史等。

[9] 佐书之史：清陈兰芝《南海庙志》作“左书之史”。

[10] 班：清陈兰芝《南海庙志》作“斑”。

[11] 阙：清陈兰芝《南海庙志》作“伯”。

[12] 恺悌：原作“岂弟”，今据清陈兰芝《南海庙志》改。

[13] 闻：清陈兰芝《南海庙志》作“问”。

[14] 古：清陈兰芝《南海庙志》作“在”。

[15] 时：原作“云”，今据清陈兰芝《南海庙志》改。

[16] 土：原作“上”，今据清陈兰芝《南海庙志》改。

[17] 兹《记》据邑志，为北海太守李邕作：实误。此《记》撰于天宝十年（751），当时李邕已死。《旧唐书》卷一百九十中《李邕传》：“（天宝）五载，奸脏事发。又尝与左骁卫兵曹柳绩马一匹，及绩下狱，吉温令绩引邕议及休咎，厚相赂遗，词状连引，敕刑部员外郎祁顺之、监察御史罗希奭驰往，就郡决杀之，时年七十余。”故此《记》并非李邕所作。

[18] 昌黎：参“序一”注[20]。

南海神庙碑[1]

海于天地间，为物最巨，自三代圣王，莫不祀事。考于传记，而南海神次最贵，在北东西[2]三神、河伯之上，号为祝融。天宝中，天子以为古爵莫贵于公侯，故海岳之祀[3]，牺币[4]之数，放而依之，所以致崇极于大神。今王亦爵也，而礼海岳，尚循公侯之事，虚王仪而不用，非致崇极之意也。由是册尊（南海）[5]神为广利王，祝号祭式，与次俱升。因其故庙，易而新之。在今广州治之东南，海道八十里，扶胥之口，黄木之湾，常[6]以立夏气至，命广州刺史行事祠下，事讫驿闻。而刺史常节度五岭诸军，仍观察其郡邑，于南方事无（所）[7]不统。地大以远，故常选用重人，既贵而富，且不习海事，又当祀时，海常多大风。将往，皆忧戚；既进，观顾怖悸。故常以疾为解，而委事于其副，其来已久。故明宫斋庐，上雨旁风，无所盖障；牲酒瘠酸，取具临时；水陆之品，狼藉笾豆；荐裸兴俯，不中仪式。吏滋不供[8]，神不顾享，盲风怪雨，发作无节，人蒙其害。

元和十二年，始诏用前尚书右丞、国子祭酒、鲁国孔公[9]为广州刺史兼御史大夫，以殿南服。公正直方严，中心乐易，祗慎所职，治人以明，事神以诚。内外殚尽，不为表襮。至州之明年，将夏，祝册自京师至，吏以时告。公乃斋祓视[10]册，誓群有司曰：“册有皇帝名，乃上所自署。其文曰：‘嗣天子某[11]，谨遣官某[12]敬祭’。其恭且严如是，敢有不承？明日，吾将宿庙下，以供晨事。”明日，吏以风雨白，不听。于是州府文武吏士凡百数，交谒更谏，皆揖而退。公遂升舟，风雨少弛，棹[13]夫奏功，云阴解驳，日光穿漏，波伏不兴。省牲之夕，载旸[14]载阴；将事之夜，天地开除，月星明概。五鼓既作，牵牛正中，公乃盛服执笏以入，即事文武宾属，俯首听位，各执其职。牲肥酒香，樽爵静洁，降登有数，神具醉饱。海之百灵秘怪，恍惚毕出，蜿蜿虵虵，来享饮食。阖庙旋舻，祥飙送帆；旗纛旄麾，飞扬晻蔼；铙鼓嘲轰，高管嗷噪；武夫奋棹[15]，工师唱和；穹[16]龟长鱼，踊跃后先；乾端坤倪，轩豁呈露。祀之之岁，风灾熄灭，人厌鱼蟹，五谷胥熟。明年祀归，又广庙宫而大之，治其庭坛，改作东西两序。斋庖之房，百用具修。明年其时，公又固往，不懈益虔，岁仍大和，耋艾歌咏。

始公之至，尽除他[17]名之税，（罢）[18]衣食于官之可去者。四方之使，不以资交，以身为帅，燕享有时，当与以节，公藏私蓄，上下与足。于是免[于][19]属州逋负之缗钱廿[20]有四万，米三[21]万二千斛。赋金之州，耗金一岁八百，困不能偿，皆以丐[22]之。加西南守长之俸，诛其尤无良不听令者，由是皆自重慎法。人士之落南不能归者，与流徙之胄百廿[23]八族，用其才良而廪其无告者。其女子可嫁[者][24]，与之钱财，令无失时。刑[25]德并[26]流，地方数千里，不识盗贼；山行海宿，不择处所。事神治人，（其）[27]可谓备至（耳）[28]矣。咸愿刻庙石，以著厥美，而系以诗。乃作诗曰：

南海阴墟，祝融之宅。即祀于旁，帝命南伯。吏惰不躬，正自今公。明用享锡，佑我家邦。惟明天子，惟慎厥使。我公在官，神人致喜。海岭之陬，既足既濡。胡不均弘[29]，俾执事枢。公行勿迟，公无遽归。匪我私公，神人具依。

（元和十五年十月一日建，□字人李叔齐。）[30]

《金石略》[31]云：南海广利王庙碑，使持节袁州诸军事、守袁州刺史韩愈撰，使持节循州诸军事、守循州刺史陈谏书（王象之碑目云：并篆额）。元和十五年十月一日建。按：碑称“元和十二年诏用前尚书右丞、国子祭酒、鲁国孔公为广州刺史，至州之明年将夏，祝册自京师至”云云，“明年祀归，又广庙宫而大之”“明年其时，公又固往”“咸愿刻庙石以著厥美”，是碑作于十五年无疑，而《广州志》以为十二年所作，误也。《广州志》又以此碑为宋循州刺史陈谏重书。今碑并无重书字，宋时职官无刺史之名，而陈谏系于唐时为循州刺史，又于元和初刺封州，则碑为当时所书无疑矣。纂志者或以为韩公雄文宜出韩自书，不知是年之春公已到袁州，九月召拜国子祭酒，冬暮至京师。碑中所云“明年其时”者，乃指立夏气至之时，是碑盖在袁州作也。碑尾云“十月一日建”，则书字于石时，公去粤已久矣。

又按：郑氏[32]《通志·金石略》载隋、唐碑，于欧、虞等以书名者并分别其人于后，而以所书之碑类次记之，其序陈谏书，凡二种（《广州南海神庙碑》《昭义军节度使辛秘碑》），次于韦纵之后、唐元度之前。则陈谏在当时以书名，而今知之尚赖有此碑耳，奈何撰《广州志》者诬以为宋人哉？

此碑书字尚有晋人遗意，在殿侧东廊。欧阳公《集古录》云：以余家旧藏集本校之，皆同，惟集本云“蜿蜿蜒蜒”，而碑云“婉婉虵虵”，小异，当以碑为正。

碑阴凡四段：

最上一段：“熙[33]宁岁次癸丑十二月丙申，距甲寅六月辛未，府帅谏议程公凡四谒南海广利昭顺王。盖将天子之[34]命，求雨于神，而两祷两谢之，获应颇[35]异。前太守有一至庙下，已二十余年，而后寥寂无传，今公戾止，何其伟欤？亦足为灵宫一时之盛事，资邦人百年之美谈也。时献官黄稹、赵光弼，摄奉礼黎献臣，摄大祝富临辄记于韩退之之碑阴云。公之子德叟、义叟陪位。”

第二段：“皇祐二年孟秋庚寅，偕陆仲息子强、丁宝臣元珍、李徽之休甫、王逢会之、刘竦子，上谒广利王，夕宿庙下。祖无择择之记。弹琴道士何可从镌字，僧宗净[36]同行。”后小字云：“吉陵萧可相同男洪涛，于万历丙申九月建醮，三年己亥九月，又申忏谢题。”

第三段中云：“宗道从事于广，并今三拜祠下。熙宁壬子三月，权发遣转运使公事向宗道题。”

左云：“明万历己丑冬，郡人刘克修、克治、克平、徐明远谒祠下，陟章邱，登西台。信道士省元许。”后八分书四小字云：“朱完[37]后至。”

右云："嘉靖二十九年仲春丙午，黄佐[38]才伯偕门人徐兆先履渐、黎民表[39]惟敬、梁孜舜伯伏谒庙下。谨题。"

第四段："端平丙申三月，清江彭铉[40]诣祠蒇祀事，登浴日亭，访韩碑，诵坡句，摹本而归，刻名碑阴。时庐山胡泳与其季泓偕行。"

碑左侧："儒以嘉靖壬午莅官，实领岭东，往来海道，多赖神佑。兹挈家还山，敬谒祠下告行。岁丙戌三月，广东按察司副使、吴兴施儒[41]聘之题名。"

碑右侧："万历癸巳四月八日，琼台王弘诲[42]绍传，偕文学梁绍裘少仲、钟昌辰维枢、门人翟绳祖从先、梁子寿伯遐、杨惟忠茂英游罗浮，拜谒祠下，题名碑石。长子汝龙、壻[43]黄廉侍。"

校注

[1] 南海神庙仪门东侧原碑碑题作"南海广利王庙碑"，下缺"使持节袁州诸军事、守袁州刺史韩愈撰；使持节循州诸军事、守循州刺史陈谏书并篆额"。袁州，唐武德复置袁州，天宝元年（742）改为宜春郡，乾元元年（758）又改为袁州，州治在今江西宜春市。循州，隋开皇年间始置循州，州治在今惠州市东，唐贞观年间州治在今五华县华城镇。辖今天惠州、河源、梅州的大部分。陈谏，因参加唐顺宗时王叔文政治变革，事败被贬为台州司马，为著名"八司马"之一。后再贬任循州（今广东惠阳县东）刺史。其行迹附于《旧唐书》《新唐书》之王叔文、王伾传内。

[2] 北东西：原作"东西北"，今据原碑及拓片改。

[3] 祀：原作"祝"，今据原碑及拓片改。

[4] 币：原作"帛"，今据原碑及拓片改。

[5] 南海：原脱，今据原碑及拓片补。

[6] 常：原作"尝"，今据原碑及拓片改。

[7] 所：原脱，今据原碑及拓片补。

[8] 供：原作"恭"，今据原碑及拓片改。

[9] 孔公：即孔戣。字君严，孔子第三十八代孙，巢父之侄，授广第州刺史、兼御史大夫、岭南节度使。《旧唐书》《新唐书》的《巢父传》均附其传。

[10] 视：原作"祝"，今据原碑及拓片改。

[11] 某：原作"其"，今据原碑及拓片改。

[12] 官某：原作"某官"，今据原碑及拓片改。

[13] 棹：原作“擢”，今据原碑及拓片改。
[14] 旸：原作“阳”，今据原碑及拓片改。
[15] 掉：原作“棹”，今据原碑及拓片改。掉，摇摆之意。
[16] 穹：原作“穷”，今据原碑及拓片改。
[17] 他：原作“地”，今据原碑及拓片改。
[18] 罢：原脱，今据原碑及拓片补。
[19] 于：衍文，今据原碑及拓片改。
[20][23] 廿：原作“二十”，今据原碑及拓片改。
[21] 三：原作“四”，今据原碑及拓片改。
[22] 丏：原作“丐”，今据原碑及拓片改。丏，与“免”通。
[24] 者：衍文，今据原碑及拓片改。
[25] 刑：原作“行”，今据原碑及拓片改。
[26] 并：原作“兼”，今据原碑及拓片改。
[27] 其：原脱，今据原碑及拓片补。
[28] 耳：原脱，今据原碑及拓片补。
[29] 弘：原作“宏”，今据原碑及拓片改。
[30] 元和十五年十月一日建，□字人李叔齐：原缺，今据原碑及拓片补。
[31] 《金石略》：指清阮元《广东通志·金石略》。
[32] 郑氏：宋人郑樵（1104—1162），字渔仲，兴化军莆田（今福建莆田）人，世称夹漈先生。南宋史学家、目录学家。一生不应科举，毕生从事学术研究，在经学、礼乐之学、语言学、自然科学、文献学、史学等方面均有成就。其所撰《通志》为一部百科全书式巨著，共二百卷，分传、谱、略三部分。
[33] 熙：原作“照”，今据原碑及拓片改。
[34] 之：原脱，今据原碑及拓片补。
[35] 颇：原作“碑”，今据原碑及拓片改。
[36] 净：原作“静”，今据原碑及拓片改。
[37] 朱完：字英全，号白岳山人。明代南海九江（今广东佛山南海九江镇）人。随父在广州北郊筑虹冈别业、环谷山庄、清晖、师古、巢云等精舍。能诗文，工书画。著有《虹冈漫录》《清晖馆稿》《白岳山人全集》。可参同治《南海县志》。
[38] 黄佐：字才伯，号希斋，晚号泰泉。明代广东香山（今广东中山）人。正德十六年（1521）进士，授翰林院编修。历任江西佥事、广西学政、南京国子监祭酒，

赠礼部右侍郎，谥“文裕”。著有《广东通志》《广州人物传》《罗浮山志》《广西通志》《香山县志》等。

[39] 黎民表：字惟敬，号瑶石、罗浮山樵、瑶石山人。广东从化人。官至河南布政参议。为黄佐弟子，以诗名。

[40] 彭铉：字仲节。临江清江（今江西樟树临江镇）人。著有《临川可否录》《备寇兵录》。祀名宦祠。

[41] 施儒：字聘之，号西亭，乌镇西郊（今浙江湖州郊区）人。曾任广东按察副使。著有《西亭集》等。

[42] 王弘诲：字绍传，号忠铭，海南省定安县雷鸣镇龙梅村人。官至礼部尚书。后隐居家乡造福一方。其著作《天池草》载入清代《四库全书》。

[43] 壻：通“婿”。

宋碑　六之二

开宝南海神庙碑[1]

臣闻海所以能为百谷王者，以其善下故也，能善其下，故百川委输归往焉。亦犹[2]山不自高，众尘由是归矣；海不自大，众水所以[3]宗焉。是知不积众尘，无以崇其万仞；不积众水，何以成于[4]四溟？溟则[5]海也。以四夷分而言之，谓之四海；以大瀛总而言之，谓之裨海，其实一也。

炎荒之极，南海在望。洪涛澜漫，万里无际；风潮汹涌，云岛相连；浴日浮天，乍合乍散；珊瑚生于波底，兰桂丛乎洲上。其或天吴息浪，灵胥退涛，彼俗[6]乃驾象牵犀，拣金拾翠。入千重之水，累累贯珠；披万顷之沙，往往见宝。自古交阯七郡，贡献上国，皆自海，沿于江，达于淮，逾[7]于洛，至于南海[8]。故砺砥砮丹、羽毛齿革，底贡无虚岁矣。唐天宝十载封为广利王，被之冕服，享以牢醴，每岁春秋致奠，略无阙焉。自有唐将季也，中朝多故，戎马生郊，窃号假名，凭深恃险，五岭外郡，遂为刘氏所据，殆七十年。（故）[9]元纁玑组，包匦茅菁[10]，阙供于王祭矣，何暇祷祀岳渎耶?

呜乎[11]！物不终否，否极必[12]泰。故我今皇帝受上元[13]命，庇下土之民，协和万邦[14]，光被四表，率土之内，无远弗届。金狄[15]十二，鄙[16]秦[17]帝威于四夷[18]；黄龙一双[19]，约宾人来于万里。故望云驰奏，向（日）[20]倾心，纳贡藁街[21]者日有所至，史不绝书。蠢兹炎陬，独迷声教，阻绝我琛赆，割剥我生民，恣为淫刑，滥行不道，遂致人怨神怒，众叛亲离，民怀徯后之心，俗有后予之怨。是则轩皇神圣，犹亟战于阪泉；帝尧聪明，尚有征于丹浦。吊民问[22]罪，可得行之。遂乃宜社[23]出兵，凿门命将。王师才举，如时雨之降，若大鹏之征。遍海岱而曾匪[24]崇朝，渡南溟而止期一息。圆月未再，驰驿继至，则曰：韶广之垒，今已平矣；渠魁之属，悉以擒矣。下郡百余所，拓土千万里，沿海旧地，尽为我有。未翌[25]日，广南道行营招讨都部署潘美陈露布，俘伪广主[26]与官属献于阙下。夫高屋建瓴，下阪走丸，飞鸿之纵顺风，商飙之殒槁叶，奚如是之易也？若非我应天广运圣文神武明道至德仁孝皇帝圣谟睿略之感应，曷能平荡矣？岂直标其铜柱，俾马援分于汉疆；未若走以长缨，羁尉陀（献）[27]于魏阙。既而海外有截，天下为公。由是降德音，覃霈泽：系囚未释者，俾其释矣；流人[28]不归者，咸使归之。污俗浊而自[29]清，乱法邪而复正；化犷土为王土，变桀民作尧民。众人熙熙，沐皇风如饮醇醴，睹圣政[30]若享太牢。上曰："彼民既苏，彼俗既化。广利王之庙自阻隔以来，寂[31]寥莫睹，今既复其土地，可使视其庙貌，俾重崇葺焉。"乃命中使[32]，往蒇其事，告皇帝[33]之旨，叙克复之意。蘋藻在荐，盏斝具陈。酒一奠而海若渊沦，祥风袭人，岳舞山转，若来朝于[34]百神；乐再奏而大壑溟涬，炎精不竟[35]，浪息波停，如恭听于明命。似律召吕，疑谷应声；影像相传，肸蠁如在。林麓以之森耸，山川谓[36]之清[37]明。呜呼！皇天无亲，惟德是辅；阴灵不昧，有感必通。讵非浚哲之君，孰感灵长之德？岂直扬清激浊，梁简文止迷[38]于赋辞；乖蛮隔夷，谢惠连[39]空陈于赞咏。式扬巨德，宜树丰碑。虔奉纶言，谨为铭曰：

无皋东峙，朱陵南望。极览沧屿，渺觌洪浪。凤麟镇其西，炎长洲其上。回洑万里，堆叠千嶂。滉滉漾漾，汪汪洋洋。：源流地脉[40]，派引天潢。限六蛮于外服，通七郡以来王。仁惟利涉，道乃灵长。我后睿圣，载服洪荒。惟神正直，克飨馨香。灵胥之涛匪怒，阳侯之波弗飏。善下其德，既济其航。千年万禩，永享烝尝。

在庙门内西侧，北向，正书，篆额“大宋新修南海广利王庙碑铭并序”。

山南西道[41]节度掌书记[42]、将仕郎、守右补阙[43]、柱国[44]、赐绯鱼袋[45]臣裴丽泽[46]奉敕撰；朝议郎、行监察御史、权知端州军州事臣韩溥[47]奉敕书。开宝六年太[48]岁癸酉十月九日己丑书建。

碑阴列衔：

推诚宣力同德翊戴功臣，山南东道[49]节度，襄、均、房、复等州观察处置兼三司水路发运桥道等使、南面行营兵马部署、广南诸州计度转运使、权知广州军府事、市舶使、金紫光禄大夫[50]、检校[51]太保[52]、使持节襄州诸军事、襄州刺史、兼御史大夫、上柱国、荥[53]阳郡开国侯、食邑二千户、食实封二百户潘美[54]，

推诚翊戴宣力功臣、金紫光禄大夫、检校太保、使持节复州[55]诸军事、复州刺史、本州防御使、南面行营兵马都监、兼御史大夫、上柱国、沛郡开国公、食邑二千五百户朱宪，

推诚翊戴功臣、起复正议大夫、秘书少监、使持节韶州诸军事、韶州刺史、广南诸州转运副[56]使、柱国、琅琊县[57]开国男[58]、食邑三百户、赐紫金鱼袋[59]王明，

都大[60]、提举修庙、中散大夫、行尚书驾部员外郎、通判广州军府事、兼市舶判官、柱国谢处玭，

奉敕监修庙、文林郎、守广州录事参军事林洵美。（此段在左方，小字，作五长行。）

又碑阴题名凡三段：

熙宁七年秋八月，上以久旱，精祷天下名山大川，诏右谏议大夫、知广州程公致祀南海洪圣广利昭顺王。已而休应云获，复命，公行赛谢之礼。时黄稹、赵光弼为献官；黎献臣、谭粹奉[61]礼；太祝[62]陈端与公之子德叟、义叟陪位。冬十月十八日苏咸记。李穜书。（此段在额。）

圣宋皇祐辛卯岁三月十九日庚午立夏，祗命致享于洪圣广利王庙。右谏议大夫、充天章阁待制[63]、知广州田瑜，都官员外郎、前[64]监盐仓黄铸，虞部[65]员外郎、通判朱显之谨题。僧宗净[66]刊。（此段在中之右，字大三寸有余。）

熙宁甲寅仲春十九日，府幕谭粹、检季邑簿李穜书碑，谒拜祠下。（此段在下方。）

乾隆丙戌九月，大兴翁方纲谒祠观碑，辛卯三月，大风雨中复来题记。（此行八分书。）

校注

[1] 南海神庙仪门西侧现存碑碑题作“大宋新修南海广利王庙之碑”。因作于宋开宝六年（973），故俗称开宝碑。

[2] 犹：原作“由”，今据阮元《广东通志·金石略》改。

[3] 以：阮元《广东通志·金石略》无。

[4] 于：原作“乎”，今据阮元《广东通志·金石略》改。

[5] 则：原作“即”，今据阮元《广东通志·金石略》改。

[6] 俗：原作“苍”，今据阮元《广东通志·金石略》改。

[7] 逾：原作“通”，今据阮元《广东通志·金石略》改。

[8] 海：阮元《广东通志·金石略》作“河”。

[9] 故：原脱，今据阮元《广东通志·金石略》补。

[10] 茅菁：原作“菁茅”，今据碑文改。

[11] 乎：原作“呼”，今据阮元《广东通志·金石略》改。

[12] 必：原作“则”，今据阮元《广东通志·金石略》改。

[13] 元：原作“天之”，今据阮元《广东通志·金石略》改。

[14] 邦：原作“方”，今据阮元《广东通志·金石略》改。

[15] 金狄：金人。秦始皇二十一年（前226）收天下兵器，铸金人十二，后汉武帝列于甘泉宫。张衡《西京赋》：“高门有闶，列坐金狄。”李善注：“金狄，金人也。”北魏郦道元《水经注·河水四》：“按秦始皇二十六年，长狄十二，见于

临洮，长五丈余，以为善祥，铸金人十二以象之，各重二十四万斤，坐之宫门之前，谓之金狄。”

[16] 鄗：原作“都”，今据阮元《广东通志·金石略》改。

[17] 秦：原作“奉”，今据阮元《广东通志·金石略》改。

[18] 夷：原作“彝”，今据阮元《广东通志·金石略》改。

[19] 双：原作“只”，今据阮元《广东通志·金石略》改。

[20] 日：原脱，今据阮元《广东通志·金石略》补。

[21] 藁街：在汉代京城长安南门内，属国使节馆舍所在地。晋代陆机《饮马长城窟行》：“振旅劳归士，受爵藁街传。”

[22] 问：原作“伐”，今据阮元《广东通志·金石略》改。

[23] 宜社：出征前祭地。

[24] 匪：原作“非”，今据阮元《广东通志·金石略》改。

[25] 翌：原作“翼”，今据阮元《广东通志·金石略》改。

[26] 广主：原作“汉王”，今据阮元《广东通志·金石略》改。

[27] 献：原脱，今据阮元《广东通志·金石略》补。

[28] 流人：离开家乡，流浪外地的人。汉桓宽《盐铁论·执务》：“天下安乐，盗贼不起；流人还归，各反其田里。”

[29] 自：原作“复”，今据阮元《广东通志·金石略》改。

[30] 睹圣政：原作“赌圣教”，今据阮元《广东通志·金石略》改。

[31] 寂：原作“寥”，今据阮元《广东通志·金石略》改。

[32] 中使：宫中派出的使者。多指宦官。《后汉书·宦者传·张让》：“凡诏所征求，皆令西园驺密约勑，号曰‘中使’。”

[33] 皇帝：阮元《广东通志·金石略》作“帝王”。

[34] 于：原作“而”，今据阮元《广东通志·金石略》改。

[35] 竟：原作“觉”，今据阮元《广东通志·金石略》改。

[36] 谓：原作“为”，今据阮元《广东通志·金石略》改。

[37] 清：原作“精”，今据阮元《广东通志·金石略》改。

[38] 梁简文止迷：迷，原作“述”，今据阮元《广东通志·金石略》改。梁简文，萧纲，字世赞，梁武帝萧衍第三子，昭明太子卒，立为皇太子，后嗣位。谥曰简文帝，庙号太宗。萧纲自幼爱好文学，以他的幕僚为主，围绕在他的周围，形成了一个主张鲜明的文学集团，公开宣布并倡导文学史上著名的宫体文学，形成风尚，影响深远。

[39] 谢惠连：南朝宋文学家。祖籍陈郡阳夏（今河南太康），出生于会稽（今浙江绍兴）。《宋书》卷五十三列传第十三："子惠连，幼而聪敏，年十岁，能属文，族兄灵运深相知赏，事在《灵运传》。本州辟主簿，不就。惠连先爱会稽郡吏杜德灵，及居父忧，赠以五言诗十余首，文行于世。"为谢灵运"四友"之一。

[40] 脉：原作"纪"，今据阮元《广东通志·金石略》改。

[41] 山南西道：唐至北宋初的一级行政区（今陕西汉中、四川东部、重庆西部等地区）。治所设于兴元府（梁州，今陕西汉中），北宋初亦置山南西道，后改为峡西路，仍治兴元府。

[42] 节度掌书记：唐代官制，景龙元年（707）设置，秩为从八品，为掌管一路军政、民政机关之机要秘书。《新唐书》卷四十九下《百官志四下·外官》："掌书记，掌朝觐、聘问、慰荐、祭祀、祈祝之文与号令升绌之事。"宋代亦设此职。

[43] 补阙：唐武则天垂拱元年（685）置，秩从七品上，职责为对皇帝进行规谏及举荐人才，与拾遗同掌供奉讽谏。分左右补阙，左补阙属门下省，右补阙属中书省。北宋时改为左右司谏。南宋一度沿设，旋罢。明初又设左右司谏，不久即罢，建文帝设补阙，明成祖即位后罢。低一级即为左右拾遗，合称"遗补"。《新唐书·百官志二》："门下省有……左补阙六人，从七品上；左拾遗六人，从八品上。掌供奉讽谏，大事廷议，小则上封事。"又"（中书省有）右补阙六人，右拾遗六人，掌如门下省"。

[44] 柱国：战国时楚国设置，原作保卫国都之官，后为楚国的最高武官。唐以后作勋官之称号。宋代为从二品。

[45] 绯鱼袋：绯衣与鱼符袋，唐宋时朝官的服饰。从唐朝开始官服分颜色：三品以上紫袍，佩金鱼袋；五品以上绯袍，佩银鱼袋；六品以下绿袍，无鱼袋。官吏有职务高而品级低的，仍按照原品服色。宋因之。

[46] 裴丽泽：山西永济人，裴耀卿八世孙，山南西道节度掌书记，从八品。

[47] 韩溥：知端州军州事，史称韩溥"博学，善笔札"。

[48] 太：原作"大"，今据阮元《广东通志·金石略》改。

[49] 山南东道：唐代的一级行政区（今湖北长江以北、河南西南部及重庆东部的万州地区）。唐睿宗景云二年（711），分山南道为山南东、山南西二道，治所设于襄州（今湖北襄阳）。北宋初，在山南东道的大部地区改设京西南路，仍治襄山南东道州；重庆东部地区则划入峡西路，后改设夔州路，治所夔州（重庆奉节）。

[50] 金紫光禄大夫：古代文官名，为加官及褒赠之官。加金章紫绶者，称金紫光禄大夫。唐代为正三品，宋代为正二品，元代为从一品。

[51] 检校：以他官派办某事，加“检校”，检校职务均兼职，非正式官衔。

[52] 太保：三公之一，位次太傅。亦指太子太保，为辅导太子之官。西周始置。监护与辅弼国君之官。

[53] 荥：原作“荣”，今据阮元《广东通志·金石略》改。

[54] 潘美（925—991）：字仲询，后周世宗时征高平，以战功迁西上阁门副使。宋时屡建战功。开宝年间任广南道行营招讨都部署，知广州兼市舶使。后加同平章事。谥武惠，《宋史》有传。

[55] 事：原作“州”，今据阮元《广东通志·金石略》改。

[56] 副：原作“别”，今据阮元《广东通志·金石略》改。

[57] 县：原作“郡”，今据阮元《广东通志·金石略》改。

[58] 开国男：古代皇族、贵族的封号，用以表示身份等级与权力的高低。世爵从夏商时期开始，置公、侯、伯、子、男五等爵。唐朝，分亲王、嗣王（承袭亲王的为嗣王）、郡王、国公、郡公、县公、郡侯、县侯、县伯、县子、县男。国公以下，均加开国字样。唐朝的封爵有食邑，但往往为虚封，唯加实封者可以享有所封地的租税收入（后改为领取俸禄）。宋沿袭唐制。

[59] 紫金鱼袋：参卷六“开宝南海神庙碑”注[45]。

[60] 都大：官名。宋置。主管铸钱贸易之事。宋吴曾《能改斋漫录·事始一》：“本朝制置使，始于杨允恭。太宗命允恭为洛苑副使，江淮、两浙都大发运，擘画茶盐捕贼事。”《正字通·大部》：“都大，官名。宋制有两都大：一、提举茶马；一、提点坑冶铸钱与提刑序官。”

[61] 奉：原作“摄”，今据阮元《广东通志·金石略》改。

[62] 太祝：又称大祝，官名。太常寺主管祭祀之官。商官有六太，其一曰太祝。《周礼》：“春官宗伯之属有太祝，掌祭祀祈祷之事。秦汉有太祝令丞，属太常卿。历代多因之。”

[63] 天章阁待制：天章阁为宋时皇室藏书机构。宋真宗天禧四年（1020）营建。天圣八年（1030）始置天章阁待制。景祐四年（1037）置天章阁侍讲。庆历七年（1047）置天章阁学士、直学士。政和六年（1116）置直天章阁。学士、直学士、待制、直天章阁均为皇帝的文学侍从官，除日常轮值外，还要随时随地听候皇帝的召唤陪从，应酬诗文。天章阁待制为从四品。地位在龙图阁待制之下。南宋复于临安府建，藏图籍、符瑞、宝玩之物及宗室名籍，并安奉宋历朝皇帝画像与即位前旌节，仍置学士等职。

[64] 前：原作“时”，今据阮元《广东通志·金石略》改。

[65] 虞部：古代职官。亦名“虞衡”“虞曹”。《周礼·地官》有山虞、泽虞。虞部盖古虞人之遗职。三国魏尚书有虞曹郎中。晋因之。梁、陈、后魏、北齐并由祠部尚书领之。北周有虞部下大夫，隋有虞部侍郎，属工部。唐宋因之，改为虞部郎中，掌山泽、苑囿、草木、薪炭、供顿等事。明初改为虞衡司，掌山泽、桥道、舟车、织造、券契、衡量等事。清末始废。

[66] 宗净：宋代僧人。善刻碑，皇祐三年（1051）刻南海广利王庙田瑜、黄铸、朱显之题名。

中书门下牒

南海广利王牒，奉敕：“四渎渊流，历代常祀。物均蒙于善利，礼未峻于徽称。载考国章，式崇王爵，四渎并褒封为王，其四海乃增崇懿号，宜封为洪圣广利王。及令本处，限勑命到，差官精虔致祭。牒至准敕。”故牒。

康定二年十一月日牒。

右谏议大夫、参知政事王[1]。

右谏议大夫、参知政事晁[2]。

户部侍郎、平章事章（吕）[3]。

右仆射兼门下侍郎平章事[4]。已[5]上四行在碑之上方。

承奉郎□似是权字知观□。似是察字，以下不可辨。[6]

节度推官承奉郎[7]。

宣德郎、试书校书郎、权节度掌书记章。

朝奉郎、尚书都官员外郎、通判军州兼勾当市舶司及管内劝农事、轻车都尉[8]、赐绯鱼袋□。

广南东路诸州水陆计度转运使兼提点市舶司、本路劝农使、朝奉郎、守尚书主客郎中兼权发遣军州事、护军[9]、赐紫金鱼袋马。

庆历二年二月十七日立石。

（承务郎守录事参军陆贲书并篆额。僧义荣镌。）[10]

校注

[1] 参知政事王：指王举正。阮元《广东通志·金石略》引《宋史·仁宗记》："至参知政事王举正，则康定二年始任。"

[2] 参知政事晁：指晁宗慤。阮元《广东通志·金石略》引《宋史·仁宗纪》："……参知政事晁宗慤，康定元年任。"

[3] 门下侍郎平章事（吕）："吕"，原脱，"吕"应为吕夷简。阮元《广东通志·金石略》引《宋史·仁宗记》："门下侍郎平章事吕夷简，亦康定元年任。"

[4] 平章事章：指章得象。阮元《广东通志·金石略》引《宋史·仁宗记》："户部侍郎平章事章得象，宝元元年任。"

[5] 已：同"以"。

[6] 据上下文，疑脱字。

[7] 据上下文，疑脱字。

[8] 轻车都尉：勋官名。汉武帝曾置轻车将军。梁、陈、北魏、北齐亦有轻车将军。唐采旧官名，置上轻车都尉，相当于从四品。宋、金沿置。元、明为从三品。明文官别为资治少尹。清为世爵名。乾隆元年（1736）改阿达哈哈番为一、二、三等轻车都尉，其下为骑都尉。

[9] 护军：古代高级军事官职，其中中护军、中领军、中都护等职位掌管禁军、主持选拔武官、监督管制诸武将。秦置护军都尉，汉因之。汉武帝时属大司马。建安十二年（207）改护军为中护军。魏亦置护军，主武官选，隶领军。资重者为护军将军，资轻者为中护军。在三国、西晋时期发展至顶峰。

[10] 承务郎守录事参军陆贲书并篆额，僧义荣镌：原脱，今据清陈兰芝《南海庙志》补。

皇祐五年牒

中书门下牒：

广州南海洪圣广利王牒。奉勅：《易》载"害盈益谦[1]"之旨，盖神道正直，必有辅于教也。其有阴相吾民，沮遏凶丑，应答明白，不列美称，曷以扬神之庥？南海洪圣广利王，惟王庙食尊爵，表于炎区，年既远矣！唐韩愈记[2]称神次最贵，且有福祸之验，国家秩礼，祀等尤高。康定中，朕尝[3]增王徽名，牲币器数，罔不称是。今转运使绛[4]言："乃者侬獠[5]狂悖，暴集[6]三水[7]，中流飓起，舟留三日。逮至城闉，广已守备。火攻甚急，大风还焰；闭关渴饮，澍雨而足；变怪娄[8]见，贼惧西遁。州人咸曰：'王其恤我者耶！'"朕念显灵佑顺，靡德不酬，其加[9]王以昭顺之号。神其歆兹，显宠万有千载，永庇南服，宜特封南海洪圣广利昭顺王。仍令本州差官往彼严洁致祭，及仰制造碑额安挂。牒至准敕。故牒。

皇祐五年六月二十七日牒。下层元绛记二"上心感焉，召词臣蔡襄[10]作诰"，则此牒乃蔡君谟作也。

工部侍郎、参知政事刘[11]。

给事中、参知政事梁[12]。

户部侍郎、平章事庞[13]。

碑凡三层，此其第一层也。

右臣伏睹广州有南海神祠，唐天宝中封广利王，圣朝康定初，诏加洪圣之号。臣询问得，去年獠贼五月廿二日离端州，时江流湍急，船次三水，飓风大起，留滞三日，以此广州得有守御之备。尔后，暴雨累旬，贼党不得前进。而城中暑渴，赖雨以济。六月中，贼以云梯四攻，几及城面，群凶欢噭，以谓[14]破在顷刻。无何，疾风尽坏梯屋。又一日，火攻西门，烈焰垂及，又遇大风东回，贼既少退，故守卒得以灌灭。于是贼惧天怒，渐有西遁之意。始，州之官吏及民屡祷于神，翕忽变化，其应如响。盖陛下南顾焦虑，威灵震动，天意神贶，宜有潜佑。臣窃稽前史，苻坚[15]之寇淝水，司马道子[16]祷于钟山，获八公草木之助；温造[17]平汉中之难，祈晴于溪翁山，应时开霁，当时并蒙封崇。况南海大神，历代称祀。唐韩愈尝[18]谓："考于传记，神次最贵，在北东西三神之上。”今兹助顺，度越前闻。及问得海神之配，故老传云：“昔尝[19]封明顺后，自归圣化，未正褒封。”其洪圣广利王及其配臣[20]，欲望朝廷别加崇显之号，差官致祭，以答神休，仍乞[21]宣付史官，昭示万世。如允所奏，伏乞特降敕命。谨具状奏闻，伏候敕旨。

皇祐五年四月十八日，广南东路诸州水陆计度转运使、兼提点市舶司、本路劝农使、朝奉郎、尚书工部郎中、直集贤院、上骑都尉、赐绯鱼袋借紫[22]臣元绛状奏。此第二层。

皇祐壬辰[23]夏，獠侬猾二广[24]，绛奉诏使峤外[25]，问广民，皆称道南海神事。明年贼平，辄以状闻于朝。上心感焉，召词[26]臣蔡襄作诰，增王徽名，且遣使奉将绨函就勒扁署，致牲币之祀。今年春，又敕中贵人[27]乘传，加王冕九旒、犀簪导、青纩、充耳、青衣五章、朱裳四章、革带钩觽、绪绂素单、大带锦绶、剑佩履韈，并内出花钗九树，袿襡簪镆，署曰“赐明顺夫人”。又命道、释为之会，凡十夕，且以答王灵休。冬十一月，绛来谒神祠，伏念天子仁圣洁[28]诚，以依神康，保于元元，所以蕃锡之备厚，宜有金石之刻，铺张光明，使极天所肯，知朝廷威灵变化之感。噫嘻盛哉！至和元年[29]岁在敦牂[30]十二月二十一日庚戌，绛谨记。始兴李直书丹。此下一层。[31]

校注

[1] 害盈益谦：犹谦受益，满招损。盈虚有数，过满则盈，天之道损有余以补不足，人道像天道，忌盈益谦。

[2] 韩愈记：指唐元和十五年（820）韩愈所撰的《南海广利王庙碑》。

[3] 尝：原作“常”，今据原碑拓片改。

[4] 绛：元绛（1009—1084），余杭人。宋皇祐年间，侬智高据岭南叛乱，元绛为广东转运使，因供军饷有功，迁工部郎中。官至参知政事，谥章简。《宋史》有传。

[5] 侬獠：侬智高。北宋中期广西广源州（今广西靖西、田东一带）的少数民族首领，领导少数民族起事。

[6] 集：原作“习”，今据原碑拓片改。

[7] 三水：指珠江主流北江、西江等交汇处，时有变迁。宋时北江、西江交汇处设三水镇，即今广东佛山三水区南隔江三水口。

[8] 娄：与“屡”通。

[9] 加：原作“如”，今据原碑拓片改。

[10] 词臣蔡襄：词臣，指文学侍从之臣。唐刘禹锡《江令宅》诗：“南朝词臣北朝客，归来唯见秦淮碧。”蔡襄（1012—1067），字君谟，兴化（今福建仙游）人。天圣八年（1030）进士，历任馆阁校勘、知谏院、直史馆、知制诰、龙图阁直学士、枢密院直学士、翰林学士、三司使、端明殿学士等职，并出任福建路（今福建福州）转运使，知泉州、福州、开封和杭州府事。卒赠礼部侍郎，谥“忠惠”。工书法，诗文清妙，其书法浑厚端庄，淳淡婉美，自成一体，为“宋四家”之一。有《蔡忠惠公全集》存世。

[11] 参知政事刘：指刘沆。阮元《广东通志·金石略》引《宋史·仁宗记》：“工部侍郎参知政事者，刘沆。”

[12] 参知政事梁：指梁适。阮元《广东通志·金石略》引《宋史·仁宗记》：“给事中参知政事者，梁适。”

[13] 平章事庞：指庞籍。阮元《广东通志·金石略》引《宋史·仁宗记》：“户部侍郎平章事者，庞籍。”

[14] 谓：原作“为”，今据原碑拓片改。

[15] 苻坚：原文作“符坚”，今据《魏书·苻坚传》改。

[16] 司马道子（364—403）：字道子，河内温县人。东晋宗室，东晋晚期权臣。晋简文帝司马昱第七子。初封琅邪王，后徙封会稽王。谥曰文孝王。

[17] 温造（765—835）：字简舆，并州祁县（今山西祁县东南）人，德宗、穆宗、文宗时期官吏。官至礼部尚书。

[18][19] 尝：原作“常”，今据原碑拓片改。

[20] 臣：原作“神”，今据原碑拓片改。

[21] 乞：原作“克”，今据原碑拓片改。

[22] 借紫：宋时规定官员的服色，三品以上服紫，未至三品者特许服紫，称为“借紫”。宋王溥《唐会要·内外官章服》“四年二月二十三日诏”注：“天授二年八月二十日，左羽林大将军建昌王攸宁，赐紫金带。九月二十六日，除纳言，依旧着紫带金龟。借紫自此始也。”《宋史·舆服志五》：“或为通判者，许借绯；为知州、监司者，许借紫；任满还朝，仍服本品，此借者也。”

[23] 皇祐壬辰：皇祐四年（1052）。

[24] 獠侬猾二广：侬，指侬智高。猾，扰乱。二广，指广南东路、广南西路，约今广东、广西。可参宋王偁《东都事略》卷六之本纪六。

[25] 峤外：岭外，指五岭以南地区。南朝梁江淹《知己赋》："仆乃得罪峤外，遐路窈然。"

[26] 词：原作"辞"，今据原碑拓片改。

[27] 中贵人：帝王所宠幸的近臣。《史记·李将军列传》："匈奴大入上郡，天子使中贵人从广勒习兵击匈奴。"裴骃集解引《汉书音义》："内官之幸贵者。"司马贞索隐引董巴《舆服志》："黄门丞至密近，使听察天下，谓之中贵人使者。"

[28] 洁：原作"结"，今据原碑拓片改。

[29] 至和元年：公元1054年。

[30] 岁在敦牂：古称太岁在午之年为"敦牂"，意为是年万物盛壮。《尔雅·释天》："（太岁）在午曰敦牂。"郝懿行义疏："《占经》引李巡云：'言万物皆茂壮，猗那其枝，故曰敦牂。'"

[31] 此下一层：此碑分三层，第一层为皇祐五年（1053）中书门下牒。第二层元锋的"南海神祠状奏"和第三层元绛的"敕祀南海神庙记"亦于原目录处列出。

治平四年重修南海庙碑[1]

敦遣黄迪篆。

江都曹鹭书。

武宁章望之[2]撰。

天下之国，番夷皆小[3]，中国之九州为大。然而海晕于九州，中国之民受天地中和之气，故其为与礼义同生死[4]亦智矣哉。天高矣[5]，而人穷其数，地厚矣，而人探其变。舶[6]海之人不一，而莫能知其所滨，潮汐之往来有期，而莫能究其所发。以[7]海外之不缺四字[8]与天地同其大，其生育[9]秘异无有竭。然则其神之所尸威灵，岂不盛哉！

望祀山川之礼，权舆[10]于《虞书》[11]，夏商周悉严。四望[12]则坎坛[13]祭，不先日月星辰之位[14]尔，他神莫之与隆。及郊[15]上帝，大雩[16]、大蜡[17]，又列享之。后之世，复即岳镇、海渎之所庙而祭之，唐[18]“开元之礼”，纤[19]悉具存。凡[20]兹庙制[21]，咸有殿堂，像其神，南面[22]而坐，号为王公。神之冠服，礼如其名。今其风流绪状，又俨然前日之余。殿之南，又级[23]土以为坛，每岁五郊迎气之日，节以其方，修其时，享其为祭之具。祭官及在位者诏奠拜兴，钧从事于坛，尸殿像而无堂事其器[24]，用以古法，是供而无降神之乐，礼之见岂一耶？

南海神祠旧隶广州之域，今在扶胥镇之西，曰东南道，水陆之行，里均[25]八十，号其神曰洪圣广利昭顺王。立夏之节，天子前期致祝册文，命郡县官以时谨祀事，牺牲器币，务[26]从去式，罔或不恭，典刑其临。汝今之守是邦者，常节制一道，曰经略安抚使，兼治州焉，其驭事大，其统地[27]侈，朝廷必择望人[28]为之。位既高矣，往往懈于事神，失虔上意，故海祠久之不[29]葺。先时[30]，此民与海中番夷、四方之商贾杂居焉。皇祐中，广：源州[31]蛮来为寇[32]，民之被杀之余，流散逮[33]尽，后虽归怀，无复昔时之饶缺一字。及是嘉祐七年秋，风雨调若，五谷丰实，人无疫厉，海无飓风，九县旁十有五州无盗贼之侵。民相与语曰：“兹[34]吾府帅[35]政[36]令公平之[37]召，亦南海大神之赐。”遂入谒府庭，曰：“海祠颓败，愿输吾赀新之，用以答神嘉。”公曰：“是吾心也，不言，吾且有命。”乃以属之番禺宰。庙[38]之屋三百余间，宜革者举新之。九月兴役，明年五月事既。府命县曰：“其以牲酒告成于神。”府帅者谁？尚书左丞、集贤院学士余公[39]也。公生始兴，尤熟[40]南俗，尝[41]破广：源之寇，又尝为帅桂林，又尝[42]以安抚使莅之。广、桂一体也，其恩德固已浸淫此邦矣。下车之日，民[43]自承风，故令易孚而和气易洽[44]，至其他美甚多，非庙文所宜及。望之引避朝命，南游罗浮山，目出之宽裕宜人，知公之虔恪[45]宜神，因道庙[46]下，稽首[47]海德，作诗遗南人[48]歌之。诗曰：

惟神孔硕，四海尊南。河伯[49]之元，岳祇之参。诞惟厥灵，风尚不舍[50]。德实孚民，民德[51]以瞻。

维海之泽[52]，允敷无外。川谷攸同，天地攸赖。裒惟时大，罄天为对。育物之无名兮，其冲宜尔无盈兮。

古之天子，以时望祀。肇庙其旁，越自后世。册以王爵，衮冕有伟[53]。介[54]珪是瑞，太牢是牺。

嘉祐名元，新宫既绩。惟[55]斯民之力，惟[56]令之职。惟[57]元侯之德[58]，惟[59]元侯之德。由大君锡，神休其无斁。（四章，章八句。）

治平四年十月一日立。

朝奉郎、守尚书都官郎中、通判军州兼管勾市舶司、轻车都尉、赐绯鱼袋陆

龙图阁直学士[60]、朝奉大夫、尚书兵部侍郎、知广州、广南东路[61]兵马都钤辖[62]、本路经略安抚使[63]、上柱国、赐紫金鱼袋吕望之。

碑阴程师孟一碑，文残缺更多，未钞。[64]

弼按：余靖，字安道，韶州合江人，举进士，知制诰、史馆修撰，时相忌之，出如吉州，夺官。皇祐初，复起。平侬智高于岭南，拜集贤学士，迁吏部侍郎。交阯寇邕州，以为体量安抚使。靖往，移檄而定。拜工部尚书、始兴郡开国公，赠少师，谥曰襄。则所谓"府帅"者，公也。

章望之，字表民，浦城人。郇公得象之侄，以荫为校书郎，监杭州茶库，移病去。以欧阳修、韩绛荐除知乌程县，固辞，以光禄寺丞致仕。

校注

[1] 南海神庙内复制碑碑题作"重修南海庙碑"。

[2] 武宁章望之：武宁，章望之故乡浦城的旧称。周天授二年（691）由唐兴县改名武宁县，神龙元年（705）改回唐兴县，天宝元年（742）又改为浦城，沿用至今，即今福建浦城。章望之，字表民，章得象侄，得伯父荫，为秘书省校书郎，监杭州茶库，后辞去。曾任太常寺太祝、大理评事等，官至光禄寺丞。欧阳修等屡荐之，不肯仕。喜游历，曾游历岭南罗浮山、南海庙。《宋史》有传。

[3] 皆小：原作"赀（缺字）"，今据阮元《广东通志·金石略》改。

[4] 生死：原作"（缺二字）"，今据南海神庙复制碑补。

[5] 哉，天高矣：原作"（缺四字）"，今据南海神庙复制碑补。

[6] 舶：原作"薄"，今据阮元《广东通志·金石略》改。

[7] 以：原脱，今据南海神庙复制碑补。

[8] （缺四字）：阮元《广东通志·金石略》作“可名，是殆”。

[9] 育：原作“有”，今据阮元《广东通志·金石略》改。

[10] 與：原作“与”，今据南海神庙复制碑改。

[11] 虞书：原作“虞”，今据阮元《广东通志·金石略》改。

[12] 四望：古代天子向四方遥祭山川。《周礼·春官·大宗伯》：“国有大故，则旅上帝及四望。”贾公彦疏：“言四望者，不可一往就祭，当四向望而为坛遥祭之，故云四望也。”孙诒让正义：“陈寿祺云：‘山川之祭，周礼四望，鲁礼三望。其余诸侯祀竟内山川，盖无定数，山川之大者，莫如五岳、四渎。《礼记·王制》曰：五岳视三公，四渎视诸侯。望祭山川岂可舍此有五岳四渎等，则四望非限以四事，乃谓四方之望也……’案：陈说是也。四望者，分方望祭之名，通言之，凡山川之祭皆曰‘望’，于山川之中，举其尤大者别祭之，则有四望。天子统治宇内，则四望之祭，亦外极四表。”按，郑玄注以五岳、四镇、四渎为“四望”。

[13] 坎坛：原作“（缺二字）”，今据南海神庙复制碑补。坎坛，古代祭祀日月。古代挖地为坎，垒木为坛。坎以祭寒、月等神，坛以祭暑、日等神。《礼记·祭义》：“祭日于坛，祭月于坎，以别幽明，以制上下。”

[14] 位：原作“佐”，今据阮元《广东通志·金石略》改。

[15] 郊：郊祀，古代于郊外祭祀天地，南郊祭天，北郊祭地。郊谓大祀，祀为群祀。《史记·孝武本纪》：“有司曰：‘陛下肃祗郊祀，上帝报享，锡一角兽，盖麟云。’”

[16] 大雩：“雩礼”“雩”，古代吉礼的一种。所祀对象为被认为能兴云降雨的“山川百源”。周代雩礼分为两种：孟夏四月由天子举行的常规雩礼，称“大雩帝”。另一种是因天旱而雩，不定时，用巫舞而不用乐，严肃而殷切。《公羊传·桓公五年》：“大雩者何？旱祭也。”何休注：“祭言大雩，大旱可知也。君亲之南郊，以六事谢过……使童男女各八人，舞而呼雩，故谓之雩。”

[17] 大蜡：年终祭祀。

[18] 唐：原作“荐”，今据南海神庙复制碑改。

[19] 开元之礼，纤：原作“（缺五字）”，今据南海神庙复制碑补。

[20] 凡：原作“几”，今据阮元《广东通志·金石略》改。

[21] 制：原作“祭”，今据阮元《广东通志·金石略》改。

[22] 面：原作“而”，今据阮元《广东通志·金石略》改。

[23] 余。殿之南，又级：原作“（缺六字）”，今据南海神庙复制碑补。

[24] 堂事其器：原作“（缺四字）”，今据南海神庙复制碑补。

[25] 均：原作“钧”，今据上下文改。

[26] 务：原作“无”，今据阮元《广东通志·金石略》改。

[27] 地：原作“事”，今据阮元《广东通志·金石略》改。

[28] 望人：有声望的人士。

[29] 不：原作“（缺一字）”，今据南海神庙复制碑补。

[30] 先时：原作“此时”，今据南海神庙复制碑改。

[31] 广：源州：邕州下辖的一个羁縻州，唐末由平原州改置，州治即今越南高平省广渊。北宋熙宁十年（1077）改名顺州。

[32] 蛮来为寇：指皇祐中侬智高据岭南的叛乱。

[33] 逮：原作“及”，今据阮元《广东通志·金石略》改。

[34] 兹：原作“自”，今据南海神庙复制碑改。

[35] 府帅：唐代对地方军政长官如都督府都督、节度使、经略使等的一种称谓。韩愈《送郑尚书序》：“岭之南，其州七十。其二十二隶岭南节度府；其四十余分四府。府各置帅，然独岭南节度为大府……大府帅或道过其府，府帅必戎服，左握刀，右属弓矢，帕首裤靴迎于郊。”

[36] 政：原作“考（缺四字）”，今据南海神庙复制碑改。

[37] 令公平之：原作“（缺四字）”，今据南海神庙复制碑补。

[38] 番禺宰。庙：原作“（缺四字）”，今据南海神庙复制碑补。宰，官名，殷商始置，后为古代官吏的通称。

[39] 余公：原作“（缺二字）”，今据南海神庙内复制碑补。指余靖，字安道，韶州曲江人，宋天圣年间进士。英宗时官至工部尚书。时为尚书左丞、集贤院学士、知广州军州事兼管内劝农市舶使、提点银铜场公事、充广南东路兵马都钤辖、经略安抚使等。《宋史》有传。

[40] 熟：原作“属”，今据南海神庙复制碑改。

[41][42] 尝：原作“常”，今据阮元《广东通志·金石略》改。

[43] 民：原作“缺一字”，今据南海神庙复制碑补。

[44] 洽：原作“浃”，今据阮元《广东通志·金石略》改。

[45] 恪：原作“（缺一字）”，今据南海神庙复制碑补。

[46] 庙：原作“南”，今据阮元《广东通志·金石略》改。

[47] 首：原作“道”，今据阮元《广东通志·金石略》改。

[48] 南人：南方人。《论语·子路》：“南人有言曰：‘人而无恒，不可以作巫医。’”何晏集解引孔安国曰：“南人，南国之人。”

[49] 河伯：古代传说中的黄河水神。

[50] 尚不含：原作“□□含”，今据南海神庙复制碑补。

[51] 德：原作“依”，今据南海神庙复制碑改。

[52] 之泽：阮元《广东通志》作“洋洋”。

[53] 伟：原作“倬”，今据阮元《广东通志·金石略》改。

[54] 介：原作“命”，今据阮元《广东通志·金石略》改。

[55][56][57][59] 惟：原作“为”，今据阮元《广东通志·金石略》改。

[58] 德：原作“（缺一字）”，今据南海神庙复制碑补。

[60] 龙图阁直学士：宋代官职，从三品。宋真宗时建龙图阁，收藏宋太宗御书、御制文集、典籍、图画、祥瑞之物以及宗正寺所进属籍、世谱。先后置待制、直学士、直阁等官。北宋龙图阁直学士为加官，一种虚衔，荣誉称号。用以备顾问，与论议，以示尊宠。

[61] 广南东路：宋太宗至道三年（997），广南路分为广南东路和广南西路，广南东路的治所在广州，广东大部分属广南东路。

[62] 兵马都钤辖：宋代军职名。以职权、官资、驻地的不同分为若干种。以职权区分，有路兵马钤辖和州兵马钤辖；以官资区分，有兵马都钤辖、兵马钤辖、副兵马钤辖；以职事区别，有正任、添差、厘务、不厘务四种。此外，州兵马钤辖由于所领军名目不同，有驻泊兵马钤辖和在城兵马钤辖两种。太宗朝后，以文臣朝官、武臣诸司使以上充任兵马钤辖者，称“兵马都钤辖”，表资深。

[63] 经略安抚使：北宋军职“经略安抚制置使”的简称。掌管边疆军民之政。特别是北宋末期，选派官品高、忠于皇室而有干略的人充任经略安抚使。他们只有管兵而没有发兵的权力，又要受其他官吏的监察和制约，但一般都兼任所驻州府的最高长官。

[64] 碑阴程师孟一碑，文残缺更多，未钞。今据陈兰芝《南海庙志》补如下：

洪圣王事迹记

熙宁四年辛亥三月，予自长乐移领兹州。先是，予尝患夫岭外之郡，城郭不设；广为东、西两路之会，安危系之，而无城之害，尤为不细。自智高之乱，居民常怀兵烬之虞，议筑累年，卒不果就。予始至，勇于必为，既奏可，将以其年十月举大筑。而粤地岁多霖潦，或弥旬涉月而不休。予谓：以神之威灵，其所以惠于一方，拯人之苦，捷于影响，妙应显迹，古今所传，朝廷所尊。今城之作也，庶能辅相，以完其功。是以内竭诚心，蚤莫以祷，故始于兴役，以终迄工之日，无一朝之雨而落，吾事遂成大利，以销狂獠偷窥窃发之萌，使岭海之民，安于其居，无复平时之忧，则神之有力于斯也，不其伟乎。

府之东南八十里，则岸大海，盖神之庙貌在焉。五年壬子正月之十七日旦昼，新城见于水中，踰数刻不没，海旁之民走观者，无不骇异，夫惟神之宅兹土而爱兹民也。今平城之就，有百年之安，而无一日之惊，维神尝推力阴为之相，卒克有成。其将悦乎其心而为此者乎？不然，岂徒饰其变化之奇，以惊民视，而玩威以累德哉？

予来之明年春，而城之余工将竟也，有嫉之者，以讼于朝。未几，予有荆渚之命。将行矣，蕃汉之民，欲予留也，期相与谒神，再拜焚叩，乞杯而卜之。凡杯之验，以仰为阳，以覆为阴，遇阳则吉，而得阴则不。祝而约曰："留则仰，不则覆。"盖屡乞而屡仰，然后皆拜如初，以谢神赐。众出而语人曰："公留矣，神且告我矣。"既而，予果留。先是，予一夕梦俱讼者并辔于途，见大第屹然，类公府之为者。予却马旁立，彼辄先驰，及门则坠而仆于地。予徐以进，历观位序堂奥之美，久之乃寤。其后被旨，躬祷东祠。既入，宛如梦之所见，恍然几若旧游之可以寻也。予遂知夫神之至灵，有以照于无形，于其得失之机而示予以其兆焉。

昔智高之入于州也，日惟杀人以作威，其战斗椎瘗之处，则今所谓航海门之西，数十步而止。逮予为城，屋其颠，以立神像而祠之，适在其地，无少差焉。经营之初，不入于虑，岂神之意有使之然，欲以是为居，以镇不祥之所，而殄其杀气之余，与斯民排菑遏患于无穷者邪？

予窃以谓神之为德，其高明幽妙，盖隐于无而不可易知。至于接物，则无间于贵穷，皆与之为应。其迹赫然，使人知所劝惧。以予为守，四年于兹，谷登民阜，寇盗衰息，而瘴厉不作，蒙神之助居多。今所书数事，得于闻见之详，皆可传者，遂为之传。

程师孟撰。

绍兴六侯碑[1]

达奚司空：庆历[2]中，阮遵[3]有《记》云："普通（中）[4]，普提达摩由南天竺国与二弟航海而至。达奚，乃季弟也。经过庙，款谒王[5]，王[6]留[7]共治，达奚立化庙（门）[8]之东。"元丰[9]秋，苦雨，太守曾布[10]祈晴于祠下，默有[11]祷于神。一夕感梦，告以所复。逾月，被命，了然不差。因而命工修饰祠像，以答灵贶。今封助利侯。

杜公司空：不知其名，父老相传乃北人也。形貌[12]清秀，有才干。明道[13]年中，重修庙宇，差公[14]监役，不日而成。既毕工，公遂祷于王曰："王威镇一方，利资百粤，助国济民，其功莫测。愿助王为阴兵部辖之首。"言讫而化。从兹庙内忽生飞鼠，不知其数。皇祐中，侬贼犯广，猛风飘滞，獠船不进，广人遂得为备。又元祐间，岑探贼发自新洲[15]，领众数千，来泊城下，民庶惊扰，官吏茫然。既仓卒之际，州城守御器械皆无备枝梧[16]。郡官登城，遂祷之于神。是日晴霁，忽起大风，暴雨结为寒冱[17]三昼夜，贼徒寒栗，不能攻击。及城（人）[18]忽见飞鼠绕之楼橹，而贼众观其城上甲兵无数，恐惧颠越，鸟窜鼠伏。当时咸谓杜公阴兵助王威德，以护官民。至今飞鼠集而不散。今封助威[19]侯。

巡海曹将军：不知何时人。有海客船过大洋，至于无涯之所，风浪滂浡[20]。惊惧之际，船人见隐隐有金甲神人，平波伏浪，人皆顶仰云："巡海将军也！"至癸亥岁四月，内前监市易务梅菁得替，赴惠州博罗县任。十六日，船至扶胥海，风雨忽作，波涛竞起，船将倾危，菁即叩[21]南海王。未已，隐隐见金甲神人指呼，船即[22]平济。菁到庙（谒谢）[23]，（行）[24]至巡海将军堂前，顶仰将军[25]，有如早所见之神。菁再拜谢："不知将军姓氏，愿[26]求传于后。"至晚，下船就寝，复梦将军云："吾姓曹，助王威久矣，人无由知，亦不欲显世间。既闻命，故当见子。"菁忽然而觉，次日置碑，以显于后。今封济应侯。

巡海提点使：元祐五年五月十三日夜三更时，广帅蔡公卞忽梦神人[27]，身长丈余，紫袍金带，容貌堂堂，趋走而前[28]，似有贽见之礼。蔡公云："吾受天子命来守此土，公何人而辄至此？"神人曰："余姓蒲，本广州人也，家有三男。余昨辞人世，以生平所积阴功稍著，上帝命[29]充广利王部[30]下巡海提点，但未立祠位。”言讫而没。梦觉，但增[31]归（仰）[32]。次日，具述梦由于郡官之前，闻者莫不叹服。遂命工委官诣庙致祭，彩绘神像，并写立南海庙碑。其神今封顺应侯。

王子一郎：封辅灵侯。

王子二郎：封赞灵[33]侯。

渐绍兴辛酉[34]季夏赴倅曲江[35]，经途扶胥镇，奠谒祠下，询访六侯故事，无有识者。适于壁间得板六，揩拭辨认，字差可读，六侯丰功伟绩，烜赫照人耳目。如此岁久无记，几绝其传。若板一失，必[36]至埋没矣，惜哉！渐乙丑[37]中（夏）[38]回守[39]程乡[40]，乃以六侯事迹移刻之石，更不易一字，谨存[41]其旧，以信来者。二十四日，莆[42]阳方渐[43]跋。

校注

[1] 广州博物馆碑廊原碑碑题作“六侯之记”。

[2] 庆历：宋仁宗赵祯年号，公元1041—1048年。

[3] 阮遵：福建仙游人。庆历二年（1042）进士，官至山南东道（今湖北襄阳）节度推官、通直郎。其与邑人方峻友善，曾相与唱和。

[4] 中：原脱，今补。

[5] 王：原作“生”，今据阮元《广东通志·金石略》改。

[6] 王：原作“主”，今据阮元《广东通志·金石略》改。

[7] 留：原作“皆”，今据阮元《广东通志·金石略》改。

[8] 门：原脱，今据阮元《广东通志·金石略》补。

[9] 元丰：北宋神宗年号，公元1078—1085年。

[10] 曾布：字子宣，江西南丰人。北宋大臣，曾易占之子，曾巩异母弟。曾任北宋右相，世称“南丰七曾”（曾巩、曾肇、曾布、曾纡、曾纮、曾协、曾敦）之一。曾作为王安石的助手推行新政，徽宗时出任丞相，谥“文肃”。《宋史》有传。

[11] 此处，光绪《广州府志·金石略》多一“祝”字。

[12] 貌：原作“白”，今据阮元《广东通志·金石略》改。

[13] 明道：北宋仁宗赵祯年号，公元1032—1033年。

[14] 公：原作“工”，今据阮元《广东通志·金石略》改。

[15] 岑探贼发自新洲：新洲，即新州，今广东新兴。宋嘉祐六年（1061），新州民岑探因崇信巫术，常聚众做法事，州官以“妖言惑众”逮捕他未获，便将其家人系狱。岑探聚党二千余人起事，围新州。宋军镇压，将其斩首。

[16] 枝梧：斜而相抵的支柱。引申为对抗，抵挡。《史记·项羽本纪》：“当是时，诸将皆慑服，莫敢枝梧。”裴骃集解：“如淳曰：‘梧音悟。枝梧犹枝捍也。’瓒曰：‘小柱为枝，邪柱为梧，今屋梧邪柱是也。’”

[17] 寒沍：严寒冻结，极寒。

[18] 人：原脱，今据光绪《广州府志·金石略》补。

[19] 威：原作“惠”，今据南海神庙内复制碑改。

[20] 浡：原作“浮”，今据光绪《广州府志·金石略》改。

[21] 叩：原作“呼”，今据阮元《广东通志·金石略》改。

[22] 即：光绪《广州府志·金石略》作“获”。

[23] 谒谢：原脱，今据阮元《广东通志·金石略》补。

[24] 行：原脱，今据阮元《广东通志·金石略》补。

[25] 顶仰将军：顶，光绪《广州府志·金石略》作“顾”。将，原作“蒋”，今据阮元《广东通志·金石略》改。

[26] 愿：光绪《广州府志·金石略》作“欲”。

[27] 人：原作“云”，今据阮元《广东通志·金石略》改。

[28] 而前：原作“如船”，今据阮元《广东通志·金石略》改。

[29] 命：原作“愿”，今据阮元《广东通志·金石略》改。

[30] 部：原作“步”，今据阮元《广东通志·金石略》改。

[31] 增：原作“填”，今据阮元《广东通志·金石略》改。

[32] 仰：原脱，今据阮元《广东通志·金石略》补。

[33] 灵：郭棐《岭海名胜记·南海庙志》作“宁”。

[34] 绍兴辛酉：宋高宗绍兴十一年（1141）。

[35] 赴倅曲江：前往广东曲江任佐贰之职。倅，副职。曲江，曲江县。

[36] 必：原作“几”，今据阮元《广东通志·金石略》改。

[37] 乙丑：宋高宗绍兴十五年（1145）。

[38] 夏：原脱，今据阮元《广东通志·金石略》补。

[39] 守：原作“宇”，今据阮元《广东通志·金石略》改。

[40] 程乡：今广东梅州梅县。据《宋史·地理志·广南东路》，梅州下设程乡县。

[41] 存：原作“传”，今据阮元《广东通志·金石略》改。

[42] 莆：原作“蕃”，今据阮元《广东通志·金石略》改。
[43] 方渐：福建莆田人。宋重和元年（1118）进士。历知梅、潮、南恩三州。累官至朝散大夫。

南海广利洪圣昭顺威显王记

南海王有功德于民，威灵昭著，传记所载与故老传[1]闻，历历可考。自唐以来，褒封崇极，隆名徽称，累增而未有已也。天宝中，册尊为广利王，牲币祭式与爵命俱升。元和十二年，诏（前）[2]尚书右丞孔公戣为刺史，有惠政，事神不懈益虔，神所顾歆，风灾熄灭，仍岁大熟。韩昌黎为之记，烂然与日月争光，神之灵迹益著。

圣宋开基，太祖皇帝遣中使修敬，易故宫而新之，册祝唯[3]谨。仁宗康定改元之明年，增封四海，而王加号洪圣。皇祐壬辰[4]，蛮獠猾二广，暴集三水，中流飓作。闭关渴饮，雨降而足。变怪惊异，贼矍然若加兵颈上，一夕遁去。有司以状闻，上心感叹，诏增昭顺之号，加冕旒簪导，以答灵休。元祐间，妖巫窃发新兴[5]，领众数千，来薄城下。官吏登城望神而祷。是日晴霁，忽大晦冥，震风凌雨，凝为冰沍，群盗战栗，至不能立足；望城上甲兵无数，怖畏颠沛，随即溃散。虽八公山草木之助[6]，未若是之神速也。状奏，下太[7]常拟定所增徽名，礼官以为王号加至六字矣，疑不可复加。二圣特旨，诏工部赐缗钱，载新祠宇，于以显神之赐。太上皇御图，慨然南顾，务极崇奉。绍兴七年秋[8]，申加命秩[9]，度越元祐，于是有威显之号。宠数便蕃，不以为侈，第恨无美名徽称，以酬灵贶，岂复计八字褒封耶？

左海遐陬，飓风掀簸，蛟鳄磨牙。祝融司南，弹压百怪，庇护南服。俾濒海居民饱鱼蟹，餍稻粱；舟行万里，仅如枕席上过；获珠琲犀象之赢余，敛惠一方厚矣！而京师顷年旱[10]暵异常，裕陵遣使，恳祈雨雪，应不旋踵，又何惠泽溥博若是也！黎弓毒矢，啸聚岩谷，多桨大棹，出没波涛，弄兵未旬时，旋即扑灭。荫护捍御，而人不知神之力，冥溟之中，阴赐多矣！至于震神反焰，霈雨苏汤，见新城于水中，出阴兵于城上，飞鼠凝澌，变态万状，又何灵异显著若是也！日者郴寇猖獗，（侵）[11]轶连山，南海牧[12]、长乐陈公偕部使者，祓斋以请于祠下。未几，贼徒胆落，折北不支，属城（按）[13]堵帖然，无犬吠之惊。公之精诚感（神）[14]，如桴鼓影响之应；神之威灵排难，如摧枯拉朽之易。皆当大书深刻，以诏后人。丰功乘一障，在穷海之滨，方托价藩𫍯幪，而窃神庇祐多，不敢以芜纇为辞。谨再拜而书之。（且系以诗曰：显显灵异，百神之英。功德在民，昭若日星。庇祐南服，民无震惊。风雨时叙，百谷用成。夷舶往来，百货丰盈。顺流而济，波伏不兴。自唐迄今，务极徽称。祀典祭式，与次俱升。捍御剧贼，间见阴兵。呼吸变化，风雨晦冥。压难折冲，易如建瓴。奔侬礫岑，群盗肃清。蠢尔郴寇，嗷嘷横行。传闻詾詾，郡邑靡宁。堂堂元侯，贤于长城。邀我星轺，各尽其情。祓斋以请，神鉴惟精。式遏寇攘，惟神之灵。应如影响，惟元侯之诚。惟部使者，协恭同盟。选值群贤，惟天子之明。神休无斁，何千万龄。）[15]

左朝奉郎、权发遣南恩州军主管等事兼管内劝农事、借紫陈丰撰。

右朝奉大夫、提举广南路盐事、广东常平茶事、赐紫金鱼袋詹鹰书。

左承议郎、权发遣广南东路转运判官兼提举学事芮烨篆额。

乾道元年十月二十五日，右朝请大夫、直敷文阁、权发遣广州军州主管学事兼管内劝农事主管、广南东路经略安抚司公事、马步军都总管、赐紫金鱼袋陈辉立石。

后古灵陈晔[16]小行楷书一段，记刻石始末，未抄。

（《记》成，求石于肆，得之丁氏，高大中度，其直[17]二万。镌已，明年夏艌，以舟津置，俾戍官植于庙。而戍官以趺坐为虑，祠祝曰："后殿之旁有之，弃不用。"度其凿无差。又舁碑以夫七十，坐如之。讵非阴有所护而然耶？晔奉亲陪祀，目击其事，谨识左方，以谂来者。古灵陈晔。[18]）

校注

[1] 传：原作“所”，今据南海神庙复制碑改。

[2] 前：原脱，今据南海神庙复制碑补。

[3] 唯：原作“惟”，今据南海神庙复制碑改。

[4] 皇祐壬辰：皇祐四年（1052）。

[5] 新兴：原作“新昌”，今据《六侯之记》碑及《宋史·地理志》改。

[6] 八公山草木之助：把山上的草木都当做敌兵。形容人在惊慌时疑神疑鬼。《晋书·苻坚》：“坚与苻融登城而望王师，见部阵齐整，将士精锐；又北望八公山上草森皆类人形，顾谓融曰：‘此亦劲敌也，何谓少乎？’怃然有惧色。”

[7] 太：原作“大”，今据南海神庙复制碑改。

[8] 秋：原作“秩”，今据南海神庙复制碑改。

[9] 秩：原作“秋”，今据南海神庙复制碑改。

[10] 旱：原作“旲”，今据南海神庙复制碑改。

[11] 侵：原脱，今据南海神庙复制碑补。

[12] 牧：传说舜时置天下为十二州，设立州牧，一称州伯。后即指各个州的行政长官。

[13] 按：原脱，今据阮元《广东通志·金石略》补。

[14] 神：原脱，今据南海神庙复制碑补。

[15] 且系以诗曰……何千万龄：原脱，今据阮元《广东通志·金石略》补。

[16] 陈晔：字日华，福建长乐古灵（今福建闽侯）人，为北宋名臣陈襄（古灵先生）之后，曾任广东提刑。著有《古灵先生年谱》等。

[17] 直：通“值”。

[18] 《记》成……古灵陈晔：原脱，今据阮元《广东通志·金石略》补。

乾道重修碑[1]

正面文十二行，行书，乾道三[2]年闰七月庚辰落成，洛师康与之[3]记并书。碑阴文二十行，楷书，乾道丁亥[4]冬十月初六日始，凡二十八日而告成。是岁十二月□□崇道观[5]廖颙[6]记并书。此碑上半端好，下半破损。未抄[7]。

校注

[1] 碑阳、碑阴文字分别是“创建风雷雨师殿记”和“重修南海庙记”，光绪《广州府志》卷一百二、阮元《广东通志》卷二百十一、同治《番禺县志》卷二十九有载。

[2] 三：原作“□”，今据阮元《广东通志·金石略》改。碑为乾道丁亥年，即乾道三年（1167）。

[3] 洛师康与之：洛师，指洛阳京师。《尚书·洛诰》：“予惟乙卯，朝至于洛师。” 康与之，字伯可，号顺庵，洛阳人，居滑州（今河南滑县）。南渡后居嘉禾（今浙江嘉兴）。建炎初，上《中兴十策》，名振一时。

[4] 乾道丁亥：南宋乾道三年（1167）。

[5] 观：原脱，今据阮元《广东通志·金石略》补。

[6] 廖颙：字季邛，连州保安人。南宋高宗绍兴五年（1135）进士，历任提举广南东路茶盐、广南西路提点刑狱。

[7] 未抄：碑阳、碑阴两篇碑文均为“未抄”的内容，今据阮元《广东通志·金石略》补如下：

正面碑文：

创建风雷雨师殿记

凡阴阳凝结之气，积高广大者，皆神明之隩，故古之君天下者，必柴望于岳渎。周公相成王，怀柔百神，咸秩无文。五岳视三公，四渎视诸侯。汉神爵元年，制诏太常曰：“江海，百川之大者也，今阙焉无祀，其令礼官以四时祀江海。”

圣朝治畅道洽，神明飨荅。海岳册礼，跨古尊显。□南粤置使，掌□服诸夷，贸□□□岁□资邦，计数百巨万。胡南海贾以不赀之货，入重译之地，行万里海，必禀命于南海，□□□水之便，然后敢行。舟舳既济，输征乃广，国以饶用，吏以称职，可不敬欤？共惟□□顺□□逊之美，受庆禅之礼，光明缉熙，以报付托。审求吏能，旁于疏远，□□□□入□行在，所不称者报罢。

始，吴兴陶公定分符治贵，陛对之次，玉音激扬，□□□□舶□选才，上録陶公移使焉。公清名峻节，闻于天下，精辞丽句，推于前辈。至则辨治，岁贡倍□，神实相之。□怠于□□□荐南海神祠下，谓未至者。南海神，大神之尊，主于事；而风雷雨师，□□□□□□列□于事。昔无陛级之严，杂廊庑之祀，非所以配食大神，攸司上列□□□之□□□□□□□□□□器□谢旷阙。是岁也，田丰海熟，迅霆收声，飓母灭影，归樯去柂，安若衽席。以乾道□年闰七月庚辰落成，□□奉安，谨攻石记始，以告于后。洛师康与之记并书。

碑阴文字：

重修南海庙记

仰惟洪圣，位冠四海，尊配两仪，历代人君，悉严厥祀。自唐（已下不可辨）巨儒如韩愈辈，以大手笔刊诸琬□，王，昭示万代。王之徽称（下不可辨）国，下以济民，或禅大计，或弥大盗，或救大菑，或赞大役，凡有祈祷，应（下不可辨）哉！矧夫沧溟之广，万里无际，欠伸风雷，嘘吸潮汐。胡商（下不可辨）风破巨浪，往来迅速，如履平地。非恃王之阴佑，曷□□邪？（下不可辨）异之货，不可缕数，闽浙艟舶亦皆重载而至，岁补大农，何啻千万！（下不可辨）王之力焉。朱明之祀，祭告谢报之礼，御香祝册，以时而颁（下不可辨），又一在州城之西南隅，故有东、西二庙之称。天宝、元和间，增（下不可辨）艺祖临御，首遣中使，重加崇葺。嘉祐中，余靖尝修之。元祐中，蒋之奇（下不可辨）于政和，季陵葺西庙于绍兴，咸记于石。厥后岁月递久，栋宇滋弊（下不可辨）补漏而已。振而兴之，理若有待。然非诚心，何以奉神，非正己，何以（下不可辨）其心可乎？身正，不令而行；不正，虽令不从。立事而不正，其已可（下不可辨）律贪，锄奸剔蠹，所至有廉直声。持节初届，款谒二祠，延目周览，叹（下不可辨）是节约官缗，无□介妄费，出其奇羡市材，募工大兴营缮，役弗及□乃（下不可辨）而办。隆其栋梁，壮其柱石，榱椽欂栌，棖闑梠楔，□□陛级，□砖（下不可辨）堂廊庑，斋卢宿馆，山亭□榭，靡不宏邃。又创□风雷雨师之（下不可辨）国家崇奉之意，使瞻谒者斋栗祗肃，以旌王之功德（下不可辨）矣。是役也，经始于乾道丁亥冬十月初六日，凡用（下不可辨）乡党请书其事，以纪岁时，□虽不敏，敢不直书以告将□□岁（下不可辨）。崇道观廖容记并书。

庆元四年尚书省牒[1]

礼部状：拟赐庙额降敕。凡小字十二行，未抄[2]。

（礼部状：准都省批送下中奉大夫、充秘阁修撰、知广州主管广南东路经略安抚司公事钱之望[3]状奏：窃见南海洪圣广利昭顺威显王庙食广州，大芘兹土，有祷必应，如响斯答。臣领事之始，大奚小丑[4]，阻兵陆梁，既逼逐延祥官兵，怙众索战；复焚荡本山室庐，出海行劫。臣即为文，以告于神：愿借樯风，助顺讨逆，献俘祠下，明正典刑，毋使窜逸，以稽天诛。然后分遣摧锋水军前去会合。神诱其衷，既出佛堂门[5]外洋，复回舟送死，直欲趋州城。十月二十三日，至东南道扶胥口东庙前海中，四十余艘衔尾而进，兴官兵遇。军士争先奋击，呼王之号以乞灵。战斗数合，因风纵火，遂焚其舟，潮汛陡落，徐绍夔所乘大舶，胶于沙碛之上。首被擒获，余悉奔溃。暨诸军深入大洋，招捕余党。如东姜段门诸山，素号险恶，或遇飓风鼙发，不容舣舟，人皆危之。既至其处，波伏不兴；及已罗致首恶，则长风送，巨浪如屋，武夫奋掉，且喜且愕，益仰王之威灵。凡臣所祷，无一不酬。将士间为臣言，此非人之力也。凯旋之日，阖境士民，以手加额，归功于王。乞申加庙号，合辞以请。臣参订舆言，具有其实。除已先出帑钱千缗崇饰庙貌外，用敢冒昧上闻。臣考之《图经》，惟王有功于民，著自古昔，载在祀典，神次最贵。唐天宝十载，始封为广利王。国朝康定二年，增号洪圣。皇祐五年，以阴击侬贼，诏锡昭顺，绍兴七年，复加威显。所以致崇极于神者，其来尚矣，旌应表异，正在今日。欲望睿慈，特降指挥，申命攸司，讨论典礼，优加命数，昭示褒宠，以答神休，以从民欲，伏候敕旨。

后批送部勘当，申尚书省。寻行下太常寺勘当。去后据申，照得上件神祠系五岳四海四渎之神，兼上件灵应，并是助国护民，荡除凶寇，比寻常神祠灵应不同，所有陈乞庙额，本部寻再行下太常寺拟封，去后据申，今将南海洪圣广利昭顺威显王庙，合拟赐额降敕。伏乞省部备申朝廷，取旨施行。伏候指挥。）

牒奉敕，宜赐英护庙为额。牒至准敕。故牒。右十六字大草书

庆元四年五月日。牒。尚书省印。

参知政事何当、参知政事谢玉、右丞相□。[6]右衔姓并为一长行，皆大草书。

校注

[1] 庆元四年尚书省牒：广州南海神庙原碑碑题作“尚书省牒”。

[2] 未抄：今据南海神庙原碑补录。

[3] 钱之望（1113—1199）：字表臣，常州晋陵人。乾道五年（1169）进士。历任襄阳府大军仓、镇江府通判，知楚州、知和州、知广州、知庐州。宋宁宗庆元三年（1197）夏，广东提举茶盐使徐安国 “遣人入（大溪）岛捕私盐，岛民不安，即啸聚千余人入海为盗”。新任广州知府钱之望调兵遣将，与大溪岛民战于扶胥口前大海中，获胜。可参叶适撰《华文阁待制知庐州钱公墓志铭》。

[4] 大奚小丑：指大溪岛岛民。大溪岛即今香港大屿山，扼珠江口要冲。

[5] 佛堂门：位于香港新界西贡区东南部，大庙湾（又称北佛堂）与东龙洲（又称南佛堂或南堂岛）之间的海峡。佛堂门是古时香港水上交通要道之一。南宋庆元六年（1200），佛堂门便建立了海关，现时仍存有古税关的遗址。到了明朝中叶，广东沿海有三路巡海备倭官军。佛堂门显然属于中路的防御范围。

[6] 参知政事何当、参知政事谢玉、右丞相□：此三人姓氏后所列“当”“玉”等均非其名，据原碑拓片可看出，仅为刻工随意画押而已。参知政事何应为何澹，参知政事谢应为谢深甫，右丞相□应为京镗。《宋史》卷三十七之宁宗纪：“（庆元二年春正月庚寅）京镗为右丞相，谢深甫参知政事，御史中丞何澹同知枢密院事……夏四月壬申，以何澹参知政事。”此碑所署时间为庆元四年（1198）五月签发，三人职务均与史载一致。

宝庆重修碑[1]

南海神祠，位号之尊贵，祀典之严重，庙貌之规恢，景响之昭答，唐昌黎公以深意健笔，发挥铺张，词华而事覈，不可加矣。至我皇朝，上之礼神，益谨于唐，神之报上，有加于昔。皇祐四[2]年，依寇环攻州城，若有所睹，震栗引去，州以无恙。庆元三[3]年，大奚啸聚，遣将剿捕，遇于庙前，贼舟则胶，坐受俘馘。御灾捍患之功，俊伟章灼，既闻于上。今爵为洪圣广利昭顺威显王，表其庙曰“英护”。前据大海，吐纳潮汐，来往祠下者，微若一苇，大若万斛，必祇谒忱祷，乃敢扬帆鼓棹，涉重溟而不惧。人之所以恃神者亦重矣。

庙之旧规宏大，岁久颓塌，卬漏頫漉，虽牲醴（之奠）[4]不缺，恐亦未必顾歆也。噩以嘉定十六年承乏将漕，乃谋之幕属，撤而新之，委主管帐司李宏宗董其事。重门侠庑，前殿后堂，巨而楹栋，细而宲桷，坏者易之，缺者补之。上瓦下甓，环堵列楹。既葺既治，中外一新。丹垩之饰，绘画之事，程工竞巧，精至纤缛。前列呵卫，旁罗骑导，凡海灵之有职位者，后庭之供娱侍者，彪炳森列，非复昔日摧剥垢漫之比。鸠工于甲申[5]之仲冬，告备于乙酉[6]之季夏。縻金钱六百万有奇，皆出于漕计供饷之赢，一毫不以及州县。实体朝廷严恭礼神之意，庸副邦人依恃[7]为命之心，非曰为美观也。

《诗》曰：“神之格思，不可度思，矧可射思。”[8]南海最大，外通蛮夷，何啻百十国，神之威灵亦远矣。今庙食于扶胥之口，其格其否，固不（可）[9]度，其可射耶？继自今遇[10]坏必葺，有隆无[11]替，但以岁时牲币、工祝致告。为敬必思，有以妥神之居。神依人而行，将与邑人相为终始。

宝庆元年七月十五日。

朝议大夫、广南东路转运判官、义溪曾噩[12]记。

奉议郎、充广南东路经略安抚司主管机宜文字、清源留元崇[13]书。

（刘汉臣刻。）[14]

校注

[1] 清陆增祥《八琼室金石补正》碑题作“转运司修南海庙记”。

[2] 四：原作“五”，今据皇祐五年（1053）《中书门下牒》碑改。《中书门下牒》：“去年獠贼……皇祐五年……赐绯鱼袋借紫臣元绛状奏。”且《宋史·仁宗纪》亦载，广西侬智高率队伍攻广州城在皇祐四年（1052）五月；七月，因久攻不下而引去。因之，应为“皇祐四年，侬寇环攻州城”。

[3] 三：原作“四”，今据庆元四年《尚书省牒》碑改。《宋史·宁宗纪》、宋本《舆地纪胜》《续资治通鉴》等均载大奚山盐民起事进兵是在庆元三年（1197），进舟至南海神庙前在十月二十三日。事平后，庆元四年（1198），尚书省牒称奉敕赐南海神庙额为“英护”。因之，应为“庆元三年，大奚啸聚，遣将剿捕，遇于庙前，贼舟则胶，坐受俘馘”。

[4] 之奠：原脱，今据清陆增祥《八琼室金石补正》补。

[5] 甲申：宋宁宗嘉定十七年（1224）。

[6] 乙酉：宋理宗宝庆元年（1225）。

[7] 恃：原作“倚”，今据清陆增祥《八琼室金石补正》改。

[8] 神之格思，不可度思，矧可射思：《诗经·大雅·抑》：“相在尔室，尚不愧于屋漏。无曰不显，莫予云觏。神之格思，不可度思，矧可射思！”意思为神灵来去无踪影，何时降临真的是不可测度，正因如此，怎么敢心里厌烦对他们懈怠而不加敬畏呢！

[9] 可：原脱，今据清陆增祥《八琼室金石补正》补。

[10] 遇：原作“有”，今据清陆增祥《八琼室金石补正》改。

[11] 无：原作“必”，今据清陆增祥《八琼室金石补正》改。

[12] 曾噩：字子肃，福建闽县（今福建福州）人。宋绍熙四年（1193）进士。历任瑞州尉、临安惠民局、晋江知县、潮州知府等。

[13] 留元崇：字积翁，泉州人。宝庆中，充广东安抚司主管机宜文字，曾知连州。

[14] 刘汉臣刻：原脱，今据清陆增祥《八琼室金石补正》补。

元碑　六之三

至元丙子碑[1]

皇帝嗣登大宝，四载于兹，海宇乂安，民物康阜。虽天地祖宗之所默相，亦山川鬼神与有功焉。太皇太后若曰："今皇帝宵衣旰食[2]，厉精图治，以惠万世，盍祈天永命，用绥寿国寿民之福？"乃遣近侍速古儿赤臣脱火[3]赤，承务郎、管领诸路怯怜口总管府经历臣苏枢，赍捧宝香、锦幡、银盒、楮币，驰驿诣南海祠下。以四月十有八日甲午[4]建醮，以孚至诚，以介繁祉。至若秩祀之仪，悉由内帑，意至渥也。时中顺大夫、海北广东道肃政廉访副使臣吾实吉泰，镇国上将军、广东道宣慰使、都元帅臣解世荣，群有司、百执事敬共神明，如在左右。神忻民悦，和气叶应。用相两宫圣寿万年，所以昭答灵贶，而事神于无穷[5]者也。

至元丙子首夏吉日，广州路儒学教授臣刘本百拜谨记，臣葛元鼎篆（额）[6]并书。

（与祭官吏：海北广东道肃政廉访司副使吾宝吉泰中顺，吴焘奉仪，佥事韩允直亚中，照磨胡霌从仕，书吏朱文瑛、高光悳、文景南、刘栋、王懋德、傅珪、仇桢，奏差谢昌。广东道宣慰使司都元帅府宣慰使都元帅解世荣镇国、都事张毅从仕，照磨曾谦从仕，令史张周则、董济，通事那海，知印徐秉柔，奏差石抹珍、李汉翼、床火儿，典吏招德达。广州路总管府总管例剌沙亚中，同知刘修德亚中，判官刘不华奏训，知事葛元鼎将仕，司吏王朝选、吴直、吴俊、曹天德、赵友信、赵敬，儒学教授刘本。南海县主簿冯仁。番禺县权管商税务提领刘赛因侃从仕，典史杨山寿，市舶司同提举邹怗哥中议，镇守军官千户保保昭信，百户赵昌元、敦武、赵雄飞进义。）[7]

校注

[1] 阮元《广东通志·金石略》碑题作“南海庙代建宝醮记”。至元丙子，至元二年（1336）。

[2] 宵衣旰食：天不亮就穿衣起来，很晚了才吃饭。原指帝王勤于政事，后泛指勤奋刻苦，从早到晚不懈怠。南朝陈徐陵《陈文帝哀册文》：“勤民听政，宵衣旰食。”

[3] 火：原作“大”，今据阮元《广东通志·金石略》改。

[4] 午：原作“子”，今据阮元《广东通志·金石略》改。

[5] 穷：原作“既”，今据阮元《广东通志·金石略》改。

[6] 额：原脱，今据阮元《广东通志·金石略》补。

[7] 与祭官吏……百户赵昌元、敦武、赵雄飞进义：原脱，今据阮元《广东通志·金石略》补。

至元癸巳碑[1]

至元癸巳春三月戊寅，中奉大夫、御史台侍御史郑制宜，侍仪司承奉班都知杨弥坚奉皇帝命，捧御香、锦幡、银盒等物，驰驿至广州，俾有司备仪礼，致祭于南海广利灵孚王。

越翼日己卯，乘舟（诣）[2]祠所，方时雨愆期，甫及半途，云兴雷作，嘉澍遂降。既至，宿斋庙下。庚辰昧爽，乃陈牲币，荐（醴）[3]齐、笾豆，静嘉庭实旅。百乐具既奏，登降有数。云軿停雨，风驭敛飙。烛光辉映，瑞霭氤氲。而神之格思，福禄来崇，有不可度者。礼成而竣，风潮送舟，雨云逐幔，桨夫和歌，欢声动荡，何和气之熙熙也如此！及皇华使旆言还[4]，而远近甘霖沾足。

于是广之士民[5]相谓曰：“广东去朝廷万里，而神实司此土，前代以来，载在祀典。然道阻且修，或不能有事于祠。今圣天子不泄迩，不忘远，既加[6]锡徽号，又连岁遣侍臣蒇祀事[7]，俾遐陬僻壤获睹典礼之盛；又正切闵雨，而雨随恩沛，田里昭苏，丰穰有兆。兹实吾君之泽洽于四海，以诚孚于神；神之泽加于生民，以灵孚于君。其感通之至，乌可得而揜也？宜刻贞珉，以纪其实，俾小大咸知润泽之功有所自，神灵之应有所孚，岂不美哉？”献备员儒官，目击盛事，敢不表而出之？

（从祭官：奉议大夫、同知广东道宣慰使司奥屯希尹朝列大夫、广东道宣慰副使薛元贞。）[8]

承务郎、广南东道儒学[9]提举[10]王献记；

广州路儒学教授[11]陈黄裳书。

（承直郎、同知广州路总管府事雍居敬立石。）[12]

校注

[1] 阮元《广东通志·金石略》碑题作“祀南海庙记”。至元癸巳，至元三十年（1293）。

[2] 诣：原脱，今据阮元《广东通志·金石略》补。

[3] 醴：原脱，今据阮元《广东通志·金石略》补。

[4] 还：原作“旋”，今据阮元《广东通志·金石略》改。

[5] 士民：古代四民之一。泛指士大夫阶层和普通读书人。《穀梁传·成公元年》：“古者有四民：有士民，有商民，有农民，有工民。”范宁注：“学习道艺者。”

[6] 加：原作“嘉”，今据阮元《广东通志·金石略》改。

[7] 事：原作“使”，今据阮元《广东通志·金石略》改。

[8] 从祭官……薛贞元：原脱，今据阮元《广东通志·金石略》补。

[9] 儒学：元明清时期在各级行政区设立的生员修业之学校。

[10] 提举：官名。宋枢密院编修敕令所有提举，宰相兼；同提举，执政兼。宋代以后设主管专门事务的职官，即以“提举”命名。有“提举常平”“提举市舶”“提举学事”（宋）、“医学提举”（元）、“宝钞提举”（元、明）、“盐课提举”（元、明、清）等，其官署称“司”。元明沿其制。清亦有提举之职，如文渊阁设提举阁事，以内务府大臣充任。

[11] 教授：学官名。宋在武学、宗学等置教授传授学业。元丰官制行，改武学教授为博士。嘉定九年（1216）重置宗学，亦改教授为博士。各路的州县学亦置教授，掌学校课试等事。元代各路、州、府儒学以及明清两代的府学都设有教授。府教

授以训导为佐，为一府学官之首，而品秩很低，明为从九品，清为正七品。

[12] 承直郎、同知广州路总管府事雍居敬立石：原脱，今据阮元《广东通志·金石略》补。

大德九年谕祭南海神文[1]

维大德九年，岁次乙巳，四月丙子朔，越十有九日甲午，皇帝敬遣近侍臣蔑可度，中顺大夫、侍少监臣晏理帖睦，翰林学士、通议大夫、知制诰[2]、同修国史臣卢挚[3]，赍持锦旛二、销金旛一、香[4]盒（一）[5]、（楮）[6]币二十五万钱、牲牢醴斋、香烛果殽之奠，敢昭告于南海广利灵孚王：

望秩兮番禺，款大祗兮祝融，抗霓旌兮叙云，驾来贝阙兮珠宫，驷赤蚪兮蚴蟉，朱爵翙翙兮左骖，轶斗牛兮舍止，挟飞廉兮导丰隆，羲和方弭节咸池兮，望舒腾辉兮为之司南，绚文帑兮旅仪物，酒浆牲饎兮既洁既丰，苾芬兮睟穆，尚降监兮渊衷，祛扎瘥兮黎甿，遂嘉生兮三农，固基图兮卫宗社，簠簋王灵兮无终穷。

大德十一年近侍必阇赤[7]、寺奴怯里马赤脱烈，广州路儒学学正[8]、权管学事刘光远并书。

校注

[1] 嘉靖《广州志·礼乐志》碑题作“谕祭南海神文”。

[2] 知制诰：官名。唐代始置，主管起草诏令。本以中书舍人选充，后常用翰林学士及内阁学士等文官行其职。实际起草诏令的翰林学士也常带知制诰衔。宋代沿置。清代废除。

[3] 卢挚：字处道，一字莘老，号疏斋，又号蒿翁。元代涿郡（今河北涿县）人。至元五年（1268）进士，历任廉访使、翰林学士。文学负有盛名。著有《疏斋集》。今人有《卢疏斋集辑存》，《全元散曲》录存其小令。

[4] 香：原作“金”，今据嘉靖《广州志·礼乐志》改。

[5] 一：原脱，今据嘉靖《广州志·礼乐志》补。

[6] 楮：原脱，今据嘉靖《广州志·礼乐志》补。

[7] 必阇赤：原作 “必阖赤”。据黄兆辉先生在《南海神庙碑刻集》中的考证，为笔误。必阇赤，蒙语音译，为元官，掌文书事。《元史·兵志二》：“为天子主文史者曰必阇赤。”《元史·祭祀志三》：“设神位于中书省，用登歌乐，遣必阇赤致祭焉。必阇赤，译言典书记者。”《元史·也先不花传》：“也先不花，蒙古怯烈氏……太祖以旧好，遇之特异他族，命为必阇赤长，朝会宴飨，使居上列。”

[8] 学正：官名。宋国子监设学正、学录各五人，掌学规，考教训导。元代各路、州、县学官，均称学正。明清国子监亦设学正。清代府学官为教授，州学官为学正，县学官为教谕。

延祐七年祀海记[1]（未抄）

（皇元之有天下也，德存乎八叶。今天子绍统建业，太皇贻谋，名王大臣合辞劝进，迺以岁庚申三月庚寅，御大明殿受群臣朝，肆赦天下。其曰：名山大川，五岳四渎，有司[2]择日以祭。昔虞舜即位之初，望秩山川，命伯夷[3]夙夜惟寅。今遣使速古儿赤，奉直大夫、广宁路同知[4]普颜，赐进士及第、承务郎、秘书监[5]著作郎[6]忽都达儿，以元宝银锭、纳失失幡、白金香盒、牲醴粢盛，既丰且洁，斋戒沐浴，虔昭致祭，斯有以副圣上严恭寅畏、郊天祀神之诚也。盖海在天地间，百川之朝宗，万方之会同，然则神之功亦大矣，永祐圣子神孙于无疆，垂皇泽于万世，太平之治，何其盛欤！忽都达儿叨职麟台，先朝大对魁天下，宠承明诏，典礼惟新，则必对扬天子之休命，遂刻石以记，俾来者得以览观焉。）

与祭官：中奉大夫、广东道宣慰使、都元帅[7]邸元谦。

监祭官：承直郎、海北广东道肃政廉访司[8]经历[9]完颜谦。

延祐七年六月日立石。

碑右侧：皇祐三年冬十月己卯，祖无择、李柩、李徽之、田肀、柳淇题[10]。

《金石略》云：宋人题名不知何以在元碑之侧，而字法甚峭整，似非后人所能作，实不可解。

弼按：此碑之阴有宋人碑，残没不可辨，祖择之所题原石也，元人磨其面而刻其作，奚疑矣。

校注

[1] 南海神庙现存碑碑题作“代祀南海王记”，今据此补录碑文。

[2] 有司：参卷一“祭品”注[2]。

[3] 伯夷：商末孤竹国（今河北卢龙西一带）人，商纣王末期，孤竹国第七任君主亚微的长子，弟亚凭、叔齐。子姓，名允，是殷商时期契的后代。初，孤竹君欲以三子叔齐为继承人，及父已死，叔齐让位于伯夷。伯夷以为逆父命，遂逃之，而叔齐亦不肯立，亦逃之。伯夷、叔齐奔往西方，在周地部落中养老，与周文王关系良好。后周武王讨伐纣王，伯夷和叔齐不满武王身为藩属讨伐君主，加上自己世为商臣，力谏。武王不听，不久周灭商。

[4] 同知：宋初，枢密院有同知枢密院事，简称同知院，为知院的副职。南宋有同知阁门事官。辽设同知州事。金元每府、州设同知一员。明清沿用，为知府、知州的佐官。清地方政权厅一级长官亦为同知。

[5] 秘书监：官署名。东汉始置，属太常寺。辽、夏、金、元秘书监掌经籍图书。辽长官为郎，下设著作局等官署。夏、金以监为长官，下有少监等官，金下设著作局等官署。元以卿为长官，下设太监、少监等官。

[6] 著作郎：官名。三国魏始置，属中书省，为编修国史之任。晋改属秘书省，称秘书著作郎，号称大著作。唐代，主管秘书省属下之著作局，掌撰拟文字，一度改称司文郎中。其下设著作佐郎、校书郎、正字等官。宋代沿置，掌修纂日历（每日时事）。明代废。

[7] 都元帅：官名。辽北面官设都元帅府，统兵马之事。其长官为兵马都元帅、副元帅、同知元帅府事。金设都元帅、左右副都元帅。元专于边境设都元帅、副都元帅。

[8] 肃政廉访司：元官署名。掌监察百官。元初于北方置提刑按察司四道，陆续增置至二十二道，遍于全国，并于至元二十八年（1291）改称肃政廉访司。其中内八道属御史台，江南十道属江南行御史台，陕西四道属陕西行御史台。每道置廉访

使、副使、佥事等官。

[9] 经历：文官官职，为中央及地方机关之属官。始设于金、元，掌管案牍及其他日常事务。明清沿袭，分别设置经历司或经历厅于宗人府、都察院、通政使司、銮仪卫、顺天府，及各省布政使司、按察使司、盐运使司、府。经历为经历司、经历厅之主官，奉天府另设经历一人。

[10] 题：原脱，今据南海神庙碑补。

泰定四年碑[1]

（大元泰定四年龙集丁卯，仲夏气至）[2]，皇帝若曰："我圣祖顾諟天之明命，以承上下神祇[3]，至于海岳，罔不祇肃，用康保民，以承天休。"爰命近侍火儿赤[4]臣黄头天倪，体真明元大师、中岳庙[5]住持、提点[6]元门诸路道教所校录曹德仁，俸香致祭。降赐金幡、银盒、祭钱等物，代祀南海广利灵孚王。

七月十六日至郡，本道廉访司宣慰司暨路、县文武百官庶老[7]，严（具）[8]幡幢缦盖，作大供养，迎奉于番禺驿舍。越四日丁巳，率宾佐僚属[9]具舟进自黄木湾。铙鼓震天，旌旗盖海。是夜达祠下，甘雨如霔。蒇事之际，天宇划开，星月辉映。罇彝罍洗，洁于堂坛；粢盛牲牷，陈于俎豆。物具礼备，天使乃盛服入[10]就位，北面致天子命；与祭官、祝官[11]暨百执事[12]各供乃职；宪司[13]官执简而临之，纠其怠慢不恭[14]者。登降乐和，三献[15]礼成，神人胥协，大观肃穆。阖庙旋舻，歌管嗷嘈，龟鱼踊跃，祥飙送帆，真有如韩《记》所云。旧读其文，壮其事，今幸忝职文教，备员祝官，身际休明，目击盛礼，阴功显著，灵贶骈臻。是皆圣天子亶合天心，明德恤祀，用能光显于神。而天使寅恭祀事，至诚感通，又能对扬休命，茂迎祥祉也。事讫驿闻，群工、百执事相与北面抃蹈，拜手稽首，仰颂帝力，昭宣神灵，刻之乐石于千万年，于千万年。

广州路儒学教授吕宏道记。

（初献官：正议大夫、海北广东道肃政廉访使答哈。

亚献官：中议大夫、同知广东道宣慰使司副都元帅廉静安海牙。

终献官：中顺大夫、广州路达鲁花赤[16]兼管劝农事忽哥赤。宪司书吏唐辉，蒙古必阇赤[17]道僧、怯烈马赤[18]伯帕木儿。

陪祀官：奉训大夫、广东道宣慰使司都元帅府经历李端，令史[19]郭元章，译史诸葛那木罕，奏差[20]杨和仲，从仕郎、广州路知事李□，忠翊校尉[21]、千户[22]张荣祖。

泰定四年七月日，承事郎、番禺县尹兼劝农事严敬立石。）[23]

校注

[1] 阮元《广东通志·金石略》碑题作“代祀南海王记”。

[2] 大元泰定四年龙集丁卯，仲夏气至：原脱，今据阮元《广东通志·金石略》补。龙集，岁次之意。龙，指岁星。集，次于。汉王莽《铜权铭》：“岁在太梁，龙集戊辰。”清钱谦益《张昭子墓志铭》：“有明崇祯，龙集癸未，葬张昭子于梁水之原。”丁卯，元泰定四年（1327）。

[3] 顾諟天之明命，以承上下神祇：敬奉天命，承顺天地。孔传：“顾谓常目在之，諟，是也。言敬奉天命，承顺天地。”孔颖达疏：“《说文》云：顾，还视也。諟与是，古今之字异，故变文为是也。言先王每有所行，必还回视是天之明命。”祇，原作“祗”，今据文意改。

[4] 火儿赤：蒙古语，意为带箭筒者。蒙元时，为怯薛执事之一，是佩带方筒轮番值宿宫廷的侍卫。

[5] 中岳庙：道教宫观。位于今河南省登封市嵩山东麓。始建于秦。

[6] 提点：宋始置，寓提举、检点之意。掌司法、刑狱及河渠等事。金近侍局置提点。明光禄寺尚饮局有提点大使之职。清废。

[7] 庶老：古代士之告老退休者。《尚书·大传》卷五：“大夫、士七十而致仕，老于乡里，大夫为父师，士为少师……上老平明坐于右塾，庶老坐于左塾，余子毕出，然后皆归。”郑玄注：“上老，父师也；庶老，少师也。”《礼记·王制》：“有虞氏养国老于上庠，养庶老于下庠。”孔颖达疏引熊安生云：“国老，谓卿大夫致仕者；庶老，谓士也。”

[8] 具：原脱，今据阮元《广东通志·金石略》补。

[9] 宾佐僚属：指幕宾佐吏和下属的官吏。

[10] 入：原作“又”，今据阮元《广东通志·金石略》改。

[11] 祝官：古代掌管祭祀祝祷事宜之官。

[12] 百执事：百官。《国语·吴语》：“王总其百执事，以奉其社稷之祭。”韦昭注引贾逵曰：“百执事，百官。”

[13] 宪司：上司。元代习用语。《元典章新集·兵部·急递》：“凡有牒呈宪司公文，依上置立隔眼，发放施行。”陈垣释例：“宪司，当时常语。”

[14] 恭：原作“供”，今据阮元《广东通志·金石略》改。

[15] 三献：古代祭祀时献酒三次，即初献爵、亚献爵、终献爵，合称“三献”。

[16] 达鲁花赤：蒙古、元朝官名，即掌有实权的最高长官。在元朝的各级地方政府里面，均设有达鲁花赤一职，掌握地方行政和军事实权，是地方各级的最高长官。在元朝中央政府里面，也有某些部门设置达鲁花赤官职。各路达鲁花赤必须由蒙古人或出身高贵的色目人担任，汉人、南人一律不能出任此职。

[17] 必阇赤：参卷三“大德九年谕祭南海神文”注[7]。

[18] 怯烈马赤：蒙古语，又作“怯里马赤”，指通事，即译员。

[19] 令史：汉县令属吏的统称。卫宏《汉官旧仪》云：“更令吏曰令史，丞吏曰丞史，尉吏曰尉史。”“史”本为秦、汉时对属吏的通称，故以县令之属吏为令史。

[20] 奏差：元、明、清时在某些官署中设置的供差遣的官职。《元典章·刑部十四·诈》：“欲去广东道寻觅勾当，诈称海北道廉访司奏差。”瞿蜕园《历代职官简释》：“清沿明制，于衍圣公府中设奏差一人，以供差遣，为正七品官。”

[21] 忠翊校尉：武散官名。金始置，正八品，元升正七品。

[22] 千户：官名，金朝始置，为世袭军职。元朝于各路设千户所，置千户为长官，隶属万户，下领百户。明朝沿置为千户所长官，正五品。清朝于西北、西南等少数民族土官中置千户一职，正五品，管理所辖部族及士兵。

[23] 初献官……番禺县尹兼劝农事严敬立石：原脱，今据阮元《广东通志·金石略》补。

泰定甲子碑[1]

泰定甲子，圣天子即位之元年夏五，遣御位下[2]必阇赤绰思监，御位下舍里别赤，承德郎、崇福院经历毕礼亚，以香幡白金，致祭南海王。佥（宪）[3]、大都承直宣慰使、都元帅邸元谦中奉偕行。

是日也，天宇澄明，海波镜净，鸥翔鳞集，芷郁兰香。灌盥至诚，金石铿韵，登降有节，人用和睦，神具忻止。是当钦承圣天子之至诚格于[4]神明，而神之所以享于明德之馨者如是。礼成登舟，棹歌相应。笔之以纪岁月，乃载歌曰：

海[5]风萧爽兮云飞扬，神乘虺兮此高翔。星言夙驾兮钦帝命，纷菲菲兮扈琼芳。闵苍生兮为子正，聊弭节兮寿宫。幻炎蒸（兮）[6]雨下土，驱蛟鳄兮呵[7]不祥。晨钟兮暮鼓，民祀兮无荒。倏来兮忽逝，亿万年兮福炎方。

广州路儒学教授陈性存撰。

广州路提控案牍[8]兼照磨[9]承发架阁连文质书。

朝列大夫、广州路达鲁花赤兼管内劝农事宝童立石。

校注

[1] 阮元《广东通志·金石略》碑题作“代祀南海王记”。泰定甲子为泰定元年（1324）。

[2] 位下：元代对皇室的后妃、诸王、公主等贵戚的称呼。《元史·百官志一》：“断事官，秩（正）三品，掌刑政之属。其名甚重，其员数增损不常，其人则皆御位下及中宫、东宫、诸王各投下怯薛丹等人为之……后定置，自御位下及诸王位下共置四十一员。”

[3] 佥（宪）：佥都御史的美称。《醒世恒言·陈多寿生死夫妻》：“陈多寿官至佥宪，朱氏多福恩爱无比，生下一双儿女，尽老百年。”顾学颉校注：“古时称御史为宪台。明代，都察院设有左右佥都御史，所以称为‘佥宪’。”宪，原脱，今据阮元《广东通志·金石略》补。

[4] 于：原作“干”，今据阮元《广东通志·金石略》改。

[5] 海：原作“清”，今据阮元《广东通志·金石略》改。

[6] 兮：原脱，今据阮元《广东通志·金石略》补。

[7] 呵：原作“阿”，今据阮元《广东通志·金石略》改。

[8] 提控案牍：官名。元始置，掌衙门文书等事，属于首领官。设于府、上中州等官府多为专职，其地位比一般属吏高。

[9] 照磨：官名。“照刷磨勘”的简称。元代设置的掌管宗卷、钱谷的属吏。据《元典章》，元朝建立后，在中书省下设立照磨一员，正八品，掌管磨勘和审计工作，另肃政廉访司中负责监察的官员也称照磨，“纠弹百官非违，刷磨诸司文案”。

至正十年碑[1]

至正十年春正月十又四日，皇帝在明仁殿未举。秘书监[2]卿臣月鲁不花[3]、翰林待制臣杨舟见，上函香手授之，若曰：“汝其代祀南海。”即由金门[4]指南行，并恒山梁济，逾河[5]，历太室[6]，四涉淮水，绝大江[7]而南，上下庚岭，夙莫驰不遑宁，五旬而后至广东。宪臣李藻、帅臣马合谋同诣庙，奉祀惟谨，三月九日竣事。

王之灵明，韩愈所称，幼所诵习，常疑其饰说。今兹之春，服岭以南，自冬恒旸，隍堑涸涩；属桂寇犯境，民且狼顾。臣等奉香至韶，而天地解，雷雨作，溪泷盈平，浩如汤池，吏拜民抃，虑若更生。比至祠下，王又迎以甘澍，送以祥风，阴征开阖，咸符愈言。神道罔测，惟诚不贰[8]。在前二年，月鲁不花为御史，臣舟载笔词馆[9]，同扈从[10]上京，俱尝建言：“名山大川，方[11]祀不修，旱干水溢，咎或由此？”朝廷从言，遄命完葺。兹行所过[12]，礼祠尚多夷圮。惟祝融之宅，特为洁饰，此皆将宪分阃[13]及夫[14]守土之臣祇承德意之效。臣等经度万里望洋，自厓蔑、烟岚、涛泷，非西、北、东三海就近望祠比，亦何[15]敢谓[16]勤？陛下纯亦不已之诚，实光照之。臣见天子之敬王也，岂以羽毛、齿革、珠贝、鱼盐之利而然？固迩民远藩，是惟王其享于克诚而助康保民哉！

十一日丙寅，臣舟记。

奉直大夫、广东佥宪李藻；（书吏郭维吉、张镛；通事[17]住僧、奏差秦元信、孔体文；中顺大夫、广东道副都元帅马合谋；照磨长寿、令史徐伯颜、何善；通事也的局撒里；广州路治中[18]孙宏毅；推官[19]、前进士[20]高若凤；祝官、儒学教授李世忠；南海县尹李文佑；番禺县尹赵宜中立石。）[21]

校注

[1] 阮元《广东通志·金石略》碑题作“代祀南海王记”。

[2] 秘书监：参卷六“延祐七年祀海记”注[5]

[3] 月鲁不花：字彦明，蒙古逊都思氏，元统元年（1333）进士，曾任广东廉访司经历等职，行迹见《元史》卷一四六本传。

[4] 金门：又称金马门，汉代官署门旁有铜马，故名。此处指元大都（今北京）。

[5] 河：黄河。

[6] 太室：太室山，中岳嵩山之东峰。

[7] 大江：长江。

[8] 贰：原作“二”，今据阮元《广东通志·金石略》改。

[9] 载笔词馆：载笔，借指史官。《新唐书·褚遂良传》：“对曰：‘守道不如守官，臣职载笔，君举必书。’”词馆，指翰林院。宋韩琦《王尧臣除翰林学士制》：“向者旌其艺文，升冠多士，更集郡条之最，久陪词馆之游。”元范梈《二杏》诗：“我昔直词馆，羸马道路赊。晨往昏黑归，无由领其嘉。”

[10] 扈从：随从。

[11] 方：原作“房”，今据阮元《广东通志·金石略》改。

[12] 过：原作“遇”，今据阮元《广东通志·金石略》改。

[13] 分阃：指出任将帅或封疆大吏。《史记》卷一百二《张释之冯唐列传·冯唐》：“阃以内者，寡人制之；阃以外者，将军制之。”

[14] 夫：原作“乎”，今据阮元《广东通志·金石略》改。

[15] 何：原作“奚”，今据阮元《广东通志·金石略》改。

[16] 谓：原为“诩”，今据阮元《广东通志·金石略》改。

[17] 通事：官名。掌管呈递奏章、传达皇帝旨意等事。《南史·恩幸传序》："于时舍人之任，位居九品，江左置通事郎，管司诏诰，其后郎还为侍郎，而舍人亦称通事。"《元史·百官志五》："译史、通事、知印各二人。"

[18] 治中：官名。西汉元帝时始置，全称"治中从事史"，亦称"治中从事"，为州刺史的高级佐官之一，治理政事的文书档案。元明清均为正五品。《周礼·春官·天府》："凡官府乡州及都鄙之治中，受而藏之，以诏王察群吏之治。"郑玄注引郑司农曰："治中，谓其治职簿书之要。"

[19] 推官：官名。唐朝始置，节度使、观察使、团练使、防御使、采访处置使下皆设一员，位次于判官、掌书记，掌推勾狱讼之事。五代沿袭唐制。宋朝时三司下各部每部设一员，主管各案公事。金朝时推官为从六品或正七品。元朝各路总管府及各府亦沿置，掌治刑狱。明朝顺天府、应天府的推官为从六品，其他府的推官为正七品，掌理刑名、赞计典。

[20] 前进士：唐代称及第而尚未授官的进士。唐李肇《国史补》卷下："投刺谓之乡贡，得第谓之前进士。"

[21] 书吏郭维吉、张镛……番禺县尹赵宜中立石：原脱，今据阮元《广东通志·金石略》补。

至正十一年碑[1]

至正十一年正月朔旦，皇帝御大明殿，百官朝贺。礼成，中书省奏请，若曰："岳渎，岁遣清望官颁香致祭；南海，宜令大司农少卿王敬方，翰林修撰、朝请大夫安僧偕往。宝盒、香币、金旛，式如常仪。"越十五日，上供[2]香密祷，亲授使者，即日启行。渡河浮江，逾梅关[3]几万里，夙夜罔敢弗虔。三月七日，方抵南海广利灵孚王祠下。广东宪副甄囊嘉台、宪佥沙班、宪幕签[4]事必式温、宣阃幕僚丑厮实同其来。荐香奠币，祀事孔（修）[5]。

先是，使至必勒（名）[6]纪行，以为故实。洪惟圣天子以四海为家，子惠黎蒸[7]，事神保民，必敬必诚。尚赖神之庇荫，密扶元化，以祐群生；雨旸时若，百谷用登，边衅屏息，瘴疠廓清；钟秀降神，笃生贤能；如申如甫，为国之桢。于以昭皇上至诚有感于神明，于以见神明祐国之有灵。俾一介之命，不负圣君之使令，又何敢拟前修、示后世，刻石而题名也欤?

是行也，大司农少卿、洛阳王敬方，字可矩；翰林修撰、朝请大夫、西夏唐兀氏[8]安僧云；

亚中大夫[9]、海北广东道肃政廉访副使[10]甄囊嘉台；朝列大夫、佥海北广东道肃政廉访司（知）[11]事沙班；从仕郎、海北广东道肃政廉访司知事必式温。

（通事住僧，书吏彭翰，游从惪，奏差何弼，典史王璋。江西行中书省[12]宣使灭理沙，帅府经历丑厮，令史史超宗、刘伟、陈良贵。广州路照磨沈桢，祝官、广州路儒学正朱杞。番禺县主簿余奎，录事司典史吴俊立石。）[13]

校注

[1] 阮元《广东通志·金石略》碑题作“颁降御香题名”。

[2] 供：原作“拱”，今据阮元《广东通志·金石略》改。

[3] 梅关：古称秦关，又称横浦关。始于秦朝。在今广东韶关南雄县城约三十公里梅岭顶部，两峰夹峙，虎踞梅岭，如同一道城门将广东、江西隔开。梅关是历史上南来北往的重要驿道，也是兵家必争之地。可参清顾祖禹《读史方舆纪要》卷一百三《广东四·保昌县·梅关》。

[4] 幕签：原作“从”，今据阮元《广东通志·金石略》改。

[5] 修：原脱，今据阮元《广东通志·金石略》补。

[6] 名：原脱，今据阮元《广东通志·金石略》补。

[7] 黎蒸：原作“蒸黎”，今据阮元《广东通志·金石略》改。黎民、民众之意。

[8] 唐兀氏：元代“色目人”姓氏。为元色目人三十一种姓之一。元陶宗仪《南村辍耕录》：“蒙古族姓。元至正时池州录事昂吉，本姓唐兀氏；《新元史》有唐兀歹，河南濮阳市郊柳屯乡原有此姓，明初赐改唐兀氏为杨。”

[9] 亚中大夫：文散官名。元仁宗延祐年间改少中大夫置，元、明均为从三品初授之

阶。明废。

[10] 海北广东道肃政廉访副使：官名。掌监察百官。据《元史·百官二》，御史“掌纠察百官善恶、政治得失”，又置行御史台，监察诸道官吏之得失，下辖诸道提刑按察司，至元二十八年（1291），改按察司曰肃政廉访司。元设海北广东道，隶江南行御史台。每道置廉访使、副使、佥事等官。

[11] 知：原脱，今据阮元《广东通志·金石略》补。

[12] 江西行中书省：即江西等处行中书省，为直属元朝中央政府的一级行政区。元代于中央设中书省外，复设行中书省。《元史·百官七》：“行中书省，凡十一，秩从一品，掌国庶务，统郡县，镇边鄙，与都省为表里。”据《元史·地理志十四》，时江西等处行中书省下辖路十八，广东诸处隶其下，如广州路、韶州路、惠州路等。路下辖县，如广州路下之南海、番禺、东莞等。

[13] 通事住僧……典史吴俊立石：原脱，今据阮元《广东通志·金石略》补。

至正乙未代祀南海庙记[1]

至正乙未[2]春正月元日，皇帝御大明殿，受群臣万方贺。廷臣陛请：“岳镇海渎，岁有恒祀，宜遣香如旧礼。”皇帝嘉其奏，手香于额，分授使者，若曰：“往敬之哉！”时承事郎、太府监右藏库[3]使臣三宝奴，翰林修撰、承务郎臣牛继志[4]得南海。南海庙在海北壖[5]，去京师且万里，经涉江岭[6]，凡四越月，始达于广之驿。五月二十又二日丁未，有事[7]祠下。宪臣八撒剌不华奉训，帅臣忽速剌沙中奉率僚寀[8]，以次酌献。内尽志，外尽物，威仪孔时，于于如也。省牲[9]之夕，阳阴间作；绝礼既举，万里一天，月星明概。而风马云车，一陟一降，真若有（或）[10]临之者，不奇特而然哉？

先是淮寇构乱，道途梗塞，使节罕通。逮兹香旆之来，溪蛋[11]峒獠，罗拜道侧，或至垂泣，曰：“不图今日复睹天使威仪，誓死不敢从乱矣！”呜虖！古之所以致力于神者，凡以为民也。民心之悦若是，神之意可知，其降而歆我食气也固宜[12]。然而南海王之灵应昭晰，昌黎韩愈为孔戣述之详矣。当兹大礼告成，倘用赫厥[13]灵异，祚[14]我皇运，恢神谋，彰秘算，不界遐迩，俾兵以时戢，人获其所，嘉气应而诸福至，斯之谓善对扬圣天子敬恭之美意。《韩碑》在前，又有能嗣而书之者。

六月朔日，臣继志谨记。

（与祭官：宪司经历月忽难，从仕[15]知事王谦，从仕译史长吉歹，书吏郄执道、蒋仁杰，奏差汪珪。广西宪司知事高志翔，从仕名汝翼。江西行省宣使程忠，帅府经历察迈，令史游从德、田宏、方晋、梁瑞、曹逢原、何仁孙，奏差杜思义、杜从道、黄诚、陈仲宽、杨真惠。

广州路总管府判官王哈剌歹，照磨林瑞，路吏霍仲祥、岑伯仁，番禺县尹郑敬。广州路儒学教授罗文焕，学正周通，学录[16]尹靖，训导[17]沈克敬，教谕[18]张本、彭唯等立石。）[19]

碑阴：

（国朝自至元十八年始岁祀南海，祀必有记。至正乙未，大府监大使、翰林修撰被旨祠祀讫，历考前记，所存者才三之一，易旧为新，踵弊为常政，恐久而此亦不免，故书之碑阴。后之君子幸毋是前弊，与共惜之，用垂不朽云。）[20]

校注

[1] 碑题“至正乙未代祀南海庙记”，原作“至正乙未代南海庙记”，今据“波罗外纪目录”改。南海神庙现存复制碑之碑题作“代祀南海庙”。

[2] 至正乙未：元至正十五年（1355）。

[3] 太府监右藏库：官署名。太府监，辽南面官依唐制，但太府则改寺为监。金沿置。掌国家财用钱谷出纳，主官为监与少监。所属右藏库掌锦帛丝绵毛褐、诸道常课各项杂物。明废。

[4] 牛继志：元代河北武强人，元至正十四年（1354）中进士，授翰林院修撰，依例为承务郎。历任承事郎、太府监、右藏库使三宝奴。

[5] 海北壖：海边地。亦泛指沿海地区。

[6] 岭：原作“领”，今据复制碑改。

[7] 有事：祭祀之意。

[8] 僚寀：同僚。

[9] 省牲：古代重大祭祀活动前一项重要准备工作。古代祭祀前，主祭及助祭者须审察祭祀用的牲畜，以示虔诚，称为“省牲”。据唐杜佑《通典》卷一〇九至一一九，皇帝冬至祀圜丘、季秋大亨于明堂、立春祀青帝于东郊、夏至日祭方丘、时亨于太庙及封祀泰山均须省牲器。这种礼仪制度来源甚早。《周礼·春官·肆师》云：“肆师之职，掌立国祀之礼，以佐大宗伯。……大祭祀，展牺牲系于牢，颁于职人。”郑玄注：“展，省阅也。”贾公彦疏：“肆师以将有天地宗庙大祭祀，牧人以牲与充人之时，肆师省阅其牲，看完否及色堪为祭牲，乃系于牢，颁付于职人也。”后世由地位显赫的权贵省牲，《清史稿·礼志》称：“大祀天地，前期五日亲王视牲，二日礼部尚书省牲……前一日黎明宰牲。惟夕月届日黎明宰之。令甲，察院、礼部、太常、光禄官监宰，群祀止太常司行。”

[10] 或：原脱，今据复制碑补。

[11] 蜑：原作“蛋”，今据复制碑改。

[12] 宜：原作“然”，今据复制碑改。

[13] 厥：原作“我”，今据复制碑改。

[14] 祚：原作“祐”，今据复制碑改。

[15] 从仕：做官。

[16] 学录：元代路、州、县学学官。协助教授、学正教育所属生员。可参《元史·选举志一》。

[17] 训导：学官名。元明清府、州、县儒学的辅助教职。

[18] 教谕：学官名。宋代始置教谕。元、明、清县学亦置教谕，掌文庙祭祀，教育所属生员。

[19] 与祭官……教谕张本、彭唯等立石：原脱，今据阮元《广东通志·金石略》补。

[20] 国朝自至元十八年始岁祀南海……用垂不朽云：原脱，现复制碑亦未刻。今据阮元《广东通志·金石略》补。

南海神祠碑[1]

古者帝[2]王巡狩方岳[3]，不至四海，以四海在要荒之外，不可得而至也。《周礼》[4]曰："凡将事于四海山川，校人[5]饰黄驹而望祭焉"。祭有坎坛，未有祠庙。汉武帝虽祭之环罘[6]，浮（大）[7]海，欲求仙耳，不在海也。至隋文帝，始命于近海立祠，以巫一人，知[8]洒扫，多植松柏。（南海祀于）[9]南海镇，即今之扶胥镇，距城八十里者也。唐武德、贞[10]观之制，则岳镇海渎，年别一祭，以五郊迎气之日祭之，各于其所。南海于广州，祠官以（都）[11]督刺史望。此祠祭之始也。天宝十年[12]，敕封四海为王，南（海）[13]曰广利，以三月十七日同时备礼。此封爵之始也。惟兹南海神次最贵。元和间，刺史孔戣拓旧庙而大之，（又）[14]得韩愈碑为之发扬，祠礼之盛，莫盛于此时。至宋康定，加洪圣之号；皇祐，加昭顺；绍兴，加威显，合为八字。前乎绍兴，四海同封（而）[15]异号。及绍兴，疆土乖离[16]，独南海耳。

自天命归于（皇元）[17]，至元十三年，乃入职方氏，神始有会同之喜。二十八年，世祖皇帝加以灵孚之号，天使奉宣命，驰驿万里，至广城，官吏无不肃恪，将致[18]宠光于正祠。闻祠已废，乃于广城西别祠[19]行礼焉。同知总管府事赵公胜兴曰："自隋唐历宋（逾）[20]七百年，镇之祠无不修举。今废不治，遗神之羞。夫君所以养民，神之所以卫民。君之敬神，正以[21]民故。食君之禄，而不以君之所以敬神者事神，可乎？"乃捐俸修之，未备也。三十年，公升宣慰（副）[22]使，复修之，苟合矣。已而被命签都元帅府[23]事，始得展其力。乃于农隙，募材鸠工，入执宫功。一木一石之未良，一斧一凿之未精，必更之，使尽善乃已。为大门三间，横（二十二丈，翼以两庑，从）[24]三十二丈，正殿岿然，其中又为[25]两庑，直三十二丈；正寝殿，崇广如正殿，明顺夫人之所处也；下至舆卫役[26]从，悉有宁宇；又崇馆，以为天使弭节[27]之所；虽祝史庖夫所栖，亦皆完好[28]。凡为屋一百二十五间，历十余年而后就。

吁！公之劳心殚力而为此者，何也？或谓公初莅职[29]，平海寇，祷于神，神克相之，故契契[30]于是。又以上恩久任，获典神祀，斯民亦知有上命子来经营，乃克就绪。大震[31]约居二十余年，有田数亩在庙旁，时（劳）[32]耕者父老夸侈其事，俾[33]大震记之。韩碑在前，何敢秽珠玉侧，第公之功德，踰于孔戣，不书则后人何以稽？故不得辞。责于此，初亦不能无惑：张宣公拭[34]尝云："川流山峙，是其形也，而人[35]之也何居？气之流通，可以相接人也，而宇之也何居？"遂疑唐以王爵封神未然也，及观《家语》[36]云："季康子问五帝之名，孔子曰：'天有五行，金木水火土，分时化育，以成万物，其神谓之五帝。'"然则五行既可为[37]帝，则四海之为王，又何嫌乎？故立祠而设之像，亦谓[38]星之尸之意。幽为神，明为人，是或一理。弁冕端委，亦其爵秩之当然耳。然乎？不然？必有能辨之者。

元大德七年岁次癸卯四月朔旦承事郎、前广东道儒学提举陈大震记；[39]

（征事郎、海北广东道肃政廉访司知事赵岊书丹；

奉训大夫、签海北广东道肃政廉访司事梁时中篆盖。）[40]

校注

[1] 阮元《广东通志·金石略》碑题作"重建波罗庙记"。

[2] 帝：原作"圣"，今据阮元《广东通志·金石略》改。

[3] 方岳：四方之山岳。古指东岳泰山、西岳华山、南岳衡山、北岳恒山。

[4] 周礼：原作"礼"，今据阮元《广东通志·金石略》补。

[5] 校人：官名。《周礼》谓夏官司马所属有校人，设中大夫二人，上士四人，下士十六人，以下有府、史、胥、徒等人员，掌马政，讲究良马的选择、畜养、使用。春秋时鲁国设置，《左传·哀公三年》："命校人乘马。"宋、晋等国又称为校正，《左传·襄公九年》："命校正出马。"杜预注："校正主马。"

[6] 虽祭之环罘：阮元《广东通志·金石略》作“惟登之罘”。

[7] 大：原脱，今据阮元《广东通志·金石略》补。

[8] 知：原作“供”，今据阮元《广东通志·金石略》改。

[9] 南海祀于：原脱，今据阮元《广东通志·金石略》补。

[10] 贞：原作“征”，今据阮元《广东通志·金石略》改。

[11] 都：原脱，今据阮元《广东通志·金石略》补。

[12] 十年：原作“年间”，今据阮元《广东通志·金石略》改。

[13] 海：原脱，今据阮元《广东通志·金石略》补。

[14] 又：原脱，今据阮元《广东通志·金石略》补。

[15] 而：原脱，今据阮元《广东通志·金石略》补。

[16] 乖离：分离。

[17] 皇元：原脱，今据阮元《广东通志·金石略》补。

[18] 致：原作“至”，今据阮元《广东通志·金石略》改。

[19] 广城西别祠：指南海西庙，原位于今广州荔湾区文昌路广州酒家一带。今已不存。

[20] 逾：原脱，今据阮元《广东通志·金石略》补。

[21] 正以：原作“以正”，今据阮元《广东通志·金石略》改。

[22] 副：原脱，今据阮元《广东通志·金石略》补。

[23] 都元帅府：官署名。元于沿边地区设都元帅府、元帅府，置都元帅、元帅等官，为地方军事长官。

[24] 二十二丈，翼以两庑，从：原脱，今据阮元《广东通志·金石略》补。

[25] 为：阮元《广东通志·金石略》作“演”。

[26] 役：阮元《广东通志·金石略》作“翼”。

[27] 弭节：驻节，停车。《楚辞·离骚》：“吾令羲和弭节兮，望崦嵫而勿迫。”洪兴祖补注：“弭，止也。”马茂元注：“弭节，犹言停车不进。”

[28] 完好：原作“元妙”，今据阮元《广东通志·金石略》改。

[29] 初莅职：原作“莅职初”，今据阮元《广东通志·金石略》改。

[30] 契契：原作“至”，今据阮元《广东通志·金石略》改。契契，愁苦貌。《诗·小雅·大东》：“契契寤叹，哀我惮人。”毛传：“契契，忧苦也。”

[31] 大震：陈大震，字希声，南宋末年、元朝初期广东番禺人，官至知县。著有《南海志》。

[32] 劳：原脱，今据阮元《广东通志·金石略》补。

[33] 俾：阮元《广东通志·金石略》作“得”。

[34] 张宣公拭：张拭（1133—1180），字敬夫，后避讳改字钦夫，又字乐斋，号南轩，学者称南轩先生，谥曰宣，后世称张宣公。南宋汉州绵竹（今四川绵竹）人。右相张浚之子。曾主管岳麓书院教事，为一代学宗。任右文殿修撰、提举武夷山冲佑观。南宋理宗淳祐初年从祀孔庙，后与李宽、韩愈、李士真、周敦颐、朱熹、黄干同祀石鼓书院七贤祠，世称石鼓七贤。

[35] 人：原作“像”，今据阮元《广东通志·金石略》改。

[36] 《家语》：参卷一“南海神”注[1]。

[37] 为：原作“谓”，今据阮元《广东通志·金石略》改。

[38] 谓：阮元《广东通志·金石略》作“灵”。

[39] 元大德七年岁次癸卯四月朔旦承事郎、前广东道儒学提举陈大震记：原作“元大德七年癸卯四月朔旦陈大震记”，今据阮元《广东通志·金石略》补完整。

[40] 征事郎……梁时中篆盖：原脱，今据阮元《广东通志·金石略》补。

明碑　六之四

洪武二年敕祀南海之记[1]

洪武二年春正月四日，群臣来朝，皇帝若曰：“朕自起义临濠[2]，率众渡江，宅于金陵，每获城池，必祭其境内山川，于今十有五年，莫敢或怠。迩年命将出师，中原底平，岳渎海镇，悉在封域[3]。朕托天地祖宗之灵，武功之盛，虽藉人力，然山川之神，实默相予。况自古帝王之有天下，莫不礼秩尊崇，朕曷敢违。”于是亲选敦朴廉洁之臣，赐以衣冠，俾斋沐端肃以俟。遂以是月十五日，授祝币而遣焉。

臣九皋承诏，将事惟谨，三月初三日祭于祠下。威灵歆格，祀事孔明，砻石镌文，用垂悠久。惟神泓深广博，利益南陲。典礼既崇，纲维斯在，尚期风波宁谧，福泽生民，是我圣天子所望于神明者，而亦以神明祚我邦家之灵验也。

是年三月□□[4]日，元教院掌书[5]臣徐九皋谨记。

怀远大将军[6]、同知广东卫指挥使司[7]事胡通；承直郎、广州府通判王瑛；将仕郎、番禺县丞孙翱。

校注

[1] 同治《番禺县志·金石略》碑题作“敕祀南海之记”。为明初首祭。

[2] 临濠：府名，治钟离县（今安徽凤阳临淮），辖今安徽沿淮淮北全境及江苏部分地区。元至元十五年（1278）改濠州置。后复为濠州。朱元璋吴元年（1367）又改为临濠府。明洪武二年（1369）建为中都。是明太祖朱元璋的家乡。

[3] 封域：疆域、领地。

[4] □□：原脱，今据《番禺县志·金石略》补。

[5] 元教院掌书：元教院，是明太祖洪武元年（1368）在南京朝天宫设立司掌全国道教的机构。掌书，指古代职掌符节及文史记载的官。据《明史·职官志》，元教院设立于洪武元年，四年即革。此文撰于洪武二年（1369），故元教院尚存。

[6] 怀远大将军：武散官名。金始置，从四品，元升从三品。明从三品初授怀远将军。

[7] 广东卫指挥使司：官署名。明初广东沿海设置卫所，统于都指挥使司。明制卫指挥使司设官如京卫，品秩并同，即指挥使一人，正三品；指挥同知二人，从三品。

洪武三年重修南海庙记[1]

粤自唐虞，既克受命，配天享帝，又必禋类于名山大川岳渎之神，所嘉诚敬，报本始也，厥繇古矣。皇帝奉承天命，奄有四海岳渎，群祀悉在境内。所至分遣殖臣，遍走群望，以致恭肃，法古道也。中书平章[2]廖公[3]，奉征南之命，取两浙，破闽下广，遂定五岭以南，暨于海岛万里，靡不臣服。于是访前闻，稽祀典，曰：南海神祝融最贵，位崇于东、西、北海三神、河伯上。自唐天宝中，册以王爵，加以“广利洪圣”之号。旧有庙，在广治东南八十里，扶胥之口。兵燹历载，废坏不修，匪称神居。乃命中书椽高希贤董之，以县尹吴诚督工。输以没入之财，役以贷眚之珉，易朽腐以坚贞，饬昏漫以丹黝。殿堂寝室，载辉载崇，致斋有庐，更衣有所，廊庑庖舍，修列毕备。

乃洪武二年三月初吉，朝廷遣元教院掌书徐九皋，钦奉御署祝册、香币，致祭于神。庙初落成，适与礼会。征南公[4]亲率僚属，致斋行礼，用体皇上敬事神祇[5]之意。脯醢豆笾，肴羞孔洁，牲币载虔，既陈既献。神灵肸蠁，风涛恬息，岁卜丰稔。公之南征，副以参政朱亮祖[6]，赞襄以省椽高希贤，竭知殚力，知无不为，故理民事神，咸尽其道。

公之功施社稷，泽被生民，不可殚述，而此其一事尔。髦倪士庶[7]，咸愿播之文辞，永垂不朽。遂序其概，刻石以纪。

洪武二年三月日，闽中徐宏撰。广州玄妙观[8]住持、主领波罗庙焚修[9]萧德舆立。乡老徐麟、梁成、钟亮、吴尹篆并书。

校注

[1] 同治《番禺县志·金石略》碑题作“重修南海庙记”。原碑题中“洪武三年”当误，碑文内均为洪武二年（1369），且据前碑《洪武二年祀南海之记》，应为“洪武二年”。

[2] 中书平章：元代之行中书省置平章政事，为地方高级长官。简称平章或中书平章。明初仍沿袭，不久废。

[3] 廖公：廖永忠（1323—1375），巢县（今安徽巢湖）人，明朝开国将领，楚国公廖永安之弟，爵至德庆侯，后因逾制被明太祖赐死，南明弘光帝追封庆国公。曾与朱亮祖攻克广州，平定广东。《明史·廖永忠传》：“廖永忠，巢人……洪武元年，兼同知詹事院事……寻拜征南将军，以朱亮祖为副，由海道取广东。”

[4] 征南公：征南将军廖永忠。

[5] 祇：原作“祗”，今据同治《番禺县志》改。

[6] 朱亮祖：明初将领。六安（今属安徽）人。元末为“义兵”（地主武装）元帅，后投降朱元璋。参与攻灭陈友谅、张士诚等役。洪武元年（1368），随廖永忠取

两广。封永嘉侯。后出镇北平（今北京）、广东。后被朱元璋处死。

[7] 髦倪士庶：泛指各类人。髦，英俊杰出之士。倪，弱小、小孩。士庶，贵族和平民。

[8] 玄妙观：原作“元妙观”，因避圣祖康熙玄烨讳而改。玄妙观，旧址在今广州海珠北路西侧祝寿巷一小学内。唐玄宗时立开元寺，宋真宗时改为天庆观，元朝元贞二年（1296）改为玄妙观。原有三佛齐国（位印尼苏门答腊群岛）地华迦罗所立之碑，今移置广州博物馆碑廊。可参《重修天庆观记》。

[9] 焚修：焚香修宝醮。

洪武三年御碑[1]

奉天承运皇帝诏曰：自有元失驭，群雄鼎沸，土宇分裂，声教不同。朕奋起布衣，以安民为念，训将练兵，平定华夷，大统以正。永惟为治之首，必本于礼，考诸祀典，知五岳、五镇、四海、四渎之封，起自唐世，崇名美号，历代有加，在朕思之，则有不然。夫岳镇海渎，皆高山广水，自天地辟，以至于今，英灵之气，萃而为神，必皆受命于上帝，幽微莫测，岂国家封号之所可加？渎礼不经[2]，莫此为甚。至如忠臣烈士，虽可加以封号，亦惟当时为宜。夫礼所以明神人，正名分，不可以僭差。今命依古定制：凡岳镇海渎，并去其前代所封名号，止以山水[3]本名称其神。郡县城隍神号，一体改正。历代忠臣烈士，亦依当时初封以为实号，后世溢美之称，皆与革去。其孔子善明先王之要道，为天下师，以济后世，非有功于一方一时者可比，所有封爵，宜仍其旧，庶几神人之际，名正言顺，于理为当，用称朕以礼祀[4]神之意。所有定列[5]各神名号，开列于后：

一　五岳称：东岳泰山之神，南岳衡山之神，中岳嵩山之神，西岳华山之神，北岳恒山之神。

一　五镇称：东镇沂山之神，南镇会稽山之神，中镇霍山之神，西镇吴山之神，北镇医无闾山之神。

一　四海称：东海之神，南海之神，西海之神，北海之神。

一　四渎称：东渎大淮之神，南渎大江之神，西渎大河之神，北渎大济之神。

一　各处府州县城隍，称某府城隍之神，某州城隍之神，某县城隍之神。

一　历代忠臣烈士，并依当时初封名爵称之。

一　天下神祠无功于民不应祀典者，即系淫祠，有司毋[6]得致祭。

於戏！明则有礼乐，幽则有鬼神，其理既同，其分当[7]正。故兹诏示，咸使闻知。

洪武三年六月初三日。

校注

[1] 南海神庙礼亭东侧原碑无题，亦无撰者与书者。现碑题为崔弼所拟。碑文为明太祖朱元璋所下诏书，据清黄宗羲编《明文海》卷六十六《诏表》中王祎所撰《定岳镇海渎名号诏》，该诏与碑文略有不同，可知此碑作者应为王祎。王祎，浙江义乌人，曾官翰林待制等职。

[2] 渎礼不经：不符合礼、经书上的规范行事，指不恭敬的行为。不经，参卷一“六侯”注[1]。

[3] 水：原作“川”，今据原碑改。

[4] 祀：原作“事”，今据原碑改。

[5] 列：原作“到”，今据《明太祖实录》卷五十三《太祖洪武三年六月癸亥》改。

[6] 毋：原作“无”，今据原碑改。

[7] 当：原作“应”，今据原碑改。

洪武三年御祭南海神文[1]

维洪武三年，岁次庚戌，七月丁亥朔，越十一日丁酉，典仪[2]臣王憷，蒙中书省[3]点差，钦赍祝文，致祭于南海之神。皇帝制曰：

生同天地，浩瀚之势既雄，浅深之处莫测，古昔人君，名之曰海神而祀之。于敬则诚，于礼则宜。自唐及近代，皆敕以封号。予因元君失驭，四方鼎沸，起自布衣，上天皇土之祐，百神之助，削平暴乱，以主中国，职当奉天地、享鬼神以依时，式古法以治民。今寰宇既清，特修祀仪，因神有历代之封号，予起寒微，详之再三，畏不敢效。盖观神之所以生，与穹壤同立于世，其来不知岁月几何，凡施为造化，人莫可知，其职必受命于上天后土，为人君者，何敢烦焉。予惧，不敢加号，特以南海名其名，依时祭祀，神其鉴之。（尚飨！）[4]

校注

[1] 同治《番禺县志·金石略》碑题作“御祭南海神文”。此次为明初祭南海之神，故特遣专官祭祀，明中叶后，岁祭岳镇海渎，常分春秋二祭。遇特殊事项另行祭告。

[2] 典仪：掌陈仪式之官。《明史·职官志》，王府长史司下辖“典仪司，典仪正一人，正九品；典仪副一人，从九品”。

[3] 中书省：明初承袭隋唐之制而设，朱元璋杀丞相胡惟庸后，即裁中书省。《明史·职官志一》：“（洪武）十三年诛丞相胡惟庸，遂罢中书省。其官属尽革，惟存中书舍人。”此祭文撰于洪武三年（1370），中书省尚存。

[4] 尚飨：原脱，今据清陈兰芝《南海庙志》卷五《敕诏》补。

洪熙元年碑[1]

维洪熙元年，岁次乙巳，二月辛丑朔，十五日乙卯，皇帝遣太常寺寺丞孔克准[2]致祭于南海之神，曰：

惟神职司南表，容受百川，涵育群生，厥功甚茂。嗣位云始，聿严告祀，尚其歆格，永祚邦家。尚飨。

校注

[1] 同治《番禺县志·金石略》碑题作“御祭南海神文”。明仁宗朱高炽，为明成祖朱棣长子。朱棣为燕王时，立其为世子，登皇帝位后，立为皇太子。其继位后，改年号为洪熙。见《明史·仁宗纪》。此次祭告南海神，即其登位后之首祭岳镇海渎。

[2] 孔克准：字则夫，明初曾任太常博士、太常寺丞等职，为宣圣孔子之五十五代孙。

代祀南海神记[1]

广东等处承宣布政使司左参政[2]臣况文[3]撰。

广东等处提刑按察司佥事臣魏暹篆额。

广州府南海县儒学教谕臣郑斌书丹。

国朝启运，奄有万方，四海岳渎，咸在封域，祀典有常，圣贤相承，莫不崇祀敬礼。皇上嗣大历服，首严祀事。洪熙初元，孟春望日，既祗祀于南郊；二月乙卯，复洁香币，分遣朝臣之贤者，代祀于海岳镇渎之神。以南海神次最贵，特命宣圣之五十五代孙、太常寺寺丞臣克准，廷受祝币，以奉厥事。

四月初吉抵南海，驿吏走告。时巡按广东监察御史臣汤云、臣李孟瑄，广东左布政使臣张焕，都指挥使臣赵成、臣李龙，按察副使臣张玘，佥事臣魏暹、臣陈谟、臣吴克聪，左参议臣汪渊等，躬率文武僚属，盛服郊迎。骏奔趋事，悉皆精白一心，奉命惟谨。

前期三日，斋宿祠下，越六日乙巳，五鼓[4]即事。酒香牲腯，笾豆苾芬，篆薰膻芗达墙屋。钟鼓既戒，使臣暨百执事升降盥荐，莫不济济跄跄，恪恭寅畏，罔敢或懈。于时祥风飒至，灵雨微零，神威洋洋，来格来享。耆倪士庶，于于来观，无不鼓舞忻羡。礼成，佥曰：“禋祀祝册，甚盛典也，宜勒贞珉，用昭无穷。”

臣闻自昔尧舜践阼之初，类于六帝，禋于六宗，望山川，遍群神，盖所以严祗奉而崇本始，故能垂拱无为，钦时五福，用敷锡厥庶民也。今圣天子缵承大统，首明礼典，祗事上下神祇，其图治之诚，敛福锡民，追迹隆古无间矣。惟神德泽渊深，功利广博，永奠厥位，绥此南陲，俾海波不扬，民康物阜。此神之所以效灵，永祚于邦家，亦朝廷之所以望于神者。臣文等幸生斯世，叨职南藩，与瞻盛事，敢不斋沐拜手顿首，以纪其实于上云！谨记。

广州府通判[5]臣吴偕[6]等立石。

校注

[1] 洪熙元年（1425）陪祭官对祭祀情形的记录。

[2] 左参政：明及清初布政使属下官员。布政使掌管一省的政务，参政、参议分守各道，并分管粮储、屯田、军务、驿传、水利、抚名等事，常为正四品。

[3] 况文：江西高安人。可参同治《番禺县志·金石略》。

[4] 五鼓：亦称五更、五夜。五鼓时分，即拂晓时分。是古代的一种夜晚计时制度。把黄昏到拂晓的一夜长度分为五个更次，每个更次相隔两个小时。北齐颜之推《颜氏家训·书证》：“汉魏以来，谓为甲夜、乙夜、丙夜、丁夜、戊夜；又云鼓，一鼓、二鼓、三鼓、四鼓、五鼓；亦云一更、二更、三更、四更、五更，皆以五为节。”

[5] 通判：为“通判州事”“知事通判”之省称。始于宋，止于清，是地方行政官员的一种。宋初，为加强对地方官的监察和控制，防止知州职权过重，专擅作大，宋太祖始设“通判”一职。清朝通判配置于地方建制的府或州，辅助知府政务，分掌粮、盐、都捕等，为正六品。多设于边陲之地，以补知府管辖不足之处。

[6] 吴偕：福建莆田人。可参同治《番禺县志·金石略》。

宣德十年碑[1]

碑两层，上祝文，楷书。下记，八分书。

维宣德十年，岁次乙卯，六月辛丑朔，越廿四日甲子，皇帝谨遣广东等处承宣布政使司左参政卢玉润[2]祭告于南海之神，曰：

予维新嗣祖宗大位，统理下民，夙夜惓惓，养民为务。尚祈神灵阴隆助相，（俾）[3]雨旸时顺，灾沴不生，百谷用成，民物康济，国家清泰，永赖神庥。谨以香币，达予至诚，惟神鉴格。尚飨。

校注

[1] 同治《番禺县志·金石略》碑题作“御祭南海神文”。明英宗新登帝位，因而遣使祭告南海神，祈求南海神相助，国泰民安。宣德十年（1435），明宣宗病逝，明英宗即皇帝位，仍沿用宣德十年年号，以次年为正统元年。该碑“御祭南海神文”下方为陪祭官所撰《遣祭南海神记》。

[2] 卢玉润：江西新淦人，布政使司左参政。阮元《广东通志·职官表》载其正统元年（1436）任右参政，此宣德十年（1435）碑载其为左参政。当以碑为准。

[3] 俾：原脱，今据同治《番禺县志·金石略》补。

遣祭南海神记[1]

赐进士、朝列大夫、广东等处承宣布政使司左参议臣黄翰[2]撰拜书；赐进士、中宪大夫、广东等处提刑按察司副使臣贺敬[3]篆额。

宣德十年春，圣天子[既][4]即位，念养民之政不可缓也，于是亲制祝册、缄香币，遣使遍于天下群神，用祈丰稔。于时（羽士臣）[5]康启常选来广，分遣布政司左参议臣卢玉润代祭南海。时监察御史臣杨翰、按察副使臣贺敬，戒饬僚属，奉命惟谨，以六月廿四日甲子将[6]有事于祠下，先期至斋，笾（豆）[7]之事，有司既备。于是都指挥使臣花英[8]、佥事臣徐贵，具楼船甲胄、汉帜金鼓，护从以往。盲风怪雨，交作竟日，至期而灵，百司欢呼，乐于趋事。省牲之夕，微雨洒尘；将事之夜，阴霾解驳。五[9]鼓而兴，蟾星朗概，乃偕文武宾属，入坛即事。牲酒肥香，樽俎整洁；乐舞有仪，登降有数。神恬以怡，若将醉饱。彻馔沉帛，海之百灵，踊跃先后，似亦来享饮食者。阖庙以还，风飘如驶，瞬息百里。于是知神[10]之格思，而丰年之报有可必者，至诚感神，夫岂徒然？事竣，砻石勒赐祝册，以垂永久。咸推臣翰为文，记于下方。

臣惟事神治民，国之首务。圣天子欲施养民之政，而溥事神之礼，如此，将见太和元气之流行乎！宇宙间神享民怀，而千百世久安长治之策，盖肇于兹矣。斯世斯民，抑何幸哉！谨拜手稽首而献颂曰：

圣皇继统，天地清宁。轸念元元，乃命公卿。告于山川，遍于神明。以祈丰稔，以介休征。惟兹南溟，祝融所京。典礼攸秩，首被光荣。伻来仙官，藩邦敬承。舳舻百里，钲鼓喧訇。旗麾甲胄，煜煜光晶。底于黄湾，波涛不惊。先是皆雨，及辰乃晴。牲醴孔洁，黍稷惟馨。朱干玉戚，锦瑟瑶笙。鼓舞动荡，郁积熏蒸。甘露微零，祥炅绕庭。宣敭敕旨，溥博渊泓。山川增辉，草木欣欣。青鸾白鹤，盘空自鸣。蛟鼍鱼鳖，咸若以迎。百司欣跃，奔走屏营。人和神悦，享于克诚。视于弗见，听于无声。洋洋如在，霞佩霓旌。仿佛嵩呼，上祝明廷。亿万千年，海晏河清。雨旸时若，灾沴不生。民用康济，百谷用成。时亨运泰，骈集祥征。永昭嘉贶，以著威灵。小臣作颂，爰述斯铭。

广州府同知臣陈逊、番禺县知县臣翁靖、南海县县丞臣徐谅、臣诸伦、主簿臣陈韶立石。

校注

[1] 此记为陪祭官所撰，记宣德十年（1435）祭祀盛况，后有颂辞。

[2] 承宣布政使司左参议臣黄翰：黄翰，江南华亭（今上海松江）人，祭时官职为从

四品。《明史·职官四》：“承宣布政使司左、右布政使各一人，从二品，左、右参政，从三品，左、右参议，无定员，从四品……布政使掌一省之政，朝廷有德泽、禁令，承流宣播，以下于有司。”

[3] 提刑按察司副使臣贺敬：贺敬，广西临桂（今广西桂林临桂）人，祭时官职为正四品。《明史·职官四》：“提刑按察使司按察使一人，正三品，副使，正四品，佥事无定员，正五品……按察使掌一省刑名按刻之事。纠官邪，戢奸暴，平狱讼，雪冤抑，以振扬风纪，而澄清其史治。”

[4] 既：衍文，今据同治《番禺县志·金石略》改。

[5] 羽士臣：原脱，今据同治《番禺县志·金石略》补。

[6] 将：原作“时”，今据同治《番禺县志·金石略》改。

[7] 豆：原脱，今据同治《番禺县志·金石略》补。

[8] 都指挥使臣花英：花英，巢县（今安徽巢湖）人，祭时官职为从四品。《明史·职官五》：“都指挥使司都指挥使一人，正二品，都指挥同知二人，从二品……都司掌一方之军政，各率其卫所以隶于五府（按，即五军都督府）。”

[9] 五：原作“至”，误，今据同治《番禺县志·金石略》改。

[10] 神：同治《番禺县志·金石略》作“夫神”。

正统九年碑[1]

维正统九年，岁次甲子，四月庚辰朔，越二十四日癸卯，皇帝谨遣礼科给事中[2]章瑾[3]祭告于南海之神，曰：

予奉天育民，愧凉于德，致兹久旱，灾及群生，夙夜省躬，中心惓切。神司南海，忧闵谅同，雨农以时，宜任其责[4]。特兹致祷，尚冀感通，弘[5]布甘霖，用臻丰稔，匪予之惠，时乃神庥。尚飨。

校注

[1] 南海神庙仪门东复廊的原碑碑题作“御祭南海神文”，因当年旱灾不雨，祭南海神祈求普降甘霖，使谷物丰收，惠及民生。正统九年，公元1444年。此碑文

与前三碑文序列有误，按历史发展序列，此四碑文之先后序列应为："正统九年碑（1444）""景泰五年碑（1454）""景泰六年碑（1455）""天顺元年碑（1457）"。

[2] 礼科给事中：明朝置给事中，掌侍从、谏诤、补阙、拾遗、审核、封驳诏旨，驳正百司所上奏章，监察六部诸司，弹劾百官，与御史互为补充。品卑而权重。太祖洪武六年（1373）设给事中十二员，为正七品，始分为吏、户、礼、兵、刑、工六科，分科治事；洪武二十四年（1391）定制，六科各设都给事中一人，为正八品；左、右给事中各一员，从八品；给事中四十人，正九品。惠帝建文年间升都给事中为正七品，给事中从七品，并罢左、右给事中。明成祖永乐年间复置左、右给事中，亦为从七品。

[3] 章瑾：浙江会稽（今浙江绍兴）人，累官至礼部侍郎。《明史》有其父章敞传，提及章瑾。

[4] 责：原作"咎"，今据原碑改。

[5] 弘：原作"宏"，今据原碑改。

景泰五年碑[1]

维景泰五年，岁次甲戌，四月壬午朔，越二十二日癸卯，皇帝谨遣吏科都给事中[2]林聪[3]，赍捧香帛，以牲醴致祭于南海之神，曰：

兹者农政方殷，所忧旱涝，丰歉所系，尤切朕心。神主兹方，计不异此，雨旸时若，其职在神，尚运神机，俾从民欲。民苟遂丰登之愿，神益彰庇利之仁，专俟感孚，以慰虔祷。（谨告。）[4]

校注

[1] 南海神庙仪门东复廊的原碑碑题作"御祭南海神文"。部分碑文磨蚀严重。景泰五年初，因天气无常，干旱、雨涝时有，故遣使致祭南海神。景泰五年，公元1454年。

[2] 吏科都给事中：明代在吏、户、礼、兵、刑、工六科均设都给事中一职，各一人，正七品。据《明史·职官三》，吏科都给事中掌"侍从、规谏、补阙、拾

遗、稽察六部百司之事”，位低而权重。

[3] 林聪：字季聪，宁德（今福建宁德）人，敢于直言。《明史》有传。

[4] 谨告：原脱，今据同治《番禺县志·金石略》补。

景泰六年碑[1]

维景泰六年，岁次乙亥，闰六月乙巳朔，越二十四日[2]戊辰，皇帝谨遣都察院右都御史[3]马昂[4]祗奉牲币香醴之仪，专祷祀于南海之神，曰：

恭承大命，重负眇躬[5]。民社所依，灾祥攸系。志恒内省，政每外乖。或寒燠愆期，或雨旸逾度。田畴失利，谷麦不登。忧切民生，妨及国计。咎惟所自，良有在兹。然因咎致灾，固朕躬罔避。而转灾为福，实神职当专。夫有咎无功，过将惟一。而转殃为福，功孰与钧？特致恳期，幸副悬望[6]。谨告。

校注

[1] 南海神庙仪门东复廊的原碑碑题作“御祭南海神文”。因原碑部分碑文漫漶不清，参同治《番禺县志·金石略》改。由于景泰五年旱涝失实，此次亦因寒热失时，影响民生国计，故遣使致祭南海神。景泰六年，公元1455年。

[2] 日：原作“目”，今据同治《番禺县志·金石略》改。

[3] 都察院右都御史：正二品，都御史职掌专劾百司，辨明曲直，提督各道，为天子耳目风纪之司。

[4] 马昂：字景高，河间沧州人。永乐二十一年（1423）举人，景泰五年（1454）为总两广军务兼巡抚。可参同治《番禺县志·金石略》引《献征录》。

[5] 眇躬：帝后自称之词。

[6] 悬望：盼望，挂念。

天顺元年碑[1]

维天顺元年，岁次丁丑，五月癸亥朔，越十二日甲戌，皇帝遣翰林院编修尹直[2]，致祭于南海之神曰：

百川之水，惟海是宗，利济[3]民物，厥功茂焉。兹予复正大统[4]，祗[5]严祀礼，神其歆格，永佑家邦！尚飨。

陪祀官：镇守广东印绶监左少监[6]臣阮能、提督广东市舶提举司内使臣杜乔、镇守广东副总兵都督同知臣翁信、巡按广东监察御史臣徐瑄、广东都指挥使司都指挥使臣胡英、都指挥同知臣耿全、广东等处承宣布政使司左布政使臣韩阳、广东等处提刑按察司佥事臣陈濂、臣张昊。

校注

[1] 南海神庙现存原碑碑题作“御祭南海神文”。此次因英宗复登皇位，因此遣官祭告南海神，希能“永佑家邦”。天顺元年，公元1457年。

[2] 尹直：字正吉，泰和（今江西吉安泰和）人，景泰五年（1454）进士，授编修。《明史》有传。

[3] 济：原作“齐”，今据同治《番禺县志·金石略》改。

[4] 予复正大统：指英宗重登皇位之事。《明史·英宗后纪》：“武清侯石亨……以兵迎帝于南宫，御奉天门，朝百官。”史称此次复辟事件为“夺门之变”；以石亨等攻破南宫门，奉英宗于奉天殿复辟，亦称“南宫复辟”。

[5] 祗：原作“祇”，今据同治《番禺县志·金石略》改。

[6] 印绶监左少监：明宦官官职名，从四品。印绶监是明内府十二监之一。明初，每监太监各一员，正四品；左、右少监各一员，从四品；左、右监丞各一员，正五品；典簿一员，正六品；长随、奉御无定员，从六品。掌古今通集库，并铁券、诰敕、贴黄、印信、勘合、符验、信符诸事。

成化元年碑[1]

维成化元年，岁次乙酉，五月丁未朔，越廿六日壬申，皇帝谨遣富阳伯李舆[2]致祭于南海之神，曰：

惟兹大海，南际于天。利济民物，永世赖焉。兹予嗣承大统，谨用祭告，神其歆鉴，佑我国家。尚飨。

校注

[1] 同治《番禺县志·金石略》碑题作“御祭南海神文”。明宪宗朱见深，原为英宗长子。英宗于土木堡之役被俘，即立为太子，后被景帝废。英宗复辟，复立为太子，至此而初登皇位，因之而祭告天下。成化元年，公元1465年。

[2] 李舆：天顺元年（1457）袭富阳伯。可参《明史·功臣世表》。

成化壬辰重修南海神祠记[1]

赐进士第、承直郎、广州府判、前刑部主事、濉阳余志[2]撰记。

赐进士第、奉训大夫、户部员外郎、番山陈秡书丹。

赐进士出身、中宪大夫、江西抚州府知府、番禺张璜篆额。

成化己丑[3]岁，志以秋官[4]谪广州，倅莅事未夹旬，都宪[5]（陈）[6]公□念□部下逃绝，田土不清，命志□往理之。事将竣，又以增之城隍不饬，复命志往筑之。陈公去，都宪姑苏韩公[7]至，又以南海神祠年久摧圮，诚非重典之意，谋于方伯江浦张公，又命志易而新之。会其营构费[8]伙，百工浩翰，况增之城工[9]未告□，复领是责，非易易以成也。然既有命，罔敢辞，又往以经营之。

神祠据海一望，天际混茫，惊涛怪浪，飓风阴霏，不时狂起，摧山拔树，□□破屋，祠非完固，乌足以当之？然欲一新，以为经久计，非远猷不可也。先是祠外牌门[10]岸海，以木为之，岁修即朽，志则鞭石以代之。四柱擎天，扛海门而雄岭表；八纮[11]拱极，捧瑞日而出扶桑。任风雨不能凌夷，与神祠同其休美。此牌门一新也。旧扁颜以“祝融”，于礼未宜，一遵我朝定制，刻以“南海神祠”，表当代礼制之正，鄙前古徽号之讹。此扁额之新也。牌基外道入海，内道入祠，与左右暨浴日亭径[12]路，皆碱以石。逶迤龙奔[13]，引天潢[14]而分地纪[15]；盘回虎踞，控百粤而限诸夷。此道路之新也。大门翼翼，尊南服[16]而辟阖阴阳；仪门[17]将将，奠南[18]邦而阐扬威[19]福。使望者起敬，趋[20]者肃恭。此门户之新也。东西廊庑，峻起而轩翔；左右阶级，低昂而有杀。此廊庑之新也。拜香一亭，恢廓规模，可以容百执[21]；前后二殿，奂然伊始，可[22]以妥神灵。此殿亭之新也。乾之南，神厨庖库，皆就法式，洁牷牲荐品，物之有其所。此厨库之新也。斋宿之所[23]，斋房两楹，驻使节、肃有事之得其地。此斋所之新也。他若昌黎碑记，烂然与日月争光；历代册祝，焕乎与云汉增彩[24]。其事迹虽旧，整而饬之，又一新也。祠宇既新，百废具举。所用一木、条石、寸土、片瓦，皆需金谷。金谷出于官，而不敛乎民；工力役乎民，而民乐趋事。鸠工于庚寅[25]之孟冬，告竣于辛卯[26]之仲夏。董督者，义官[27]湛文陈质也；住持者，羽士[28]冯日祥也；总其纲者，志也。

载瞻是祠，一则以寓神灵而称雅观；一则以副都宪、方伯[29]公之美意。二公美名，与祠同为悠久，兹祠又与天地相为悠久也矣。

祠新以后，林麓倍生光彩，山川顿尔清明，岭表晏然，边陲肃静，雨旸时若，海熟田丰，居民饱鱼虾[30]而饫稻粱；舟客顺灵飙，如归衽席。此又神灵所赐也。不有以记之，后世无所考。日祥砻石，请志文而刻焉。

志谓：神之灵，乃天地精英之气所发，岂人力之所能耶？前代封之以王爵，配之以夫人，是以人主之矣。盖海之为物甚巨，涵天载地，默运化机，神妙莫测，乃理之自然也，何主之有哉？且又配之以夫人，必其东、西、北海之子矣。以海而有子，则以神为王宜矣。较之于理，恐不然，此予不能无惑也。历代祀典，掌之宗伯，议之朝廷，未有能辩而闻于上以正之者。泯泯棼棼，相仍百世，良可慨夫！洪惟我朝，初定礼制，去其旧号，止称“南海之神”，一正其□[31]前古之谬。惜其夫人之谥，任言责者忽诸，尤未格之也，此又不能不辩之矣。夫以海而称其为神，盖以圣不可知而名[32]矣，岂常人所可知其妙耶？予既次第一新之制，而复辩之以正，言有所未尽者，复运心思，作歌形容神妙，曰：

包涵天地兮其体充，鸿蒙混沌兮其气雄。含宏广大兮无不容，橐钥亭毒兮成岁功。朝夕[33]吐纳兮呼吸中，日月磨荡兮眼界空。鼋鼍吼兮声音洪，雷霆轰兮听德聪。遨游沧溟兮驾虬龙，凌驾羽渊兮追毒熊。吹嘘万物兮扬八风，饵钓鲸鳌兮丝霓虹。涵百灵以驱怪物兮怒浪之汹汹，璇乾坤而转舆（轴）[34]兮旋飙以沨沨。润泽博溥兮施予惟[35]至公，变化万态兮妙用而无穷。阴翊皇度兮国泰时雍，奠安邦人兮时和岁丰。总百官兮众水朝宗，均四海兮五岳尊崇。来祝颂兮振三呼之华封，享庙食兮亘万古之典彤。古今崇重兮其礼隆，幽明交感兮其气通。神明之妙兮昭明而有融，斯民是赖兮天地而始终。

成化八年岁次壬辰十二月吉日。

校注

[1] 南海神庙西廊现存复制碑碑题作“重修南海庙记”。目录作“成化壬辰重修南海神祠碑记”。此次重修南海神庙，由余志主事。对原来规制作较大改动，南海神庙之建筑规制，至此基本定形。工程始于成化六年（1470），完成于成化七年（1471）。成化壬辰，成化八年（1472）。

[2] 余志：福建建宁（今福建三明建宁）人。时任广州府判。

[3] 成化己丑：明宪宗成化五年（1469）。

[4] 秋官：刑部官员。唐杜佑《通典》卷二十三“刑部尚书”：“唐虞之时，士官以

正五刑，《周礼·秋官·大司寇》掌邦之三典，以佐王刑。邦国，盖其任也……（唐）武太后改刑部为秋官，神龙初复旧。”

[5] 都宪：明代都察院、都御史的别称。

[6] 陈：原脱，今据同治《番禺县志·金石略》补。

[7] 都宪姑苏韩公：都宪韩雍，江南吴县（今江苏苏州）人。可参阮元《广东通志·职官表》。

[8] 费：原作“□”，今据同治《番禺县志·金石略》补。

[9] 工：原作“士”，今据同治《番禺县志·金石略》改。

[10] 祠外牌门：指南海神庙“海不扬波”牌坊，原为木牌坊，此次改为石牌坊。

[11] 八纮：天的极限。

[12] 径：原作“北”，今据复制碑改。

[13] 奔：原作“奋”，今据同治《番禺县志·金石略》改。

[14] 天潢：银河。古天文学之天津九星别名天潢，因在银河中，故借指银河。

[15] 地纪：大地。古人以为地是方的，四角有绳维系，使不倾陷。

[16] 南服：南方。周制，以土地距离国都远近分为五服，故以粤为南服。

[17] 仪门：即“礼仪之门”。古时拜谒和祭祀的官员及平民百姓，凡到此处，心须“整冠弹尘，端庄仪表”。为南海神庙的第二重门。

[18] 南：同治《番禺县志·金石略》作“海”。

[19] 威：原作“□”，今据同治《番禺县志·金石略》补。

[20] 趋：原作“过”，今据同治《番禺县志·金石略》改。

[21] 百执：即百执事。参卷六“泰定四年碑”注[12]。

[22] 可：同治《番禺县志》作“足”。

[23] 斋宿之所：同治《番禺县志》作“坤之北，斋堂一所”。

[24] 彩：原作“□”，今据同治《番禺县志·金石略》补。

[25] 庚寅：明成化六年（1470）。

[26] 辛卯：明成化七年（1471）。

[27] 义官：明朝一种编外官职，任者多为地方贤达人士，在社会上拥有一定的地位，能直接参与当地官府、域内的管理事宜。

[28] 羽士：道士，道教的神职人员。

[29] 方伯：明清之布政使均称“方伯”。泛指各地方之长官。

[30] 虾：同治《番禺县志》作“蟹”。

[31] 其□：同治《番禺县志·金石略》无。

[32] 名：同治《番禺县志》作“为”。

[33] 朝夕：同治《番禺县志·金石略》作“潮汐”。

[34] 轴：原脱，今据同治《番禺县志·金石略》补。

[35] 惟：同治《番禺县志·金石略》作“唯”。

成化四年碑[1]

维成化四年，岁次戊子，六月一日己丑，皇帝遣巡抚广东、都察院右副都御史陈濂[2]祭告南海之神，曰：

比岁以来，多方灾沴，雨旸不时，我民用瘁。民之瘁矣，予曷为怀？神矜于民，忍降以灾？德泽崇深，孰与神侔？祈赞化机，溥天之休。责躬修行，予敢弗笃。庶几与神同作民福。谨告。

校注

[1] 广州南海神庙原碑碑题作“御祭南海神文”，碑文下半部缺失。因连年灾祸，旱涝失时，因此祭告南海神，希望南海神能为民除灾转福。成化四年，公元1468年。此碑文与上篇“成化壬辰重修南海神祠记”前后次序颠倒，应为“成化四年碑”在前，“成化壬辰重修南海神祠记”（成化八年）在后。

[2] 陈濂：浙江鄞县人。阮元《广东通志·职官表》载其于成化二年（1466）任广东左布政使，而此碑文称任职广东巡抚，当以碑为正。

成化十三年碑[1]

维成化十三年，岁次丁酉，八月乙未朔，越二十一日乙卯，皇帝遣巡抚两广、都察院右副都御史朱英[2]祭告于南海之神，曰：

国家敬奉神明，聿严祠祀，所期[3]默运化机，庇佑民庶。乃近岁以来，或天时不顺，地道欠宁，或雷电失[4]常，雨旸爽候，或天孽间作，疫疠交行，远近人民[5]，频遭饥馑，流离困苦，痛何可言，惕然于衷，罔知攸措。惟神奠镇一方，民所恃赖，睹兹灾沴，能不究[6]心？是用特具（香）[7]币，遣官祭告，尚冀体上帝好生之德，鉴予忧悯元元之意，斡旋造化[8]，弘[9]阐威灵。捍患御灾，变祸为福。庶几民生获遂，享报无穷，惟神鉴之。谨告。

校注

[1] 广州南海神庙现存碑碑题作“御祭文”。因连年天时地道均不宁顺，或雷电交加，或旱涝相继，或妖孽、疾疫间作，故祈求南海神显示威灵，转祸为福。成化十三年，公元1477年。

[2] 朱英：湖南桂阳（今湖南郴州桂阳）人，正统十年（1445）进士。曾任御史、广东右参议、甘肃巡抚、两广巡抚。敢于直言。《明史》有传。

[3] 期：原作“祈”，今据原碑改。

[4] 失：原作“化”，今据原碑改。

[5] 人民：原作“民人”，今据原碑改。

[6] 究：原作“疚”，今据原碑改。

[7] 香：原脱。今据原碑补。

[8] 化：原作“物”，今据原碑改。

[9] 弘：原作“宏”，今据原碑改。

成化二十年碑[1]

惟成化二十年，岁次甲辰，五月丁亥朔，越十六日壬寅，皇帝遣巡抚两广、都察院右都御史朱英致祭于南海之神，曰：

南海之大，神实司之，万水攸归，渺茫莫测，自昔以来，屡彰灵应。何去岁秋冬，雨雪全无；今兹岁首，坤道未宁。民庶嗷嗷，生计何仰？朕为人主，夙夜惊惶。惟神矜悯，诞加默佑，俾雨旸以时，滋荣万物，坤道静安，黎民乐业，而国家报祀，曷有穷已。尚飨。

校注

[1] 同治《番禺县志·金石略》碑题作“御祭南海神文”。因成化二十年（1484）年初大地震，故遣使祭告南海神。《明史·宪宗纪》：“成化二十年春，正月庚寅，京师地震。壬辰，敕群臣修省，诏减贡献，饬备边，罢营造，理冤狱……丁酉，大祀天地于南郊。”

弘治元年碑[1]

维弘治[2]元年，岁次戊申，六月癸巳朔，越初四日丙申，皇帝遣平乡伯陈信[3]致祭于南海之神，曰：

惟兹大海，南际于天。利济民物，永世赖焉。兹予嗣承大统，谨用祭告，神其歆鉴，佑我国家。尚飨。

校注

[1] 广州南海神庙现存原碑碑题作“御祭文”。明孝宗朱祐樘即皇帝位后，祭告天地及诸神祇，此为拜祭南海神时之祭文，希南海神能“佑我国家”。弘治，今改，参“波罗外纪目录”注[7]。

[2] 弘治：参“波罗外纪目录”注[7]。

[3] 平乡伯陈信：据《明史·功臣世表》及《明史·陈怀传》，陈信为安徽合肥人。曾祖父陈怀随英宗北征，死于“土木堡之变”，封为平乡伯，祖父辅、父政相继嗣爵。陈信于成化二十二年（1486）袭平乡伯。卒于弘治六年（1493）。

弘治六年碑[1]

维弘治[2]六年，岁次癸丑，七月癸巳朔，越十八日庚戌，皇帝谨遣都察院右都御史[3]闵珪[4]致祭于南海之神，曰：

伏自去冬无雪，今春少雨，田苗未能播种，黎庶实切忧惶。予甚兢惕，用是侧身循省，虔致祷祈。惟神矜悯下民，斡旋大造，早霈甘泽，以滋禾稼，以济民艰。庶民有丰稔之休，则神亦享无穷之报。谨告。

校注

[1] 广州南海神庙现存原碑碑题作“御祭南海神碑”。因去冬无雪，今春少雨，田苗不能播种，故祈南海神哀怜下民，早降甘霖。弘治，参“波罗外纪目录”注[7]。弘治六年，公元1493年。

[2] 弘治：参“波罗外纪目录”注[7]。

[3] 右都御史：明清都察院最高职，正二品。

[4] 闵珪：字朝瑛，浙江乌程（今浙江湖州）人。明天顺八年（1464）进士，曾任江西副使、广东按察使、两广总督、刑部尚书。明正德六年（1511）卒，年八十二岁。《明史》和阮元《广东通志》有传。

正德元年碑[1]

维正德元年，岁次丙寅，五月庚辰朔，越二十二日辛丑，皇帝遣工科都给事中[2]王缜[3]致祭于南海之神，曰：

惟兹大海，南际于天。利济民物，永世赖焉。兹予嗣承大统，谨用祭告，神其歆鉴，佑我国家。尚飨。

广东都指挥使司都指挥同知臣王永、广东等处承宣布政使司左布政使臣沈锐、左参政臣徐沂、右参政臣李文安、右布政使臣刘孟、左参政臣翁健之、臣锺文俊、右参议臣罗荣、广东等处提刑按察使司按察使臣李廷选、佥事臣许胆、副使臣盛洪、臣王机、臣胡华、臣邓概、臣冯夔、臣吴廷举、臣胡恩、臣王秩、臣李希颜。

正德元年十二月吉日谨立石。

校注

[1] 广州南海神庙西墙外侧原碑碑题作“御祭南海神文”。因明武宗朱厚照初登皇位，乃祭告南海神，祈南海神“佑我国家”。正德元年，公元1506年。

[2] 工科都给事中：参卷六“景泰五年碑”注[2]。

[3] 王缜：字文哲，广东东莞人。《明史》有传。

正德六年碑[1]

维正德六年，岁次辛未，十一月丁未朔，三日己酉，皇帝谨遣广东布政司右布政使罗荣[2]祭告于南海之神，曰：

去岁以来，宁夏作孽。命官致讨，逆党就擒。内变肃清，中外底定。匪承洪祐，曷克臻兹。因循至今，未申告谢。属者四方多事，水旱相仍。饿莩载途，人民困苦。盗贼啸聚，剿捕未平。循省咎由，实深兢惕。伏望神慈昭鉴，幽赞化机。灾沴潜消，休祥叶应。佑我家国[3]，永庇生民。谨告。

校注

[1] 同治《番禺县志·金石略》碑题作“御祭南海神文”。因四方多事，水旱相仍，饿莩载途，盗贼啸聚，剿捕未平，因此致祭，期南海神“佑我国家，永庇生民”。正德六年，公元1511年。

[2] 罗荣：福建古田（今福建宁德古田）人，进士，广东左布政使。阮元《广东通志》有传。

[3] 家国：同治《番禺县志·金石略》作“国家”。

正德七年碑[1]

维正德七年，岁次壬申，十二月辛巳朔，二十二日壬戌，皇帝谨遣巡抚两广、都察院右都御史林廷选[2]祭告于南海之神，曰：

近岁以来，群盗为梗，生灵患害，在在有之。命将徂征，稍臻平定，余灾[3]未殄，尚累天和，水旱相仍，妖祥叠见，永思厥咎，良切疚心。爰与群臣饬躬修政，同期[4]昭格，庸迓神庥。伏冀神明悯兹黎庶，转灾为福，绥我家邦[5]，不胜惓惓恳祷之至。谨告。

校注

[1] 广州南海神庙仪门西复廊原碑碑题作“御祭南海神文”。此次致祭因群盗阻梗，生民被害，而水旱相随，异象频现，故祈求南海神转祸为福，保佑家邦。正德七年，公元1512年。

[2] 林廷选：据阮元《广东通志·职官表》，林廷选为福建长乐人，时任两广巡抚。

[3] 灾：原作“炎”，今据原碑改。

[4] 期：原作“祈”，今据原碑改。

[5] 家邦：原作“邦家”，今据原碑改。

嘉靖十一年碑[1]

维嘉靖十一年，岁次壬辰，九月丙午朔，越初三日戊申，皇帝遣广东广州府同知沈尚经[2]等，致祭于南海之神，曰：

维神钟灵（孕）[3]秀，利泽一方，阴翊国家，其来尚矣！朕以寡昧，（恭）[4]承天命十有一年，于兹敬事神祇，罔敢少懈。顾储宫未立，恒切于怀。兹者特具牲币[5]醴齐，遣官虔祷，伏望茂著神功，锡予元嗣，则我（国）[6]家绵庆，禩于无穷，而神亦享福于有永矣。伏惟尚飨。

（钦颁祭物：段番一副、祭帛一段、降真香一炷、祝文一道。

祭品：牛一、羊一、豕一、鹿一、太羹、和羹、鹿醢、鱼醢、兔醢、□醢、鹿脯、豚胉、脾析、芹菹、菁菹、韭菹、铏盐、槁鱼、白饼、黑饼、栗一、榛一、笋一、菱一、芡一、枣一、黍一、稷一、稻一、粱一、酒一、烛五。）[7]

祭品：三十二色。

钦差道士周大同。

陪祭官：通判陈邦杰[8]、经历朱彦廷[9]、训导吴梁栋。

（嘉靖十一年九月□□日立石。）[10]

校注

[1] 广州南海神庙仪门西侧复廊原碑碑题作“御祭南海神文”。因明世宗朱厚熜登位十一年，尚未有子，故祭祀南海神，望南海神赐予子嗣，使后代绵延。因原碑磨蚀不清，参同治《番禺县志·金石略》校。嘉靖十一年，公元1532年。

[2] 沈尚经：据黄佐《广东通志》，沈尚经为江苏高邮人。以举人知全州，任广州府同知、刑部员外。

[3] 孕：原脱，今据原碑补。

[4] 恭：原脱，今据原碑补。

[5] 币：同治《番禺县志·金石略》作“帛”。

[6] 国：原脱，今据原碑补。

[7] 钦颁祭物……酒一、烛五：原脱，今据同治《番禺县志·金石略》补。

[8] 杰：原作“柱”，今据同治《番禺县志·金石略》改。

[9] 彦廷：原作“廷彦”，今据同治《番禺县志·金石略》改。

[10] 嘉靖十一年九月□□日立石：原脱，今据原碑补。

嘉靖十七年碑[1]

维嘉靖十七年，岁次戊戌，十月[2]辛丑朔，（越）[3]十四日甲寅，皇帝遣以香帛之仪，祭谢于南海之神，（曰[4]）：

比岁尝命官祷祀于神，昨丙申[5]孟冬之吉，仰惟天赐元储，亦神所赞佑者，兹用致谢，神其鉴歆，而永惟默佑焉。尚飨。

祭品同十一年。钦差（道士）周大同[6]，主祭官（左）[7]布政使[8]陆杰[9]，陪祭（官）[10]知府郑絅[11]、县丞方朝相、主簿胡魏、教授高宝。

（嘉靖十七年捌月日立石[12]。）

校注

[1] 广州南海神庙仪门西复廊原碑碑题作“御祭南海神文”。嘉靖十一年（1532），明世宗朱厚熜曾遣官致祭南海神求嗣，十五年（1536）孟冬得子，故于十七年（1538）遣官拜谢致祭。原碑磨蚀不清。

[2] 十月：同治《番禺县志·金石略》作“捌月”。

[3] 越：原脱，今据其他谕祭文体例补。

[4] 曰：原脱，今据同治《番禺县志·金石略》补。

[5] 丙申：明嘉靖十五年（1536）。

[6] 钦差道士周大同：“道士”，原脱，今据同治《番禺县志·金石略》补。据嘉靖十一、十七年之《御祭南海神文》，世宗所遣之专使，均为“钦差道士周大同”，而非常祀之京官，其原由为世宗耽于道教，好神仙老道之术过于常礼。《明史》卷一八《世宗纪二》：“若其时纷纭多故，将疲于边，贼讧于内，而崇尚道教，享祀弗经，营建繁兴，府藏告匮，百余年富庶治平之业，因以渐替。”

[7] 左：原脱，今据同治《番禺县志·金石略》补。

[8] 使：原作“司”，今据同治《番禺县志·金石略》改。

[9] 陆杰：原作“陆炎”，今据同治《番禺县志·金石略》改。陆杰，浙江平湖人。

[10] 官：原脱，今据同治《番禺县志·金石略》补。

[11] 郑絅：福建莆田人，明郭棐《粤大记》有载，清阮元《广东通志·金石略》误作“炯”，当以碑为正。

[12] 嘉靖十七年捌月日立石：原脱，今据同治《番禺县志·金石略》补。

万历十六年碑[1]

维万历十六年，岁在壬子，巡按广东监察御史蔡梦说[2]，将卜仲春之吉，出按琼州[3]。兹以巡历惠、潮事竣入省，道经敕封南海神祠。时维正月二十一[4]日，谨以牲仪致祭而告之，词曰：

惟兹琼厓之郡[5]，僻居大海之中，声教所暨，与他州同。思以奉宣德意，遍观民风，安得视为夔离之乡、鲸鲵之宫[6]？梦说奉玺书来也，窃揽范滂之辔[7]，谬乘桓典之骢[8]。念琼厓之众，皆吾赤子，琼厓之士[9]，皆吾提封，于是定计巡琼，驾博望之槎[10]，凌万顷之冲。从古王臣蹇蹇，不以夷险易忠，又何畏乎惊涛浴天，巨浸蔽空？惟神高峙扶胥，王[11]号元冥，世受国恩，为海若宗，其大显厥灵，相予航海之微衷。令冯夷[12]护柑，河伯[13]司篷，海波不扬，祥飙拂从，燃犀而清水怪，击楫而遁黄龙。（舟）[14]夷犹乎中流，得以安然于溟瀚之雄，则薄海而南。使节不患于[15]难通，庶有以慰乎琼之白首黄童[16]。梦说叨命而按此邦，或可借手而报九重，惟神鉴之。尚飨。

校注

[1] 同治《番禺县志·金石略》碑题作“祭南海神祠文”。据《明史》，明洪武二年（1369），琼州为广东布政使司管辖，蔡梦说将巡按琼州，路过南海神庙，因之致祭。万历十六年，公元1588年。

[2] 蔡梦说：福建龙岩人。可参阮元《广东通志·宦绩传》。

[3] 琼州：今海南岛。明时琼州隶属广东布政使司。见《明史》卷四五《地理志》。

[4] 二十一日：原作“二十日”，今据同治《番禺县志·金石略》改。

[5] 琼厓之郡：指今海南岛。

[6] 夔离之乡、鲸鲵之宫：散离、偏远之地，海盗出没之地。

[7] 揽范滂之辔：指刷新政治，澄清天下的抱负。《后汉书·党锢传·范滂》："时冀州饥荒，盗贼群起，乃以滂为清诏使，案察之。滂登车揽辔，慨然有澄清天下之志。"揽辔：拉住马缰。澄清：平治天下。

[8] 乘桓典之骢：代指为人正直，秉公执法。《后汉书·桓典传》："（典）辟司徒袁隗府，举高第，拜侍御史。是时宦官秉权，典执政无所回避。常乘骢马，京师畏惮，为之语曰：'行行且止，避骢马御史。'"后因以"乘骢"指负责纪检、督察、弹劾的御史。《剪灯余话·泰山御史传》："纠察每侍于帝傍，谠论伫闻于白简。期迈揽辔范滂之右，肯居乘骢桓典之间。"

[9] 士：原作"土"，今据同治《番禺县志·金石略》改。

[10] 驾博望之槎：指坐船渡海。张骞封博望侯，奉命出使西域时曾乘船至天宫。宋胡仔《苕溪渔隐丛话前集·杜少陵六》引南朝梁宗懔《荆楚岁时记》："张华《博物志》：汉武帝令张骞穷河源，乘槎经月而去，至一处，见城郭如官府，室内有一女织，又见一丈夫牵牛饮河，骞问云：'此是何处？'答曰：'可问严君平。'织女取榰机石与骞而还。"

[11] 王：同治《番禺县志·金石略》作"正"。

[12] 冯夷：参"序一"注[7]。

[13] 河伯：即冯夷，参"序一"注[7]。

[14] 舟：原脱，今据同治《番禺县志·金石略》补。

[15] 于：原作"其"，今据同治《番禺县志·金石略》改。

[16] 白首黄童：指老老少少。

崇祯八年祀海神记[1]

四海皆谓之稗海，各有神主之。而南海最贵，在东西北三神之上，唐韩愈志[2]之矣。夫海之环赤县[3]者，若西之蒲类[4]、北之渤澥[5]，皆远在夷裔[6]，中国不得施舟航之利而修望秩之礼。惟东、南二海，若襟带华夏，壮我雄图。况南海之别名为"涨海"，交阯七郡贡献，皆从兹出入。使穷发聂耳、怀珍集异之民[7]，咸泛浮槎于碧津，托南针于沧屿，望洋而至。若夫明月夜光，蠵鼊、瑇瑁、犀角、象齿、珊瑚、木难之类，委委藉藉，不可纪极。群萃于羊城、象郡[8]之间，以充天府而耀五都，莫不侈言南海，固莫之与京矣。而神之威灵昭著，载在记籍[9]。若唐天宝之退獠夷，宋皇祐之平侬智高，其迹甚伟。他[10]如飓风歼寇，甘霖泽民，有祷必应，难以悉数。

逮我皇明开基，太祖高皇帝遣中书平章廖公南征[11]，破闽下广，遂定五岭。暨于海隅，莫不臣服。于是载稽祖典，崇隆庙宇，奠兹南纪，权舆[12]望祀，圜邱方泽，禋荐上帝，皆得与享。日月星辰之下，首列南海，他神不得比隆焉。列圣嗣服，遣告即位。及雨旸寇沴，皆远驰纶章[13]、祝帛虔祷，久而勿替。呜呼，盛矣！

崇祯甲戌[14]，绍颙[15]有省方[16]东粤之命，驰驱入境。适海寇刘香[17]啸聚逋逃，陆梁压境，肆其狡谋，诱我道将陷于贼营。天子震怒，计在必诛。为敕闽浙协剿，无使窜逸。贼乃怙恃丑类，盘踞澳屿。帆驶出没，豕突鲸奔。粤民皇皇[18]，靡室宁止。斯时制府熊公[19]移镇五羊，躬自毖诘，千里戒严，无隙可乘。然计茫茫巨浸，必闽粤协击，然后可以殄灭[20]无遗。且闽将鹳鹤之师，皆公抚闽时素所练习，可得其死力。乙亥[21]之春，乃潜檄会师，谋已定矣，而海风不利，师期为阻，向若兴叹，盖几几焉。颙以三月末旬巡历潮地，道扶胥之口，循黄木之湾，则神之庙貌斯在，崇宏巍翼，耸于心目。于是洁诚致祭，阴祈默相云："倘舟师之与贼遇也，神其左右之。"颙遂行。至四月八日，香寇连艅百艘，夷犹东发，与闽师卒遇于田尾海洋。斯时海风飋飋，贼顺我逆，军中失色。闽师起而拜祝曰："臣奉令讨贼，今海隅商民，□□如天，欲灭此贼，当赐顺风。"俄而北风大作，官军争先奋击，萃于中坚，火器震发，焚其巨舰，贼首殄溺，风靡电扫[22]。我有建瓴下坂[23]之势，而贼同商飙落槁[24]之亡，皆风之助也。转变顷刻，讵不神矣哉！于是执讯获丑[25]，其有名巨擘，制府皆系于坐鼓之下，明正典刑，分别胁从，期于安戢。颙至潮，席未煖而露布[26]旋至，神之感格肸蚃，不啻桴鼓之应矣。阖境士民欣欣喜色，相告岭峤[27]以宁。颙不敏，归功于神，陈之章奏，上闻天子。旋省之日，晤言制府，述神之灵。公夙具诚心，斋沐致祭，以答神庥。颙适为巡事所羁，弗得同往，敢摭事实，纪其岁月，次以芜言。因作《迎神》《送神》之歌以勒于石。其辞曰：

负绣斧兮从王事[28]，涓吉旦兮肃剑履。陈□□兮奠椒浆，神之来兮纷如雨。旆霓旌兮导赤螭，驾玉辂兮挟龙子。朝逖览兮十洲，夕弭节兮篷渚。羌浴波兮长鲸，命丰隆兮降止。迅远驾兮长驱，迫大壑兮殄委。天吴潜兮凝元，石华静兮扬紫。巫歌式舞兮颜欲酡，遵桂洲兮撷芳芷。挽虬轸兮毋遽征，灵睟穆兮意容与。

词曰：

神之去兮，玉佩铿锵。送回飙于远浦兮，蔼蜿毒之飞扬。睠云岛而游目兮，骇百谷之归王。揽扶桑以倚剑兮，驾鼍梁于八荒。廓日月以为表兮，乘灏气以翱翔。苾苾芬其降监兮，祛灾沴与禨祥。被休征于无射兮，永帝锡于斯皇。

明崇祯[29]八年岁次乙亥六月日，奉命巡按广东监察御史叶绍颙撰。

校注

[1] 同治《番禺县志·金石略》碑题作“祀海神记”。崇祯八年，公元1635年。

[2] 志：同治《番禺县志·金石略》作“识”。

[3] 赤县：“赤县神州”的简称，借指中国。《史记·孟子荀卿列传》：“中国名曰赤县神州。”《梁书·元帝》：“斯盖九州之赤县，六合之枢。”按《洞玄灵宝诸天世界造化经》：“其黄曾天下，凡有九州，皆以小海环之，流通昆仑大海。我今教化之处，名曰赤县小洲，中为九州，法彼大洲者也。”即天下共有九大洲，中原为九大洲中的一个洲，名为赤县，赤县又分为九个州。赤县之九州即禹之序九州。

[4] 蒲类：蒲类海，古湖泊名，在今新疆维吾尔族自治区东部。

[5] 渤鞮：渤鞮海，古湖泊名，在今蒙古共和国乌布苏泊。

[6] 夷裔：少数民族地区。

[7] 穷发聂耳、怀珍集异之民：边远地区有奇珍异宝之民。穷发，极荒远的不毛之地。聂耳，聂耳国，为《山海经·海外北经》中描述的一个海外国家。《山海经·海外北经》：“聂耳之国在无肠国东，使两文虎，为人两手聂其耳。县居海水中，及水所出入奇物。两虎在其东。”

[8] 象郡：秦在岭南所置郡，辖今广西西部、越南北部中部。治所在今广西崇左。

[9] 籍：原作“藉”，今据同治《番禺县志·金石略》改。

[10] 他：同治《番禺县志·金石略》作“其他”。

[11] 廖公南征：洪武元年（1368），廖永忠授征南将军，以朱亮祖为副将，由海路攻取广东，后进取广西，两广平定。廖永忠，参卷六“洪武三年重修南海庙记”注[3]。

[12] 权舆：参“序二”注[8]。

[13] 纶章：诏书。

[14][30] 崇祯：参“波罗外纪目录”注[10]。甲戌，崇祯七年（1634）。

[15] 绍颛：原作“绍顓”，因避清仁宗颙琰讳而故作缺笔。以下几处均同。

[16] 省方：巡视四方。《易·观》：“先王以省方观民设教。”孔颖达疏：“省视万方，观看民之风俗。”

[17] 刘香：参卷三“铁船”注[3]。

[18] 皇皇：同治《番禺县志·金石略》作“惶惶”。

[19] 制府熊公：制府，明清时尊称总督为“制府”。熊公，熊文灿（？—1640），贵州永宁卫人。万历三十五年（1607）进士。崇祯五年（1632），总督两广军务兼巡抚广东。适逢海盗刘香猖獗，熊文灿讨逆，海盗尽平。

[20] 灭：同治《番禺县志·金石略》作“歼”。

[21] 乙亥：崇祯八年（1635）。

[22] 风靡电扫：同治《番禺县志·金石略》作“风摩雷扫”。

[23] 建瓴下坂：比喻居高临下，不可阻遏，速度极快。建瓴，犹言高屋建瓴。西汉司马迁《史记·高祖本纪》：“地势便利，其以下兵于诸侯，譬犹居高屋之上建瓴水也。”下坂，即下阪，犹言下阪走丸，比喻速度很快。五代王仁裕《开元天宝遗事·走丸之辩》：“张九龄善谈论，每与宾客议论经旨，滔滔不竭，如下阪走丸也。”

[24] 商飙落槁：寓意消亡如同秋风吹落枯叶一样不费力。商，中国古代五音之一，古人把五音与四季相配，商音配秋，因以商指秋季。飙，风声、风、暴风。商飙，秋风。落槁，犹折槁振落，意为把枯树枝折断，把枯树叶摇下来。比喻轻易不费力。《淮南子·人间训》：“刘、项兴义兵随而定，若折槁振落。”

[25] 执讯获丑：对所获敌人加以讯问，俘获敌众。后成为称美战功之典。《诗·小雅·出车》："执讯获丑，薄言还归。"郑玄笺："执其可言问所获之众。"陈奂传疏："谓所生得敌人，而听断其辞也。"

[26] 露布：古代军队的捷报。唐封演《封氏闻见记》卷四《露布》："露布，捷书之别名也。诸军破贼，则以帛书建诸竿上，兵部谓之露布。"

[27] 岭峤：泛指五岭地区。

[28] 负绣斧兮从王事：指穿绣衣持斧到各地巡捕群盗。叶绍颙时任监察御史，职责与汉代"司隶校尉"前身"绣衣直指使者"类似。《汉书》卷七一"隽不疑"："武帝末，郡国盗贼群起，暴胜之为直指使者，衣绣衣，持斧，逐捕盗贼……"

[29] 崇祯：参"波罗外纪目录"注[9]。

国朝碑　六之五[1]

顺治八年御祭南海神文[2]

维顺治八年，岁次辛卯，四月丁未朔，越七日癸丑，皇帝遣翰林院提督四译馆[3]、太常寺少卿孙廷铨[4]致祭于南海之神，曰：

惟神周环沧海[5]，控纳沅湘，德配离明，泽敷厚载。朕诞敷大命[6]，奄有多方，谨遣专官，代陈殷荐，伏惟鉴飨。

校注

[1] 国朝碑　六之五：原作"国朝谕祭南海神文"，据目录和卷六体例改。以下收录清代谕祭南海神文二十三篇，各篇前未再有碑题。为使各篇谕祭文有所区别，现碑题为校注者补加。二十三篇谕祭文中间另有雍正九年（1731）祭祀之记一篇和御赐匾二方。

[2] 据清郝玉麟《广东通志·礼乐志》，碑题作"谕祭文"。清世祖于顺治八年（1651）巡幸各地时遣使祭岳镇海渎，此为致祭南海神之文。

[3] 四译馆：官署名。掌管接待各藩属、外国贡使及翻译等事务。明初即设翻译机

构，称四夷馆，下设若干馆。清沿明制，改称四译馆，初隶翰林院，以太常寺少卿主持馆务。

[4] 孙廷铨：清郝玉麟《广东通志·礼乐志》作“孙珪”。孙珪，又名孙廷铨，山东益都人，崇祯进士。《清史列传》卷五本传：“孙廷铨，山东益都人，初名廷铉。明崇祯进士，任永平推官。世祖章皇帝顺治元年，投诚……二年……擢吏部主事……七年，擢太常寺少卿。明年，迁左通政。”致祭南海神时，其尚未迁左通政。卒于康熙十三年（1674），谥文定。《清史稿》卷二五〇亦有传。

[5] 海：清郝玉麟《广东通志·礼乐志》作“碧”。

[6] 朕诞敷大命：清郝玉麟《广东通志·礼乐志》作“朕膺天命”。康熙《南海县志·艺文志》作“朕诞膺天命”。

康熙六年御祭南海神文[1]

维康熙六年，岁次丁未，八月（癸酉朔，越）[2]十七日（己丑）[3]，[今上][4]皇帝遣都察院左副都[副][5]御史[6]董笃行[7]致祭（于南海之神，曰：惟神周环沧碧，控纳百川，德配离明，泽敷厚载。朕躬亲政务，祗荷神庥。特遣专官，用申殷荐。惟神鉴焉。）[8]

校注

[1] 此碑文清郝玉麟《广东通志·礼乐志》有载。清圣祖于康熙六年（1667）躬亲政务，遣使祭岳镇海渎，此为祭祀南海神庙之祭文。

[2] 癸酉朔，越：原脱，今据清郝玉麟《广东通志·礼乐志》补。

[3] 己丑：原脱，今据清郝玉麟《广东通志·礼乐志》补。

[4] 今上：郝玉麟《广东通志·礼乐志》无，为衍文。

[5] 副：郝玉麟《广东通志·礼乐志》无，为衍文。

[6] 都察院左副都御史：都察院之都御史分左、右，左为负责院务之职事官，右为封疆大吏之系衔。《清史稿》卷一一五《职官二》：“都察院……左都御史掌察核官常，参维纲纪……左副都御史佐之……外省督、抚并以右系衔右都御史、右副都御史、右佥都御史为督、抚坐衔。”

[7] 董笃行：字天则，河南洛阳人。顺治丙戌（1646，顺治三年）进士，改庶吉士，官至都察院左副都御史。可参钱仪吉编《碑传集》卷八《都察院左副都御史董公笃行墓志铭》。

[8] 于南海之神……惟神鉴焉：原作“文与前同”，今据郝玉麟《广东通志·礼乐志》补。

康熙二十一年御祭南海神文[1]

康熙二十一年，（岁次壬戌）[2]，五月（戊申朔，越）[3]廿日（丁卯）[4]，（皇帝遣经筵讲官）[5]、礼部左侍郎兼翰林院学士、（加一级）[6]杨正中（致祭于南海之神，曰：惟神环周南极，涵润炎荒，万里恬波，诞昭清晏。朕祇承神祐，疆宇荡平，特遣专官，用申殷荐。惟神鉴焉。）[7]

校注

[1] 此碑文清郝玉麟《广东通志·礼乐志》有载。此次因荡平吴三桂之乱而祭告，非春秋之常祀。

[2] 岁次壬戌：原脱，今据清郝玉麟《广东通志·礼乐志》补。

[3] 戊申朔，越：原脱，今据清郝玉麟《广东通志·礼乐志》补。

[4] 丁卯：原脱，今据清郝玉麟《广东通志·礼乐志》补。

[5] 皇帝遣经筵讲官：原脱，今据清郝玉麟《广东通志·礼乐志》补。经筵讲官，掌皇帝进讲书史。由翰林出身之大臣兼充。

[6] 加一级：原脱，今据清郝玉麟《广东通志·礼乐志》补。

[7] 致祭于南海之神……惟神鉴焉：原作“文与前同”，今据清郝玉麟《广东通志·礼乐志》补。

康熙二十四年御祭南海神文[1]

惟康熙二十四年，岁次乙丑，二月辛卯朔，越十日庚子，皇帝遣詹事府[2]少詹事兼翰林院侍讲学士[3]王士祯[4]致祭于南海之神，曰：

惟神渟泓丹泽，洒澹炎州，骇波不扬，遐荒效顺。朕兹省方时迈[5]，稽古常经，特遣专官，虔[6]修祀事，神其鉴焉。

阮亭[7]先生《南来志》云：先是顺治中告祭者一，康熙中告祭者三，至是而四遣云。

校注

[1] 此碑文康熙三十年（1691）刻本《南海县志·艺文志》有载。此为康熙二十三年（1684）巡幸后告祭南海神之文。

[2] 詹事府：明清辅导东宫太子之机构。詹事府置詹事、少詹事等官职，其中设詹事满、汉各一人，正三品；少詹事满、汉各一人，正四品。《清史稿·职官二》："詹事府詹事，正三品。少詹事，正四品……詹事、少詹事掌文学侍从。"

[3] 翰林院侍讲学士：明制为从五品。清为从四品，掌典领奏章，勘对公文。实际已不担任讲经之职。实任讲书者需加经筵官之衔。辖下有典簿、侍诏等。

[4] 王士祯：参卷二"波罗江"注[5]。

[5] 时迈：按时巡行。《诗·周颂·时迈》："时迈其邦，昊天其子之。"朱熹集传："迈，行也……言我之以时巡行诸侯也。"

[6] 虔：康熙三十年（1691）《南海县志·艺文志》作"祇"。

[7] 阮亭：王士祯，参卷二"波罗江"注[5]。

康熙二十七年御祭南海神文[1]

惟康熙二十七年，岁次戊辰，十二月乙丑朔，越十七日丙辰，皇帝遣广东承宣（布）[2]政使司布政使张建绩致祭于南海之神，曰：

惟神安澜岭外，作润炎方，泽沛群生，永昭清晏。朕缵承祖宗丕基，虔供明祀，兹以皇祖妣孝庄仁宣诚宪恭懿翊天圣皇后神主升祔太庙，礼成，特遣专官秩祭，神其鉴焉。

校注

[1] 此碑文清郝玉麟《广东通志·礼乐志》有载。此次因孝庄文皇后神主升祔太庙而致祭。

[2] 布：原脱，今据清郝玉麟《广东通志·礼乐志》补。

康熙三十五年御祭南海神文[1]

维康熙三十五年，岁次丙子，正月戊午朔，越二十七日甲申，皇帝遣詹事府少詹事兼翰林院侍讲学士李录予[2]致祭于南海之神，曰：

惟神泽溥天池，德濡离位，薰风效顺，炎徼波[3]流。朕勤恤民依，永期殷阜，迩年以来，郡县水旱间告，年谷歉登，蚤夜孜孜，深切恤[4]念，用是专官秩祀，为民祈福，冀雨旸之时若，庶稼穑之屡登[5]，惟神鉴焉。

校注

[1] 此碑文清郝玉麟《广东通志·礼乐志》有载。因近年“水旱间告”而致祭。

[2] 李录予：字山公，顺天大兴（今北京市）人。时任职詹事府少詹事，正四品，掌文学侍从。《清史稿·职官二》：“詹事府詹事，正三品。少詹事，正四品……詹事、少詹事掌文学侍从。经筵充日讲官。编纂书籍，典试提学，如翰林。”

[3] 波：清郝玉麟《广东通志·礼乐志》作“安”。

[4] 恤：清郝玉麟《广东通志·礼乐志》作“轸”。

[5] 登：清郝玉麟《广东通志·礼乐志》作“丰”。

康熙三十六年御祭南海神文[1]

维康熙三十六年，岁次丁丑，八月戊申朔，越三日庚戌，皇帝遣都察院左副都御史熊一潇[2]致祭于南海之神，曰：

惟神离宫布德，南极澄波，溥泽无方，弘施莫测。朕以剿除狡寇，三履遐荒，期扫边尘，乂安中外。今者祗承神佑，塞北永清，用告成功，专官祗祀，惟神鉴焉。

校注

[1] 此碑文清郝玉麟《广东通志·礼乐志》有载。清康熙时，居住于天山北路之厄鲁特准噶尔部领主噶尔丹势力日大，攻入蒙古。康熙帝三次亲征，终得以平靖噶尔丹之乱，维护了疆土一统。为宣扬伟业，以此祭告南海之神。

[2] 熊一潇：字蔚怀，江西南昌人。康熙三年（1664）进士，改庶吉士，授浙江道监察御史，累官工部尚书。碑文中其职“都察院右副都御史”，据《清史稿》卷一八一《部院大臣年表》，应为“都察院左副都御史”。参卷六“康熙六年谕祭文”注[6]。

圣祖仁皇帝御书南海神庙碑[1]

御书“万里波澄”四大字[2]揭于庙楣。

户部右侍郎臣范承烈[3]恭摹上石，建碑亭于庙之大门外。[4]

后跋云：

皇上御极之四十二年，万寿初届五旬，爰隆秩望，赐以龙章，甚盛典也。而南海则（以）[5]小臣承烈奉命祗事焉，珠宫贝阙，宸翰宠颁，云汉光华，昭耀无极，百谷之王，将永戴而率舞矣。（岂止梯航重译者，进海不扬波之颂也哉）[6]。

户部右侍郎、加七级、臣范承烈恭纪。陪祭官：布政使司布政使、加一级、臣佟毓秀[7]恭勒。

碑阴[8]：

（皇上御极之四十有二年，岁在癸未，三月，为万寿五旬大庆圣节，爰颁恩诏，覃恩遍及寰宇，煌煌纶綍，甚盛典也。惟首先致，谨遣祭五岳四渎等祀。户部侍郎臣范衔命来粤，祭南海之神，并捧赍御书“万里波澄”四字。抵祠之日，告祭如礼，敬制扁[9]额，悬于祠宇。臣等率同僚属暨士庶人民，叩瞻宸翰，精彩焕发，龙飞凤舞，盖亘古之所未睹者。乃请摹勒，寿之珉，御笔什袭珍藏，传为神祠世宝，仍建筑御书碑亭于祠之前左。自是海神益效其灵，澄清万里，永不扬波；而重译梯航，贡帆市舶，咸获拜睹天章[10]，扬休异域。奎璧之辉，与昭格之诚，实并垂不朽矣。总督郭世隆[11]恭跋。

岁昭阳协洽，万寿节五旬方旦，皇帝自南巡星夜回銮，大颁恩诏，普天被泽，五岳、四渎、长白山等处，皆致祭望秩礼也。户部右侍郎臣范奉命祭告南海，御书“万里波澄”四大字，赐额波罗庙。神，顾名思义，职在澄清矣。额以楠木为池，檀木为沿，大青钩画，金地增华，值侍郎祝圣道场圆满，吉日悬挂。文武臣工三跪九叩，瞻仰天章，观者如堵。侍郎谨出皇帝御书，命地方官登台，肃展以示。父老子弟皆罗拜惊喜，得未曾见，群请御笔什珍留诸庙，传为世宝，山呼万岁者三。司道臣佟毓秀等询谋摹勒，永寿诸石；卜建御书碑亭于庙门左，从舆情也。此地贡航所经，蕃船所至，一旦得睹宸翰[12]，咸知圣天子云龙风虎，超越千古，由是扶胥浴日、波罗庙之名，与岳渎、长白埒。侍郎臣恭纪碑前，巡抚臣彭[13]附识碑后。）

校注

[1] 原无碑题，此为崔弼所拟。

[2] “万里波澄”碑为康熙帝五旬万寿典庆颁赐御书之一。

[3] 范承烈：字彦公。清汉军镶黄旗人。沈阳人，顺治朝之太师、太傅、太保范文程第四子。任职户部右侍郎。

[4] 建碑亭于庙之大门外：碑亭原位于头门外东南，已毁。现于庙内礼亭西边复建。

[5] 以：原脱，今据拓片复制碑补。

[6] 岂止梯航重译者，进海不扬波之颂也哉：原脱，今据复制碑补。

[7] 佟毓秀：奉天（今辽宁沈阳）人，监生，康熙四十一年（1702）任布政使。可参阮元《广东通志·职官表》。

[8] 此处未载碑阴题刻，其他史书亦未载。题刻为两广总督郭世隆、广东巡抚彭鹏所题跋文，为迎主祭官范承烈祭南海神，并建康熙帝御书碑亭所题。现据南海神庙复制碑补。

[9] 扁：参“序一”注[12]。

[10] 天章：帝王的诗文。

[11] 郭世隆：阮元《广东通志·宦迹录》二十五：“郭世隆，号常伯，奉天人。康熙四十二年，总督两广。廉而仁，明而能断，粤人重之……其视属吏也法不少徇，然准情度理，不胶于法。”

[12] 宸翰：皇帝亲笔手诏、御札之类。

[13] 巡抚臣彭：广东巡抚彭鹏。阮元《广东通志·宦迹录》：“彭鹏，字古儒，莆田人。举孝廉，官垣中，直声震天下。康熙四十年，出抚粤西，政务肃举，旋调粤东……抚粤四载，擢湖广总督，加太子少保……后三年，卒于楚，加赠少保，谥清扬。”

康熙四十二年御祭南海神文[1]

维康熙四十二年，岁次癸未，四月丙子朔，越十日乙酉，皇帝遣户部右侍郎加七级范承烈致祭于南海之神，曰：

惟神泽沛天池，利溥炎徼，百川茹纳，万国朝宗。朕（祗）[2]承休命，统驭寰区，夙夜勤劳，殚思上理，历兹四十余载。今者适届五旬，海宇升平，民生乐业，见舆情之爱戴，沛下土之恩膏，特遣专官虔申秩祀，尚凭灵贶，益锡繁禧，祐我国家，共登仁寿，神其鉴焉。

校注

[1] 此碑文清郝玉麟《广东通志·礼乐志》有载。此次为贺圣祖五十寿辰而祭南海神。同时御赐“万里波澄”匾。

[2] 祇：原脱，今据清郝玉麟《广东通志·礼乐志》补。

康熙四十八年御祭南海神文[1]

康熙四十八年六月念[2]七日，詹事府少詹事兼翰林院侍讲学士史夔[3]。

校注

[1] 此祭文缺载。据乾隆《大清会典则例》（《四库全书》文渊阁本）卷八三《中祀》：“（康熙）四十八年，册立皇太子，遣官致祭岳镇海渎。”可知此次因立皇太子而致祭。

[2] 念：二十。

[3] 史夔：字胄司，号耕岩，江苏溧阳（今江苏常州溧阳）人，史鹤龄之子。康熙二十一年（1682）进士，选庶吉士，授编修。历任乙酉科会试同考官、日讲起居注官、己卯科乡试浙江考官、詹事府少詹事充经筵讲官，官至詹事府詹事。

康熙五十二年御祭南海神文[1]

维康熙五十二年，岁次癸巳，七月丙午朔，越十五日庚申[2]，皇帝遣都统[3]马云霄致祭于南海之神，曰：

维神德协离明，功高长养，永资广利，流润南[4]荒。朕缵受鸿图，抚临区宇，殚思上理，夙夜勤求，惟日孜孜，不遑暇逸。兹御极五十余年，适当六旬初届，所幸四方宁谧，百姓乂安，稼穑岁登，风雨时若。惟庶征之协应，爰群祀之虔修，特遣[5]专官，式循旧典，冀益赞雍熙之运，尚永昭仁寿之休。俯鉴精忱，用昭歆格。

校注

[1] 此碑文清郝玉麟《广东通志·礼乐志》有载。此次为贺圣祖六十寿辰而致祭。

[2] 七月丙午朔，越十五日庚申：原作“七月庚申朔”，今据陈垣《二十史朔闰表》、清郝玉麟《广东通志·礼乐志》及其他各碑之例改。

[3] 都统：武职官，从一品。清代设八旗都统，八旗组织中一旗的最高军政长官。职掌一旗的户口、生产、教养和训练等。也是驻防八旗和新疆地区的最高军政长官之一。

[4] 南：清郝玉麟《广东通志·礼乐志》作“炎”。

[5] 遣：清郝玉麟《广东通志·礼乐志》作“差”。

康熙五十八年御祭南海神文[1]

维康熙五十八年，岁次己亥，孟夏月癸卯朔，越十九日辛酉，皇帝遣翰林院侍讲学士、加一级李绂[2]致祭于南海之神，曰：

惟神长养功宏[3]，离明德懋，润流岭（表）[4]，利溥炎方。朕缵承祖宗丕基，虔供明祀，兹以皇妣孝惠仁宪端懿纯德顺天翊承章皇后神主升祔太庙，礼成，特遣专官，用申秩祭，惟神鉴焉。

校注

[1] 此碑文清郝玉麟《广东通志·礼乐志》有载。此次以圣祖之孝惠章皇后神主升祔太庙礼成而致祭。

[2] 李绂（1675—1750）：字巨来，号穆堂，江西临川县人。康熙三十八年（1699）进士，授编修。历任广西巡抚、直隶总督，因参劾下狱。乾隆初起授户部侍郎。著有《穆堂类稿》《陆子学谱》《朱子晚年全论》《阳明学录》《八旗志书》等。

[3] 宏：清郝玉麟《广东通志》作“弘”。

[4] 表：原作“□”，今据同治《番禺县志·金石略》补。

雍正元年御祭南海神文[1]

维雍正元年，岁次癸卯，三月庚辰朔，越廿一日庚子，皇帝遣翰林院侍讲学士涂天相[2]致祭于南海之神，曰：

惟神德协离明，功高长养，永资广利，流泽炎方。朕缵受丕基，新承景命，窃念皇考膺图以来，百灵效顺，四海从风，坐享升平六十余载，兹当嗣位之始，宜隆享祀之仪，特遣专官，虔申昭告。惟冀时和岁稔，物阜民安，淳风遍洽于寰区，厚德长敷于率土，尚其歆格，鉴此精诚。

校注

[1] 此碑文同治《番禺县志·金石略》有载。据《清史稿·世宗纪》，此次因清世宗雍正帝登基而致祭。

[2] 涂天相：字燮庵，号存斋，一号迂叟。孝南（今湖北孝感）人。康熙四十一年（1702）壬午科举人，参与编撰《康熙字典》。官至刑部、兵部、工部尚书。著有《静用堂偶编》十卷。

雍正三年御祭南海神文[1]

维雍正三年，岁次乙巳，五月戊戌朔，越十二日己酉[2]，皇帝遣巡抚广东等处地方、提督军务兼理粮饷、都察院右副都御史、加六级年希尧[3]致祭于南海之神，曰：

惟神流滋炎域，容纳百川，功宏长养，庶类繁昌。朕抚驭寰区，考稽典礼，将祈福以庇民，宜加封而致祭。爰命所司，崇神封号，曰“南海昭明龙王之神”。所冀波澜永息[4]，蒸黎获利济之安；风雨以时，稼穑享屡丰之庆。神其昭鉴，来享苾芬。

校注

[1] 此碑文清郝玉麟《广东通志·礼乐志》有载。因当年三月干旱少雨，此次致祭为显彰清世宗虔祷之诚，谓与天感通，而加封南海神为“南海昭明龙王之神”。此封号为明清两朝五百余年间除明永乐七年（1409）二月封“宁海伯”后仅有之加封。

[2] 己酉：原作“乙酉”，今据清郝玉麟《广东通志·礼乐志》改。

[3] 年希尧：年羹尧之兄，历任笔帖式、工部侍郎、内务府总管、左都御史、江苏巡抚、广东巡抚。《清史稿》年羹尧传内附其行迹。可参《清史稿》卷二九五。

[4] 息：原作“锡”，今据清郝玉麟《广东通志·礼乐志》改。

祭南海神记[1]

庙中穹碑林立，考之于古，以韩昌黎《记》为最。是《记》也，盖美广州刺史兼御史大夫、鲁国孔公亲往祀事而作也。噫！祀事而可不亲（往）[2]乎哉？《祭义》[3]曰：“君子之祭也，必身亲莅之；有故，则使人可也。”孔子曰：“吾不与祭，如不祭。”此无他，敬而已矣，诚而已矣。今夫神以治幽，官以治明。凡以为民也，明则礼乐刑政，官司之；幽则风雨寒暑，神司之。二者之间，常相协应，使祀事弗亲，则其人不知有神。不知有神，必不知有民，而并不知有君，斯则不诚、不敬之大者，所以鬼神恶之，吐而弗享，而于礼乐刑政之间，亦必纰缪隳废，因致风雨不节，寒暑不时，无以副天子命，居百姓上矣。善夫，昌黎之记广州刺史行事，常选用重人，既贵而富，不习海，常以疾为解，而委事于其副；吏滋不恭，神不顾享，人蒙其害。是不亲往者，神降之沴也。又曰：孔公亲宿庙下，以供神事，明日，吏白以风雨，不听。祀之岁，风灾息灭，人厌鱼蟹，五谷胥熟。明年其时，公又固往，不懈益虔，岁乃大和。是亲往者，神降之福也。

嗟夫！韩子[4]之言，岂欺我哉？予于雍正六年秋，备官承宣[5]，自是岁必躬祭，先期斋戒，虽上官督以他事，亦姑请缓。肸蠁所接，屡见冕旒之上，顶上祥光耀目，因叹昌黎所云：“百灵秘怪，恍惚毕出，蜿蜿虵虵，来享饮食。”斯言殆不虚也。又自数年以来，岁屡大有，日长炎炎，此赖皇上如天洪福，明神相之。而微臣夙夜匪懈之忱思，以仰体圣天子敬神勤民致意，实未尝须臾忘也。趋拜之下，不敢萌邀求之念，惟凛乎对越之心，或者神其鉴之乎？不然，昌黎之文何以久而益验也？

今雍正九年夏，士俊已奉命巡抚湖北。将离粤东，将来弗获襄事，感庇民庥，实有竦然于中而不能已者。遂捐赀为修葺门宇，告行而退，且知后之君子，岁必亲往，与予有同志也。遂勒石以志焉。抑予言亦何足重，庶几参视昌黎之记，益深诚敬之衷矣。是为记。

时雍正九年岁次辛亥仲夏吉旦，赐进士出身翰林院庶吉士、广东等处承宣布政使司布政使、今升湖北巡抚、黔南王士俊[6]薰沐拜撰。

南海县知县刘庶。

番禺县知县逯英。

校注

[1] 此为广东布政使王士俊升湖北巡抚、离任前祭祀南海神之记。

[2] 往：原脱，今据文意补。

[3] 《祭义》：《礼记》中的一篇。郑玄曰：“名曰《祭义》者，以其记祭祀、斋戒、荐羞之义也。”

[4] 韩子：指韩愈。子，古代对人的尊称，称老师或称有道德、有学问的人。

[5] 予于雍正六年秋，备官承宣：指王士俊在秋季任承宣布政使司布政使。《清世宗实录·雍正六年八月乙酉》：“以广东肇高廉道王士俊，署广东布政使司布政使。”

[6] 王士俊：贵州平越（今贵州福泉）人。康熙六十年（1721）进士，改庶吉士。任广东布政使司布政使，累官至湖北巡抚。《清史列传》卷十八有传。

乾隆元年御祭南海神文[1]

维乾隆元年，岁次丙辰，正月丙申朔，越廿八日癸亥，皇帝遣詹事府少詹事、兼吏部文选清吏司[2]郎中[3]行走[4]福什宝致祭于南海之神，曰：

惟神德协离明，波澄沧屿，汪洋炎徼，翕受百川。朕缵承大统，仰绍前徽。伏念皇考临御以来，敬礼明神，肃将禋祀，灵祗孚应，昭受鸿庥，清晏奠安，茂登上理。兹当嗣位之始，宜隆望秩之仪，特遣专官，虔申祭告。惟冀雨旸时若，年谷顺成，万方蒙乐育之休，兆姓荷帲幪[5]之德。尚其歆格，鉴此精诚。

校注

[1] 此碑文同治《番禺县志·建置略》有载。据《清史稿·高宗纪一》，此次为昭告清高宗乾隆帝登基而致祭。

[2] 吏部文选清吏司：明清时期掌考文职官之品级与选补升调之事以及月选之政令的机构。其职官有郎中、员外郎、主事、笔帖式、经承等。

[3] 郎中：分掌各司事务，其职位仅次于尚书、侍郎、丞相的高级官员。

[4] 行走：犹言入值办事。清制，凡不属于专设官职，调充某项职事的均用此称。

[5] 帲幪：庇荫，庇护。

乾隆十三年御祭南海神文[1]

维乾隆十三年，岁次戊辰，六月甲寅朔，越十九日壬申，皇帝遣广东布政使司布政使赫庆[2]致祭于南海之神，曰：

惟神尊号祝融，灵涵炎壤，惊波不溢，重译[3]来宾。朕稽古常经，省方时迈。专官秩祀，式展明禋。神其鉴焉。

校注

[1] 此碑文同治《番禺县志·建置略》有载。此次致祭南海神庙，当与高宗等东巡有关，其谒庙、祭陵、登岱，亦当致祭南海之神。《清史稿·高宗纪》载，乾隆十三年（1748）二月，高宗弘历与皇太后、皇后东巡，至山东曲阜谒孔林，至少昊陵、周公庙致祭，至泰安祭岱岳庙，登泰山，又至济南谒帝舜庙。

[2] 赫庆：满洲正蓝旗人，举人，乾隆十二年（1747）任广东布政使。可参阮元《广东通志·职官表》。

[3] 重译：指南方荒远之地。原指语言不通，须经多重翻译方可达意。《后汉书·南蛮西南夷列传》："道路悠远，山川岨深，音使不通，故重译而朝……"

乾隆十七年御祭南海神文[1]

维乾隆十七年，岁次壬申，三月壬戌朔，皇帝遣[2]通政使司副使孙灏[3]致祭于南海之神，曰：

惟神德协离官，泽润南极，汪洋炎徼，浩瀚朱垠。兹以慈宁万寿，懋举鸿仪，晋号[4]徽称，神人洽庆。爰申殷荐，特遣专官，神其鉴焉。

校注

[1] 此碑文同治《番禺县志·建置略》有载。据《清史稿·后妃传》，此次为皇太后寿辰而贺寿、晋号，专此昭告致祭南海神。

[2] 遣：原作"遗"，误刻。

[3] 孙灏：字载黄，号虚船，杭州府钱塘县（今浙江杭州）人。雍正八年（1730）进士，历任湖南布政使、河南学政、通政使、左副都御史等职。

[4] 晋号：同治《番禺县志》作"敬晋"。

乾隆二十年御祭南海神文[1]

维乾隆二十年，岁次乙亥，九月壬申朔，越十七日戊子，皇帝遣兵部右侍郎李清芳[2]致祭于南海之神，曰：

惟神功敷润泽，德表朝宗，光泽[3]丹垠，灵昭炎服。兹以平定准噶尔[4]大功告成，版图式廓，慈宁晋号，洽庆神人。敬遣专官，用申秩祀，惟神鉴焉。

校注

[1] 此碑文同治《番禺县志·建置略》有载。据《清史稿·高宗纪二》，此次因平定准噶尔大功告成而致祭南海神。

[2] 李清芳（1700—1769）：字同侯，福建安溪感化里（今福建安溪湖头）人。大学士李光地从孙。乾隆元年（1736）进士，次年授编修，参修《大清一统志》。历任广东道监察御史、刑部给事中、内阁学士、兵部右侍郎、兵部左侍郎等。

[3] 泽：原作“宅”，今据同治《番禺县志·建置略》改。

[4] 平定准噶尔：准噶尔为蒙古族中一部。清入关前，准噶尔部尚未归附于清。雍正七年（1729）、十年（1732），清军与准噶尔两军互战，胜负参半。十二年（1734）议和。乾隆二十年（1755），清军攻占伊犁，平定准噶尔。

乾隆二十五年御祭南海神文[1]

乾隆二十五年二月十五日，日讲起居注官[2]、教习庶吉士、詹事府少詹德尔泰[3]。

校注

[1] 祭文缺载。据本书卷五年表，德尔泰于乾隆二十五年（1760）致祭南海神。此文当为乾隆二十四年（1759）平定回部而遣使祭告南海神之文。可参《清史稿·高宗纪》以及宣统《番禺县续志·金石志三》“平定回部告成太学碑”文。

[2] 日讲起居注官：清顺治十二年（1655）置日讲官。康熙九年（1670）置起居注馆，满、汉记注官皆以日讲官兼摄，但仍分为二官。雍正七年（1729）日讲与起居注合而为一，由翰林院、詹事府官以原衔允任。凡皇帝御门听政、朝会宴享、大祭祀、大典礼、每年勾决重囚及常朝，皆以日讲起居注官侍班，凡谒陵、校猎、巡狩皆随侍扈从。按年编次起居注，送内阁庋藏。

[3] 德尔泰：满洲人，乾隆四年（1739）登翻译进士，授刑部额外主事。后历任刑部满主事、日讲起居注官、詹事府少詹事、通政使司副使、光禄寺卿、太仆寺卿、太常寺卿、大理寺卿等。

乾隆三十七年御祭南海神文[1]

维乾隆三十七年，岁次壬辰，二月丙寅朔，越十有六日辛巳，皇帝遣礼部左侍郎金甡[2]致祭于南海之神，曰：

惟神坎德储精，离明辨位。星临朱鸟，朝宗符拱北之情；地匝明都，潮汐裕图南之势。祀事久垂乎典礼，精禋懋举乎彝章。兹以慈宁万寿，敬进徽称，六宇胪欢，三灵叶庆。暄风长养，波恬龙伯之宫；彩旭光华，景曜鲛人之宅。爰修望秩，特展精诚，神其鉴焉。

校注

[1] 据《清史稿·高宗纪四》和《清史稿·后妃传》，此次因高宗母孝圣宪皇太后八十寿辰而上徽号，特此致祭。

[2] 金甡：字雨叔，浙江钱塘（今浙江杭州）人，乾隆间状元，授修撰。官至礼部侍郎。其行迹见《清史稿》谢墉传附："甡，字雨叔，浙江钱塘人。初，以举人授国子监学正。乾隆七年举礼部试第一，廷试复第一。授修撰，三迁侍讲学士。二十二年，直上书房，擢詹事，再迁礼部侍郎。三十八年……命予假。甡乞休，允之。明年秋，疾间乃得归。四十七年卒，年八十有一。"

乾隆五十年御祭南海神文[1]

维乾隆五十年，岁次乙巳，四月庚辰朔，越二日，皇帝遣都察院右副都御史觉罗巴彦学[2]致祭于南海之神，曰：

惟神地临朱徼，职浛元冥。鹢贡连樯，静鲸呿于泽国；鹏搏击水，乘鲲化于天池。安澜永赖乎灵长，俎豆久垂为彝宪。兹尚鸿图锡美，凤纪增绵，懋举崇仪，特申昭告。弧星摛朗，光华映鹑火之精；水伯呈庥，润泽浃羊城之域。爰修望祀，特致明禋。

陪祭官太常寺笔帖式[3]和泰、布政使陈用敷、督粮道吴延瑞、广州府张道源。

校注

[1] 此碑文同治《番禺县志·建置略》有载。据《清史稿·高宗纪五》，此次因清高宗登基五十年而致祭。

[2] 右副都御史觉罗巴彦学：应为左副都御史。觉罗，表明其为皇室之支派。可参《清史稿》卷一八五《部院大臣年表》。

[3] 笔帖式：清代掌管文案者，品级较低。

乾隆五十五年御祭南海神文[1]

维乾隆五十五年，岁次庚戌，四月辛亥朔，越祭日庚申，皇帝遣宗人府府丞孟邵[2]致祭于南海之神，曰：

惟神泽沛离方，灵昭丙位。祝融瀛德，控疆理以无边；广利凝祥，湛文明而有曜。繄重溟之式靖，瑞叶当阳；洵百谷之维尊，功深养物。兹以朕八旬展庆，万国胪欢，懋举崇仪，特申昭告。千艘鳞集，鸿臣抒职贡之忱；列岛螺分，狼宿符寿昌之应。式称殷礼，尚冀来歆。

陪祭官：太常寺笔帖式庆瑞、布政使许祖京、粮储道吴俊、知府张道源、番禺县伍礼彬。

校注

[1] 此碑文同治《番禺县志·建置略》有载。据《清史稿·高宗纪五》，此次因清高宗八十寿辰而致祭。参本书卷八“诗歌”之孟邵诗。

[2] 宗人府府丞孟邵：宗人府，掌皇族事务，如皇族属籍、陵庙祀事。其长官为宗人令，宗人令以下设左右宗正、左右宗人、府丞、堂主事等官职。孟邵，为宗人府府丞，正三品。

嘉庆元年御祭南海神文[1]

维嘉庆元年，岁次丙辰，三月壬辰朔，越初三日己酉，皇帝遣广州副都统和兴额[2]致祭（于南海之神，曰：惟神泽沛离方，灵昭丙位。祝融涵德，控疆理以无边；广利凝祥，湛文明而有曜。緊重溟之式靖，瑞协当阳；洵百谷之维尊，功深养物。兹以乾隆周甲，嘉庆纪元，懋举崇仪，特申昭告。千艘麟集，鸿臣抒职贡之忱；列岛螺分，狼宿符寿昌之应。式称殷礼，尚冀来歆！）[3]

陪祭官：广东布政使陈大文、粮道吴俊、广州府朱栋、番禺县郎珍。

校注

[1] 此碑文同治《番禺县志·建置略》有载。据《清史稿》之《高宗纪》和《仁宗纪》，此次因清高宗登位已届六十，仁宗继位而改元，合而昭告致祭南海神。

[2] 和兴额：满洲镶白旗人，清朝将领。以鸟枪护军从征缅甸、金川、撒拉尔、石峰堡，赐号佛尔钦巴图鲁，累擢广州右翼副都统、广州左翼副都统。赐予骑都尉兼云骑尉世职，子袭。

[3] 于南海之神……尚冀未歆：原作“文与乾隆五十五年同”，实有不同，今据同治《番禺县志·建置略》补。

嘉庆五年御祭南海神文[1]

维嘉庆五年，岁次庚申，三月癸丑朔，越十六日戊辰，皇帝遣内阁侍读学士[2]裘行简[3]致祭于南海之神，曰：

惟神位正朱垠，功宣南服。环周炎徼，东通出日之乡；远被琼涯，西接流沙之域。鲲池徙运，培风开击水之程；鳄浪潜踪，挂席庆安澜之轨。朕寅成鸿典，懋举崇仪。兹以嘉庆四年十一月二十六日，恭逢高宗法天隆运至诚先觉体元立极敷文奋武孝慈神圣纯皇帝主配享圜丘礼成，特遣专官，虔申昭告。惟冀萑苻永靖，绡常贡于鲛人，潮汐均调，帆无惊于飓母。鉴兹蠲吉，锡以蕃厘。

赍送香帛官：太常寺笔帖式霭忻。

陪祀官：广东布政使司常龄、广州府福明、广州府理事同知英吉、番禺县李协五。

校注

[1] 此碑文同治《番禺县志·建置略》有载。据《清史稿·高宗纪》，此次为清高宗纯皇帝主配享圜丘而祭。

[2] 内阁侍读学士：清内阁置侍读学士，满族四人，蒙、汉各二人，从四品，位次内阁学士，掌收发校阅本章，总稽翻译。

[3] 裘行简：字敬之，江西新建人。乾隆四十年（1775）赐举人，授内阁中书，充军机章京。五十年（1785），出任山西宁武知府，又调平阳。后因亲老，请改任京官，为补户部员外郎，值军机。累迁太仆寺少卿。后以兵部侍郎衔署直隶总督，嘉庆十一年（1806）卒。碑文提及其任“侍读学士”之职，可补史书之阙。《清史稿》卷三五七、《清史列传》卷三一有传。

嘉庆五年御赐扁[1]

“灵濯朝宗”

校注

[1] 今已不存。扁：参“序一”注[12]。

文赋　卷七

粤会赋[1]

（明）黄佐[2]

百粤之会，是为南海[3]。仰稽璇玑[4]，星纪所在。黄钟协律[5]，赤熛[6]流形。上烛南斗[7]之精，下凝衡岳[8]之灵。左跨荆扬[9]、五岭[10]之重阻，表以灵洲[11]、黄岭[12]之山；右瞰牂牁[13]、溟渤[14]之洪波，带以桂、郁、浈、肄[15]之川。神鳌奠足，星鹑頫首。睇睐瓯、闽[16]，若趋若走。前有虎头之门[17]，限隔岛夷，来航万里，沂沿漾潏。而凡耽罗[18]、真腊[19]之属，其布犹碁[20]焉。于后则白云[21]、紫云[22]，迤为越台[23]。曹幕[24]地涌，石门[25]天开。跖以罗浮[26]，璇房瑶室。穹窿嶓崒，巃嵸郁律。朱明靓深，铁桥嶪岌。神芝珍禽，往往丛集。近郭则会以九曜[27]，萦以三江[28]，表里回游，奔峭飞淙。沉珠[29]拾翠，礚砢荡潋，入极浦而邅回，迷不知其所适。于远则循洸口[30]以荒极，得静福[31]之寒林，接黄连[32]之巨峤，信南戒[33]之喉嗌。呀峡山[34]而陟韶石[35]，抚神皋[36]而扼奥区[37]。盖自赤县之外，于焉重启堪舆。晞阳光于夜半，揭灵境之扶胥，殆有太章、竖亥[38]所不能逝，林间梗概，靡得而书者[39]矣。

方姬箓[40]之季，嬴秦择肉[41]，劲越守险，尸尉睢[42]而摧监禄[43]，虽大荒之南徼[44]，风气则通乎域中。道污而污，道隆而隆，东井[45]纬[46]聚，龙战[47]函夏[48]，季[49]以兆王，佗[50]以基霸。遇吕雉[51]以自君，待汉文[52]而后顺。绝湟关以立国，迄获嘉[53]而始郡。邓让[54]贡而汉复炎[55]，区景[56]攘而火终运。郭马[57]乱吴，卢循[58]覆晋。冯[59]归隋治，刘[60]据唐衰。至于鋹[61]降真[62]伏，虽百世可知也。宜其可定为岩邑，实系皇舆之安危。然而议者猥言荒裔，殊异要绥，岂不戾哉！

自我皇明之遹兴[63]也，淮[64]飞神龙，陆[65]翦长鲸，薄海内外，罔有不庭。左丞[66]稽首，遂合三城[67]。千雉[68]弘丽，五翚[69]飞惊。增拓《黄图》[70]，廷纳丹冥[71]。媲周法[72]而芟元蕆[73]，陋嚣[74]、骘[75]之所经营。于是登望，则缀珠崖[76]，亘铜柱[77]，跨龙编[78]，挥鳄渚[79]。北通燕蓟[80]，吴钩楚距[81]。万里帆樯，蛮烟疍雨。胡贾鼎来，所居成聚。断虹兆飓，戚船潴屿。其气候之不齐，或瞬息而备寒暑。然而谪徙寖繁，华风日迈，霜雪时降，民不告惫，允矣乐国。四方所届，实泉货之渊薮，夷夏之都会也。

内则闾阎扑地[82]，长衢广陌，关辟七门[83]，沟浚六脉[84]，胪列市廛，隧分贸易[85]，连盖结驷，埃壒相射。莫不奴陶[86]顿[87]，仆翁伯[88]，皂张里[89]，台浊[90]质[91]。囊橐孔酰，鉠斛[92]盈溢，犬马蹴红腐[93]，缗镪朽赤仄[94]。执牙签[95]以夜筹，向什一而今千百。

山泽之沃，钟为土毛。禾稻绮错，秔穧穞穛。塍埒交径[96]，枕海连皋。秋成丰蔚，富侈相高。赛社祈年，或沉湎而自豪。

其布帛则攀枝、吉贝，机杼精工。百卉千花，凌乱殷红。蕉苎云浮，紬絁[97]冰空。疏絺茧暑，密斜弭风。

其材木则梌、楠、松、樱，枫、樟、杉、榆。檿、柘、榖、梡，榕、栎、椿、樗。合抱隐岑，千仞排虚。刚柔性异，贞脆质殊。卑高沃瘠，各随所如。

其香药则沉、檀、安息，白胶、青木。马牙、鸡舌，龙脑、天竺。卷柏、茯苓，青精[98]、黄独[99]。宜男[100]、益母[101]，有繁其属。

其果则卢橘、杨梅，黄蕉、丹荔。柑橙、丸金，椽柚、幄翠。橄榄、余甘，五敛、千岁。人面、荐仁，宜濛、醢水。

其蔬则金虀、玉储[102]，香蕈、紫芝。杞吷、灵龙，芋眩、蹲鸱。

树茄、筏蘸，红葩、绿蕤。擢蒨盈园，摇芳映畦。

至于鸡、豚散野，牛、马量谷。家积簦椒，户映藤、竹。鱼、盐、漆、蜡，其集如簇。豢术广于齐民之篇[103]，植品奢于桐君之箓[104]。

矧又火伏孳皀[105]，海缅怀珠[106]。山熪水封，凿矿攻瑜。据险角力，岁罔奠居。殒[107]身殉财，卒谥为愚。

岛舶之来，有粲其宝。锴、镣、鐼鍸，璠玙、瑾瑮。玑琲、瑟瑟，毒瑁、玛瑙。玻璃、珊瑚，琉璃、车渠。木难、火齐，阳燧、方诸。龟筒、鹤顶，犀角、象齿。猫睛日耀，鸦鹘、霞绮。流黄[108]、空青，缥碧、紫英。其罯如云，其熿如星。

盖广南之富，传自古昔，苟非上失其道，则亦无致于损瘠，故其民莫不因岁时事娱嬉。蒲涧[109]、越井[110]，吊古探奇。腾吹峻阪，弭盖清漪。邀遨头[111]以偕乐，导两旌[112]而前驰。亦有侠客畸人，五豪七贵，擒鱼斗鸡，摊钱角抵。六博五白，管弦流沸。爰长骋以遐眺，挹自然之神丽。循东溪[113]，陟北冈[114]，度樾桥[115]，至珠江。刺桐、木槿，含荣吐芳。素馨、茉莉，旖旎芬香。椰浆醉客，侑以槟榔。竹枝[116]金镂，翠翘鸣珰。拥窋婀之娥眉，萃楚楚之衣裳。盖处沃土而淫慆，民之常也；方和乐而讴吟，世之昌也。使歌乔木之南，有《蟋蟀》之太康，则虽好乐，又奚伤焉，盍亦览霸迹以自明乎!

昔尉佗之在秦也，力政[117]毒痡，血民于牙。咸阳瓦崩，万寓璺拏。于是乘黄屋[118]而自王，总朱垠[119]以为家。乃据秦府库，杀其长吏。营宫建室，自置神器。謻门[120]曲榭，坻鄂[121]弘閎[122]。虹梁纚连，云构林植。既崔嵬以弘[123]琏，又寥豁以敫帹。左纛以朝[124]，箕踞魋结[125]。爰立相臣，御史、中尉。将军、郎吏，盗窃秦[126]制。阁道圜阙，高甍[127]甲第。上峥嵘而瑰玮，下金臒而绘缋。避暑离宫，不知其几，汔莫能名其一二焉。猝遇陆生[128]，筑台朝汉。蒸土切庢[129]，揭蘖隆矸。墆霓承云立其正[130]，连岫覆阪环其畔。视奔星之俯驰，挹流泉之滮汧[131]。国终殄于樛女[132]，岿余基之漶漫。民生其时，亦孔之悲：工役不息，肉刑且施。辟张罗以绝飞，走又为豺虎而驱之。

汉唐休养，施于五季[133]。兵缠紫微[134]，蠚及丹裔[135]。刘龑[136]僭据，业承先世。身为蛟蜃，恣厥吞噬。乃自谓膺乾[137]，将执坤枢[138]。熙鸿名，恢骏图，凿翠辟郭，缭瀛作都，双阙徼道[139]，九轨经途[140]。门千户万，宿卫周庐。构乾和之宝殿，法太紫之规摹；抗应龙于阊阖，耀玉题与金铺。罘罳[141]洄洑以迤逦，藻井狎猎以纷敷。后宫则有禹余、太一，景福、龙应。玉清、思玄，南宫、定圣。南薰别殿，北接光明[142]。椒鹤、贯鱼，袨服、靓装。温室、甲帐，永巷回廊。饰华榱以悬黎，缘绣楣以璧珰。苑囿则有昌华、芳华，甘泉、望春。飞桥跨沼，崇桃映津[143]。泛杯濯足，翼翼鳞鳞。离宫闲馆，亘五十里。呼銮[144]载道，引以兰锜[145]。苍虬衔绥，白泽卫轵。时升中于圜丘[146]，或耕藉[147]于东鄙[148]。复通邻而耀武，启封疆而自喜。左三湘[149]而右八桂[150]，控贲禺[151]而役交阯[152]。又有玉液之池、明月之峡、含珠之亭、紫云之阁。桀壁对峙，氿泉旁达。修篁灌木，青翠相发。风露披渍于翳荟，日月投光于严穴。踞名胜而建浮屠，宫于四周者，二十有八。叶列宿之景曜，金磬镗鞳而互答。遵彼北川[153]，迄于西域[154]。层轩叠阁，建鼓扬舲。宫娥竞渡，貂珰练兵。招羽人[155]于药洲，陈不死之丹经。又有三事[156]六官[157]，府署、司院。兰台[158]、石室[159]，济济儒彦。虎鹖[160]开幕，闟戟峨弁[161]。张厘列库，征榷充羡。金鲮[162]供御，红云设宴[163]。蟾姬、琼仙，握爵衔宪[164]。学士自宫以求进，才人[165]调谑而相见。乃设水狱，乃树刀山。槐戟之贵，就僇犹菅。虐焰散于黄垆，腥德通乎玄间。民亦何辜，罹此凶艰！

蒙古方兴，宋社将屋[166]。谶符四广，厄钟百六。銮舆狩于厓门，竟胶舟而不复。百万王师，尽化为鱼。贞后[167]忠臣之气，恒黯[168]惨而不舒。然而天厌其德[169]，神运之谋。脱扬王[170]于溃伍，肇无疆之圣休，则夫经慈元之殿阯，瞻永福之陵丘[171]。征天道之终胜，而奚必咏秀麦之油油。嗟我黔首，羁縻于虏[172]日，为苛政所芟夷，岂徒猛于虎而已哉！乃哀吁于旻穹，而欣戴乎圣祖[173]。

皇矣圣祖，德合泰清。命彼征南[174]，扫此搀抢[175]。风丘、月穿[176]，款塞来庭[177]。照[178]幽滞以天光，振潜蛰以仁声。故虽百粤之遐逖，仰人文而化成。

列圣丕承，荡荡涵育。三辰[179]受抚，四灵[180]在畜。道胡不臻，化胡不穆！天地无为，鼓其化者橐籥[181]；神功不宰，分其治者岳牧[182]。是以简贤哲之霦霦，用班布[183]于南服。乃建薇藩[184]，其藩耽耽；乃建霜臬[185]，其臬严严。都兹邦阃[186]，并立为三[187]。骢马行台[188]，以察以监。十府七州，雌途郡阁。县逾六十，犬牙间错。駪駪庠序，泮宫[189]俱作。卫所戎行，督漕理舶。巡警置邮，犴司[190]连幕[191]。峨栋宇而萃胥徒，依祟墉[192]而临巨壑[193]。于是宣天彝[194]，恤民恫[195]，抚芳猷，息嚣风。开诚展才，表正景从。思齐处默[196]，抗迹敬宗[197]。使茂德流于有截[198]，而芳讯垂于无穷。函气之属，声教渐浃。虽椎埋之雄[199]，游侠之客，奇袤之酋，侏离之域，莫不革面而澡心[200]，沐浴于皇泽。是以边鄙不耸，海波不扬。男勤稼穑，女务蚕桑。黄耇台背[201]，游戏康庄。耳不闻乎枹鼓[202]，目不睹乎牙璋[203]。歌禾麋之既登，谈穗石[204]之为祥。今日之民，可谓康矣！

春王初吉[205]，置酒交会。粲[206]晌冠服，铿锵剑佩。元夕[207]冶游，鳌镫绛天。士女如云，宝马瑶軿。清明簪柳，椒浆[208]酶墓。端午酌蒲[209]，锦幖竞渡。中秋、重阳，泛芋题糕[210]。亦既醉止，其乐陶陶。春秋社蜡[211]，椎牛酾酒[212]。饮以兕觥，有濡其首。卒岁大傩[213]，伐鼓鸣葭。侲子万童，帕首欢哗。左斩魑魃[214]，右殪蝼蛇[215]。宸纲为之蹋跆，况黄犬[216]与赤虾。迄守岁而迎春，俗靡爱乎纷奢。觞茅柴[217]而羹谷董[218]，亦何恤其无家？

循河南岸，市比如栉。齿、革、果、布，埴、铸、髹漆。藤、竹诸器，巧逾天出。烟云连骑，罗绮盈室[219]。殊方异类，豪举猋集[220]。登山取材，则柯株攒雾，篆簜封尘。花梨、蒲箑，积犹棘薪。煮海为盐，则雪涛漂绀，炎甗烹素。神液磊傀，甘卤布濩[221]。至于狍狗璀粲，翎鳔纷披。握椒片糖，天下所资。每易致而轻视，或尘泥而弃之。今日之民，可谓庶且富矣。

且夫世方俶扰，则龙蛇起陆[222]。牂羊[223]在野，山呈古剑，海出丹马。今也青云千吕，灵鉦顺经。和飙甘霌，疵疠不兴。不童[224]不涸，不骞不崩[225]。岳祇[226]隤祉，川后[227]效祯。城埤隍社，群公先正。春秋秩其祀事，莫不流肸蚃[228]而饮德馨。然则山川鬼神，又可谓宁矣。

东北多山，兽走鸟翔。鸟则鹧鸪、山鹕，鸐鸽、鹍鸖。鸡鹊绣质，鷫鸘绶章。白鹇缟衣，金鸮黄裳。晨风林郁，时鷂山梁。爰居违暖，宾雁[229]避凉。鹦鹉以言而畏笯，孔翠因羽而惧戕。映明鋈而回玩，恋赤霄以悠扬。兽则麠、麂、麖、麔，犴、獶、狨、猴。麢、狼、猿、狎，土麝沙牛。甲攒陵鲤，箭竖豪猪。猰、羚角逐，狸、兕儦游。狖鼯缤幡，猰貐、蛐蚪。飞枝掷于猓燃，曾崖响乎貜、猱。蹲深谷而駓騃，发密薮而咿呦。

东南多水，韬星浴日。珠池贝阙，鳌宫鲛室。鼋、鼍、鲲、鲵，于焉宅窟。鳍鳍耸山，鬣脊扬铩。鲟鳇龙喙，鲨鳆虎质。鳟、鲫嘉于丙穴，鱣、鲔伙于沮漆。锯张牙而戟立，鲗窥鱼而墨出。虾寄目于水母，蟹或腹于璅琣。海僧[230]泣而占灾，天吴[231]舞而飏飓。罾罛网箔，获必盈槎。蝙、鲚、鲂、鳢，鳝、鲈、鮆、虾。鹅毛凤尾，白饭黄花。腰带横掷，比目贴沙。苍芒蒲赤，蒸云拥霞。鳞介交错，既切且跃。煦沫[232]涯壖[233]，睢盱瀺灂[234]。蚶、蛏、蠕、蚌，螺、蚬、蛎、蛤。黄帆海镜，江珧沙白。车螯、胡鲢，鳍蝆、蟛蜞。仙掌、瓦屋，石首、笋壳。虽汀渚之澋溁，犹露鳙而潜鳄。然则鸟兽、鱼鳖，亦既咸若矣。

噫乎！天之生物也，寒之则凋，暴之则荣；人之居室也，多阴则幽，多阳则明。惟阳明胜夫阴浊，则扶舆淑气，栽而弗倾。故岭海炳灵，英俊挺生。炼金之晶，比玉之贞。乐道可修，晞古振缨[235]。腾其实则为龙光[236]，蜚其声则为鹤鸣[237]。迈迹董正、疏源[238]，则德诒世程；追踪罗威、唐颂[239]，则孝阐天经[240]。迄冯翼以仪天朝也，格泰清[241]，奠泰宁[242]；辅皇极，陈丹诚。书罠罠以合纪，力擅擅以承桢[243]。苟非其时，不荣以禄。宁为峣峣，无然碌碌。彼其兆楚相[244]之仙羊，驯涯令[245]之白鹿。司中正[246]于州间，宣威信[247]于蛮俗。又孰与谢湘东[248]以扪罗，遁甘溪[249]而采菊也哉！

若乃囊笏槐位[250]，献鉴枫垣[251]。海燕[252]托讽，白羽衔恩[253]。从其谟则储闱靖谧，违其谏则鼙鼓欢阗。张曲江[254]之相开元[255]也，平章[256]纶省[257]，献纳台司[258]。一介不取，九死不移。安居则非已有，却贿则畏人知。刘湟川[259]之相懿、僖[260]也，鹓池摛藻，鹤驾养正。台阁[261]品式[262]，礼乐命令。直金华而献五箴，循秩宗而赞八政。冯道宗[263]之傅天圣也，力辞相枢[264]，疏十三陈，秋圃寒英，颐老海滨。临边则金人失其勇智，登陴则逆卒詟其威神，崔正子[265]之为，千载一人者也。

然且躅[266]姬周，豶[267]夏商。鲽浚虞[268]，鹣圣唐[269]。骈贯三才[270]，飁明五常[271]。日肴覈[272]乎道德，期曼羡其辉光。溯洙泗[273]而洄源，挟伊皋[274]以翱翔。盖偕昊天而以出王[275]，洞化育之洋洋者乎！于是侁侁青衿[276]，番番黄发[277]，凡窜屏葭苇，与鸟兽群者[278]，咸俙[279]焉愤悱而罔阏[280]。旦夕敷言，靡国不达。袜偻倜傥，晻曶昭察[281]。税陷扃而荣镜[282]，易叨愤[283]而闿泽[284]。乃骈坒而讴曰：

猗[285]粤之昌兮，猗俊之章兮，彼纷葩瑰丽，曷克当兮。端拱治世，仪凤皇[286]兮；后五百岁，受厥明兮。囷囷缦缦，云之卿[287]兮。緺禯璘瑀[288]，粤为鄹乡[289]兮。皇兮唐兮，惬天则[290]以无疆兮！

此赋及波罗者，止“晞阳光于夜半，揭灵景之扶胥”与“东南多水，韬星浴日”二三语耳。然稽星纪则溯赤熛之流，阻虎门则走牂牁之瞰，明明以海会发端，中言“海出丹马”“川后效正”，泣海僧，舞天吴，人民之富且庶，山川鬼神之秩，祀事而宁，鸟兽鱼鳖之咸若，总结之以“扶舆淑气”“岭海炳灵”。则谓祝融一祠，关全粤之废兴，南海全郡，俱作一波罗观焉，无不可矣。故录全篇，以觇梗概。

校注

[1] 此赋雍正《广东通志》卷六十、乾隆《广州府志》卷四十九、陈兰芝《南海庙志》、仇巨川《羊城古钞》有载。本校注参考了何健笺释、陈宪猷校注、王元林校注。

[2] 黄佐：参卷六“南海神庙碑”注[38]。

[3] 南海：南海郡，秦始皇三十三年（前214）平定岭南后，在百粤地区设立的三郡之一。辖番禺、四会、博罗、龙川四县，郡治在番禺县（今广州）。

[4] 璇玑：北斗前四星。常借指北极星。一至四星名魁，为璇玑；五至七星名杓，为玉衡。《史记·天官书》：“北斗七星，所谓‘璇玑玉衡以齐七政’。”《星经》：“璇玑者谓北极星也，玉衡者谓北斗九星也。”

[5] 黄钟协律：《大晟乐书》：“黄钟者，乐所自出，而景钟又黄钟之本，故为乐之祖，惟天子郊祀上帝则用之，自斋宫诣坛则击之，以召至阳之气。既至，声阕，众乐乃作。”黄钟被誉为“万事根本”。《尚书·舜典》注：“律，谓十二律……以之制乐而节声音……”寓意万物和谐。

[6] 赤熛：亦称“赤帝”“赤熛怒”。古代五帝之一，南方之神，司夏天。《周礼·春官·小宗伯》：“兆五帝于四郊。”汉郑玄注：“五帝……赤曰赤熛怒，炎帝食焉。”

[7] 南斗：南斗六星。民间广泛信仰的神祇，专司延寿之事。有星六颗，在北斗星以南，形似斗，故称。

[8] 衡岳：南岳衡山。

[9] 荆扬：荆，荆州，古九州之一，约今湖北省汉水流域。扬，扬州，古九州之一，包括了今淮水以南、长江下游一带。

[10] 五岭：横亘在湖南、两广、江西之间的大庾岭、骑田岭、都庞岭、萌渚岭、越城

岭。为长江水系与珠江水系的分水岭，中原通往岭南的天然屏障。

[11] 灵洲：灵洲山。位于今广东省南海市官窑镇附近，地处西、北二江前往广州航道的交汇点。古有“灵洲鳌负”之胜景。

[12] 黄岭：东莞黄旗岭。挺拔俊秀，为广州城外一座名山。《唐书·地理志》载：“邑人九日登高于此。”

[13] 牂牁：牂牁江。属珠江流域北盘江水系。司马迁《史记·西南夷传》：“夜郎者，临牂牁江，江广百余步，足以行船。”

[14] 溟渤：溟海和渤海。此处指岭南以外的南海。

[15] 桂、郁、浈、肄：桂水、郁水、浈水、肄水，均汇入珠江。

[16] 瓯、闽：浙江、福建。

[17] 虎头之门：即虎门。参“自序”注[2]。

[18] 耽罗：暹罗。东南亚国家泰国之古称。

[19] 真腊：中南半岛古国，在今柬埔寨境内。

[20] 其布犹碁：如同棋盘上的棋子一样分布密集。

[21] 白云：白云山。为九连山的支脉，广州城北部的制高点，山上多处名胜古迹在元明清时被列为羊城八景。

[22] 紫云：紫云山。在今广东省河源市龙川县境。

[23] 越台：越王台。在今广州越秀山上，为南越国王赵佗所建。今已不存。

[24] 曹幕：曹幕山。位于今广东省东莞市境内。《读史方舆纪要》卷一百一《广东二》：“曹幕山，县西北八十里。其南有石门巉峒，高广横列如城府，林阴蓊蔚，大者合抱，农隙采山如织，百材于此取办。志云：‘山广袤数百里，介于东莞、新会、高要、新兴之间。’”

[25] 石门：参卷二“郡城八景”注[2]。

[26] 罗浮：参卷二“波罗江”注[2]。

[27] 九曜：九曜园。在今广州教育路南方戏院侧，因置有九曜石而得名。为明代羊城八景之一“药洲春晓”所在。亦因米芾在此题写“药洲”二字而为天下知。

[28] 三江：汇合于广州的北江、西江、东江。

[29] 沉珠：沉珠浦。在今广州沿江西路爱群大酒店江边。清仇巨川《羊城古钞》卷二《海珠石》：“相传有贾胡持摩尼珠至此，珠飞入水，夜辄有光怪，故此海名曰珠海，浦曰沉珠，其石则曰海珠石。”

[30] 洸口：今广东英德市浛洸镇鱼咀村一带。此处本设“含洭县”。洭，指洭水。入

宋后，此地名犯宋太祖之讳，故改为“洸”。今尚存含洸镇，即可证之。

[31] 静福：静福山。为道教福地，在广东省连州城北之保安村。“三峰尖秀，高一百三十丈，峰峦环抱，松桧葱郁。”前人登眺者，题咏殆遍。景曰“静福寒林”。

[32] 黄连：黄连山。位于今广东省连州市连山县境内，因盛产黄连而得名。

[33] 南戒：原作“南界”，今据陈兰芝《南海庙志》改。即大庾岭，又名梅岭。李调元《南越笔记》卷二《梅岭》：“梅岭者，南岳之一支。《星经》曰：南戒门户。”

[34] 峡山：即中宿峡，又名飞来峡、禺峡、清远峡。位于北江中下游，广东清远境内，是北江三峡中最险要之地。有“风光誉南国，古迹遍峡山”之称。

[35] 韶石：韶石山。位于广东省仁化县的丹霞山东南，横跨曲江、仁化县，东临浈江。韶石山有一古道，为古代岭北经韶州去广州的必由之路，唐代韩愈在此留下“曲江山水闻来久”诗句。

[36] 神皋：神明所聚之地，即神庙或神坛。张衡《西京赋》：“尔乃广衍沃野，厥田上上，寔为地之奥区神皋。”李善注：“谓神明之界局也。”

[37] 奥区：百姓安居之地。《说文》：“奥，四方之土可定居者。”

[38] 太章、竖亥：原作“大章、孺亥”，今改。皆人名。传说禹时善行走的人。《淮南子·墬形训》：“禹乃使太章步自东极，至于西极，二亿三万三千五百里七十五步。”高诱注：“太章、竖亥，善行人，皆禹臣也。”清黄遵宪《忆胡晓岑》诗：“太章走遍东西极，天外瀛洲别有天。”

[39] 林闾梗概，靡得而书者：即使如此，粤地物博地大，也难以尽书。东汉应劭《风俗通》序云：“周、秦尝以岁八月遣𬨎使，采异代方言，载之秘府。及嬴氏之亡，遗弃殆尽。蜀人严君平有千余言，林闾翁儒才有梗概，扬雄注续，二十七年，凡九千字，犹不如《尔雅》之宏丽。张竦以为县诸日月不刊之书。余不才，岂敢比隆于斯人！”林闾，复姓，后汉蜀郡有林闾翁孺，博学，善梗概之法。

[40] 姬箓：周朝的命运。姬，周室姓。箓，即符箓。古代修道者认为，符咒作为山、医、卜、命、相五术的根本，为修道者与上天（灵界）对话之媒介和渠道，通过此渠道，可以让九天神煞为我所用。此指周天子受命而统领天下。

[41] 嬴秦择肉：指秦吞并六国。秦为嬴姓，故称嬴秦。明沉采《千金记·遇仙》：“方当炎汉兴隆日，正是嬴秦失鹿时。”择肉，谓选取禽兽为射猎的对象，此指秦吞并六国。汉张衡《西京赋》：“嬴氏搏翼，择肉西邑。”

[42] 尉睢：屠睢。秦朝武将。秦始皇统一六国后，派国尉屠睢领五十万大军出征岭南，后全军覆没。

[43] 监禄：史禄。官监御史，秦时修建灵渠，引湘水入漓水，连接了长江水系和珠江水系，解除了秦军行军、补充粮饷的困难，使秦始皇完成了中国的统一大业。

[44] 南徼：南方边远之地，此指南粤。

[45] 东井：即井宿，二十八宿之一。因在玉井之东，故称。为秦之分野。《礼记·月令》："仲夏之月，日在东井。"《史记·张耳陈余列传》："汉王之入关，五星聚东井。东井者，秦分也，先至必霸。"

[46] 纬：纬星，金、木、水、火、土五行星之总称。《周礼·春官·大宗伯》："以实柴祀日月星辰。"汉郑玄注："星谓五纬，辰谓日月。"贾公彦疏："五纬，即五星：东方岁星，南方荧惑，西方太白，北方辰星，中央镇星。言纬者，二十八宿随天左转为经，五星右旋为纬。"汉张衡《西京赋》："五纬相汁，以旅于东井。"

[47] 龙战：《周易·坤》："龙战于野，其血玄黄。"群龙在荒野大战。喻群雄角逐。龙战指阴阳交战。城外为郊，郊之外为野。其血玄黄，喻为上下交战，至于死伤流血。此处指楚汉相争。

[48] 函夏：此指中原地区。

[49] 季：汉高祖刘邦。刘邦排行最小，故称刘季。

[50] 佗：指南越王赵佗。真定县（今河北正定）人，原为秦朝将领，与任嚣南下攻打百越。秦末大乱时，赵佗割据岭南，建立南越国。公元前203年至公元前137年在位，号称"南越武王"或"南越武帝"。在位时实行"和辑百越"的政策，促进了汉越民族的融合，促进了岭南地区的发展。

[51] 吕雉：吕后。汉高祖死后，吕后秉政，绝南越之供给，赵佗乃自立为王。

[52] 汉文：汉文帝刘恒（前202—前157）。即位后遣陆贾通使南越，赵佗乃去帝号称臣。

[53] 嘉：吕嘉。南越国丞相。汉武帝时南越国第四代君主赵兴向西汉请求"内属"，吕嘉不愿臣服，遂叛乱，于武帝元鼎六年（前111）被擒诛。南越国灭亡，汉在其地设九郡。

[54] 邓让：交趾牧，汉光武帝建武五年（29）与江夏太守等相率归汉，自此东汉安然。《后汉书·岑彭传》："初，彭与交阯牧邓让厚善，与让书陈国家威德，又遣偏将军屈充移檄江南，班行诏命。于是让与江夏太守侯登、武陵太守王堂、长

沙相韩福、桂阳太守张隆、零陵太守田翕、苍梧太守杜穆、交阯太守锡光等，相率遣使贡献，悉封为列侯。”

[55] 炎：五行家谓汉以火德王，火曰炎上，故以“炎”指汉朝。此指汉朝的国运。

[56] 区景：汉献帝时人，建安二年（197）杀交州刺史张津。时值东汉末年，天下大乱，由于南越地处偏远，朝廷对其鞭长莫及。因此谓“曲景攘而火终运”。

[57] 郭马：三国末期叛军首领。本是吴国合浦太守修允的部曲督，于吴天纪三年（279）反叛，攻杀广州都督虞授，自称安南将军，都督交、广二州诸军事。后被孙皓擒诛。可参《三国志·吴书·三嗣主传》。

[58] 卢循：字于先，范阳涿县（今河北涿县）人。晋安帝隆安三年（399），孙恩起兵身亡。义熙六年（410）卢循又起兵，被交州刺史杜慧度率军击败。卢循之乱后，晋恭帝元熙二年（420）刘裕废晋恭帝自立，是为宋武帝，建国宋，史称南朝宋，东晋亡。可参《晋书·列传第七十》。

[59] 冯：冯魂，为高凉郡冼夫人之孙。隋开皇九年（589），隋文帝派总管韦洸接管岭南，被陈将徐璒拒之岭外。冼夫人派孙子冯魂迎韦洸入广州，实现岭南和平统一。至此，隋乃大治。可参《隋书·列女列传》。

[60] 刘：刘岩。公元917年，刘岩与梁绝，据广州称帝，建元乾亨，国号大越。次年，改国号为汉，史称南汉。

[61] 鋹：刘鋹。南汉国最后一位国君。宋开宝四年（971），宋灭南汉。

[62] 真：何真。字邦佐，号罗山，广东东莞人。元末，他起兵平定乡豪割据势力，拥重兵，占广地，控制了岭南。明建立后，为保境安民，他遣使迎接明军大将廖永忠，归顺明朝，岭南政局得以稳定。被封为东莞伯。

[63] 遹兴：应天命而兴起。遹，遵循。

[64] 淮：指濠州，今安徽省凤阳县临淮镇。明太祖朱元璋于濠州起义，建立明朝。

[65] 陆：指陆梁，五岭以南地区。《史记·秦始皇本纪》：“略取陆梁地为桂林、象郡、南海。”司马贞《史记索隐》：“谓南方之人，其性陆梁，故曰陆梁。”张守节《史记正义》：“岭南之人，多处山陆，其性强梁，故曰陆梁。”

[66] 左丞：指何真。元末曾任广东行省左丞。

[67] 三城：即广州城。明太祖洪武十年（1377）把宋朝的子城、东城、西城连合为一。

[68] 千雉：古时以城长三丈、高一丈为“一雉”，千雉则言城墙极其宏伟高大。

[69] 五翚：本为五彩羽毛之野鸡。此处指宫室华丽。《诗·小雅·斯干》：“如鸟斯革，如翚斯飞。”朱熹集传：“其栋宇峻起，如鸟之警而革也；其檐阿华采而轩

翔，如翚之飞而矫其翼也。盖其堂之美如此。”

[70] 《黄图》：《三辅黄图》，记载秦汉时期三辅的城池、宫观、陵庙、明堂、辟雍、郊畤等内容之古籍。意指广州城之繁华，足可与三辅比美而载入《黄图》。

[71] 丹冥：冥，原作“溟”，今改。指南方遥远之处。张协《七命》：“丹冥投烽，青徼释警。”李善注：“丹，南方朱冥也。”

[72] 媲周法：意为明太祖以仁义之师伐暴安民，足可与周文王、武王相比美。

[73] 芟元薉：意为铲除元末之祸乱。

[74] 嚣：秦时南海尉任嚣。秦始皇统一岭南后，任嚣首任南海郡尉，在今广州中山四路北面旧仓巷以西一带修筑番禺城，史称“任嚣城”，此为广州建城之始。

[75] 骘：指三国时交州刺史步骘。建安二十二年（217）交州刺史步骘迁交州郡治于番禺，修建番禺旧城，并向北扩大了范围。

[76] 珠崖：珠崖郡，治所在今海南琼山。

[77] 铜柱：参“自序”注[7]。

[78] 龙编：交州和交趾郡治所。在今越南河内东。

[79] 鳄渚：鳄溪。在今广东省潮州市。相传唐韩愈作《鳄鱼文》驱逐鳄鱼之溪即指此。清顾祖禹《读史方舆纪要·广东·潮州府》：“恶溪，在城东北，一名鳄溪，亦名意溪。唐元和中，溪有鳄鱼，刺史韩愈作文驱之；宋咸平中，通判陈尧佐斩鳄鱼于此。中有叠石，名曰峦洲塔。韩江经此，合流而南，盖即韩江之别名矣。”

[80] 燕蓟：指今河北省。此处借指中原地区。

[81] 吴钩楚距：谓吴、楚两地相近，关系密切，如有钩与距相联络，即“吴头楚尾”之意。此指古豫章一带（江西北部、安徽一带）位于楚地下游，吴地上游，如首尾相衔接，是楚吴两国相接之处。泛指长江中下游一带。

[82] 闾阎扑地：闾阎，里巷，指百姓聚居之地。扑地，遍地。

[83] 七门：明代永嘉侯朱亮祖时广州城所辟的七座城门。

[84] 六脉：六脉渠，宋代开挖的六条排水、防洪，兼可防火、通航的大水渠。是宋代以来广州城的主要水系网络。

[85] 隧分贸易：市集道路均为经商贸易之所。

[86] 奴陶：奴，为卑贱之职。陶，即陶朱公，货累巨万。

[87] 顿：猗顿，资拟三公。

[88] 仆翁伯：仆，为卑贱之职。翁伯，以贩脂而财倾县邑。

[89] 皂张里：皂，为卑贱之职。张里，以医马而暴富。
[90] 台浊：台，为卑贱之职。浊，浊氏，以制羊胃脯干而成富豪。
[91] 质：即质氏，以为人洗刷刀剑而成为钟鸣鼎食之家。
[92] 籔斛：泛指大小量器。籔同“斞”。六斛四斗为一籔。
[93] 犬马蹴红腐：言粟物之丰富，为犬马所踏亦不可惜。《汉书·贾捐之传》：“太仓之粟，红腐而不可食；都内之钱，贯朽而不可校。”颜师古注：“粟久腐坏则色红赤也。”
[94] 缗缰朽赤仄：言货币之多，以缰绳作贯亦堆积而致朽。
[95] 牙签：书签，用以标志所读之书。指读书之风日盛。
[96] 径：原作“经”，今据陈宪猷校注本改。
[97] 絁：原作“攎”，今据陈宪猷校注本改。
[98] 青精：亦称南天烛。道家以之蒸饭，谓之“青精饭”，谓食之可以延年。
[99] 黄独：黄精。
[100] 宜男：又名水葱。民间认为妇人佩之可以生男。
[101] 益母：益母草，又名茺蔚。妇科常用药。
[102] 储：原作“藷”，今据陈宪猷校注本改。
[103] 齐民之篇：指北魏末年贾思勰所撰《齐民要术》。古代农业百科全书。
[104] 桐君之箓：此处指广东花草、果木、菜蔬品类繁多，虽古之经籍亦难以遍载。桐君，相传为黄帝时人，采药求道，因识草木金石之性味，撰《药性》四卷及《采药录》。
[105] 火伏孳凫：孳，原作“孽”，今改。指以人工方法孵化雏鸭。火伏，以文火焙之。凫，此处指鸭。
[106] 海緪怀珠：此指疍民从海中取珠。緪，大绳缆也。做法：以一粗大缆绳固定于海面作指挥之用，大缆分以小绳系于疍民腰，疍民乃潜水中取珠，得珠则放于怀中，气迫则摇动绳索，操大缆者遂绞提使之出水面。
[107] 殒：原作“霣”，今改。
[108] 流黄：硫黄。
[109] 蒲涧：广州白云山蒲涧。安期采菖蒲坠崖升仙的传说即发生于此。
[110] 越井：越王井。位于今广州越秀山南面应元路西端、今广东省科学馆内。
[111] 遨头：此处指宋时郡守常与士大夫出游蒲涧，谓之“遨头会”。遨，原为“陌”，今改。宋代成都自正月至四月浣花，太守出游，士女纵观，称太守为

“遨头”。宋陆游《老学庵笔记》卷八：“四月十九日成都谓之浣花，遨头宴于杜子美草堂沧浪亭，倾城皆出，锦绣夹道，自开岁宴游至是而止。”

[112] 两旌：太守出巡时之仪仗，以双旌旗导前开路。

[113] 东溪：广州白云山上一溪水，为甘溪之一脉，统称为甘溪。仇巨川《羊城古钞》卷二《白云山》：“沿涧而南，为文溪，为上下二塘，至越秀山麓则分流为二：右曰越溪，左曰菊湖。又会东溪之水至此山下为甘溪。”

[114] 北冈：在今广州越秀山上。岗上有越王台。

[115] 樾桥：越桥。清仇巨川《羊城古钞》卷二《越桥》：“在大市西街。”

[116] 竹枝：竹枝词。南方民间小调。

[117] 力政：力征。指以暴力治民而不以德化。

[118] 黄屋：天子乘坐之黄盖专车。《史记·秦始皇本纪》：“子婴度次得嗣，冠玉冠，佩华绂，车黄屋。”裴骃集解引蔡邕曰：“黄屋者，盖以黄为里。”

[119] 朱垠：南方。此指广东。盖因南方乃朱明之象。唐张九龄《为王司马祭甄都督文》：“北拥旆于玄朔，南仗节于朱垠。”宋范仲淹《明堂赋》：“南门之外，则有朱垠、越裳，八蛮之族，唯北是望。”

[120] 謻门：宫室之间往来之门户。此处言宫室之深广。

[121] 坻鄂：亦作“坻堮”“坻崿”。殿基，殿阶。此处指宫殿。张衡《西京赋》：“坻崿鳞眴，栈齴巉险。”薛综注：“殿基之形势也。”吕向注：“皆殿阶高峻之貌。”

[122] 弘閟：弘，原作“弜”，误刻，今改。宏伟、幽深。

[123] 弘：参卷七“粤会赋”注[122]。

[124] 左纛以朝：谓建立帝王旗号，立朝听政。左纛，古代皇帝车上用作行驶标志的旗。专指帝王的车辆。

[125] 箕踞魋结：一撮之髻，其形如椎。箕踞，席地而坐，随意伸开两腿，像个簸。魋结，亦作“椎髻”“椎结”。《汉书·李陵传》：“两人皆胡服椎结。”颜师古注：“结读曰髻，一撮之髻，其形如椎。”此处言其一遵南粤之俗，不与中原相交通。《汉书·陆贾传》：“尉佗魋结、箕踞。”

[126] 秦：原作“泰”，今改。

[127] 蕘：原作“荛”，或误刻，或假借。

[128] 陆生：汉高祖和文帝时两次出使南越之陆贾。

[129] 切厓：此处指构筑台基之地。切，通“砌”。厓，边地。

[130] 正：原作“桢”，今据陈宪猷校注本改。
[131] 滮湃：水流急状。湃，原作“湃”，误，今改。
[132] 樛女：赵婴齐之妻樛氏。
[133] 五季：五代十国时期。
[134] 紫微：本为星座名，天帝之所居。此处指国家朝廷。
[135] 丹裔：丹徼，谓南方。
[136] 刘龑：五代南汉国主。
[137] 膺乾：天意。乾，天也。
[138] 坤枢：此指国家政权。坤，地也。
[139] 双阙徼道：通往朝廷的道路警备森严。徼道，设警备之道。
[140] 九轨经途：可容九辆车并列行驶的道路。《周礼·考工记·匠人》：“国中九经九纬，经涂九轨。”郑玄注：“经纬之涂，皆容方九轨。轨，谓辙广。乘车六尺六寸，旁加七寸，凡八尺，是为辙广。九轨积七十二尺，则此涂十二步也。旁加七寸者，辐内二寸半，辐广三寸半，绠三分寸之二，金辖之间，三分寸之一。”
[141] 罘罳：宫室之间的屏风。
[142] 光明：原作“明光”，今改。
[143] 崇桃映津：据史载，南汉时，在今广州流花湖一带桃花夹水二三里，可以通舟，南汉主刘鋹常于此设宴取乐。
[144] 呼銮：指天子之驾。銮，原作“鸾”，今据陈宪猷校注本改。
[145] 兰锜：兵器，此指武装戒备。
[146] 圜丘：祭坛，指天子祭祀天地。
[147] 耕藉：天子耕藉田以劝民务农之活动。
[148] 东鄙：东郊。
[149] 三湘：湘潭、湘乡、湘阴，为古楚地，在今湖南一带。
[150] 八桂：秦时之桂林郡，今广西壮族自治区。
[151] 贲禺：即番禺。
[152] 交阯：交趾郡，郡治在今越南河内西北。此泛指岭南地区。阯、趾时常互易。
[153] 北川：北江。珠江支流。
[154] 西域：宋代广州之西城。
[155] 羽人：羽士，参卷六“成化壬辰重修南海神祠记”注[28]。
[156] 三事：敬天、地及治民。此为天子之事。南汉刘氏为藩属国，今行天子之仪，谓

其僭礼也。

[157] 六官：六卿，天子之辅相。

[158] 兰台：汉朝藏书之处，亦是史官修史之处，特别是东汉时班固等数名儒曾任兰台令史，为撰史之职，故后以“兰台”指史官。唐高宗曾改秘书省为兰台，后又改回。

[159] 石室：宫中藏书之地。

[160] 虎鹖：指能征善战之将军。武臣之冠常以鹖尾装饰。

[161] 峨弁：武官之冠，此指武官头戴峨弁。

[162] 金鲮：海鲜类食物。鲮，原作“稜”，按上下文意改。

[163] 红云设宴：南汉王刘𬶍常与女侍卢琼仙等以及女巫、波斯女在昌华、甘泉苑设荔枝宴乐，名曰“红云宴”。

[164] 握爵衔宪：掌握朝政大权。宪，法也。

[165] 才人：女官名，四品官，用以赐予嫔妃。

[166] 宋社将屋：宋朝即将灭亡。屋，终止。

[167] 贞后：指杨太后。

[168] 黯：原作“黤”，今据文意改。

[169] 天厌其德：指宋虽亡，其世运之正统未绝，元之统治不可久，至明而终灭元。德，原作“胡”，今据陈宪猷校注本改。

[170] 扬王：姓陈，维扬（今江苏扬州）人，宋末名隶尺籍，崖山败，得以逃脱，卒年九十九。生淳皇后，是为明太祖朱元璋之母。可参《明史·外戚传·陈公》。

[171] 永福之陵丘：永福陵，宋端宗墓，在崖山。

[172] 羁縻于虏：百姓生活于元朝猛虎苛政中。虏，原作“□”，据清陈兰芝《南海庙志》补。

[173] 圣祖：明太祖。

[174] 征南：参卷六“洪武三年重修南海庙记”注[3][4]。

[175] 搀抢：彗星。俗称“妖星”。指百姓蒙受的灾难。

[176] 风丘、月穿：均为远方夷狄之国。

[177] 款塞来庭：臣服于明朝。款塞，叩塞门而称臣。梁简文帝《对蜀父老问》：“月穿来庭，风丘款塞。”

[178] 照：原作“诏”，今据陈宪猷校注本改。

[179] 三辰：日、月、星。三辰象征天、昊天上帝、天道，是自舜帝以来代表华夏天子

最尊贵的标志。《春秋左传·桓公二年》：“三辰旗旗，昭其明也。”三辰是天之光明照临天下。

[180] 四灵：麟、凤、龟、龙。《礼记·礼运》：“麟、凤、龟、龙，谓之四灵。”注：“麟为百兽之长，凤为百禽之长，龟为百介之长，龙为百鳞之长。”

[181] 橐籥：亦作橐爚，指古代冶炼时用以鼓风吹火的装置。此喻天地间阴阳二气之自然运化。《老子》：“天地之间，其犹橐籥乎？虚而不屈，动而愈出。”吴澄注：“橐籥，冶铸所以吹风炽火之器也。为函以周罩于外者，橐也；为辖以鼓扁于内者，籥也。”清王夫之《张子正蒙注·太和》：“老氏以天地如橐籥，动而生风，是虚能于无生有，变幻无穷；而气不鼓动则无，是有限矣。然则孰鼓其橐籥令生气乎？”

[182] 岳牧：尧舜时四岳十二牧的简称。《书·周官》：“曰唐虞稽古，建官惟百，内有百揆四岳，外有州牧侯伯。”《史记·伯夷列传》：“尧将逊位，让于虞舜，舜禹之间，岳牧咸荐，乃试之于位，典职数十年。”后以岳牧泛称地方官员。

[183] 班布：布告。

[184] 薇藩：唐开元元年（713）改称中书省为紫微省，简称微垣。元称行中书省为薇垣。明洪武九年（1376）改元行中书省为承宣布政司，亦称薇省或薇垣。清初布政司亦曰薇垣或薇署。此指明清时的布政司，掌一省之政。

[185] 霜臬：亦称臬台、臬司，宋各路提点刑狱司与明、清各省提刑按察使司的别称。掌一省的司法、监察等。

[186] 都兹邦阃：指都指挥使。掌一方军政，统率其所辖卫所。都，都司或都指挥使之省。阃，统兵在外的将领。

[187] 并立为三：都指挥司与布政司、按察司并称三司，分掌地方军政、民政、刑狱。三司并立，互不统属，互相制约，各对中央负责。

[188] 骢马行台：巡按御史。乃朝廷派遣巡视地方之官员，权重，乘骢马。行台，出巡官员驻地，借指大吏。

[189] 泮宫：学宫。古代之学校。《礼记·王制》：“大学在郊，天子曰辟雍，诸侯曰泮宫。”郑玄注：“泮之言半也，半水者，盖东西门以南通水，北无也。”

[190] 犴司：狱司。主司法、刑狱。

[191] 连幕：即莲幕，幕府之美称。后泛指大吏之幕府。《南史·庾杲之列传》：“（王俭）乃用杲之为卫将军长史。安陆侯萧缅与俭书曰：‘盛府元僚，实难其选。庾景行泛渌水，依芙蓉，何其丽也。’时人以入俭府为莲花池，故缅书美

之。”时人把王俭的官署比作莲花池，萧缅又以此盛赞他僚属庾杲之。后用“莲幕、幕下莲花、幕中莲”等美称官署的幕府、幕僚。

[192] 崇墉：高墙。

[193] 临巨壑：如临深渊，如履薄冰。指谨慎民事，不敢稍有疏忽、轻慢。

[194] 天彝：朝廷之法令。

[195] 民恫：百姓之疾苦。恫，疾苦。

[196] 思齐处默：道德可与吴隐之媲美。思齐，见贤思齐也。处默，即吴隐之，其字处默，东晋濮阳鄄城人，曾任中书侍郎、左卫将军、广州刺史等职，官至度支尚书，以廉吏著称。

[197] 抗迹敬宗：功业可与陆胤媲美。抗，匹敌。迹，功业。敬宗，即陆胤，字敬宗，吴郡吴县（江苏苏州）人，曾以交州刺史身份在当地推行招安纳降政策，使交州得以安宁，得封安南将军。陈寿《三国志》：“胤身絜事济，著称南土，可谓良牧矣。”

[198] 有截：整齐貌。《诗·商颂·长发》：“相士烈烈，海外有截。”郑玄笺：“截，整齐也。”此处指明代之藩国。

[199] 椎埋之雄：杀人越货之奸雄。《史记·王温舒传》：“王温舒者，阳陵人也。少时椎埋为奸。”裴骃集解引徐广曰：“椎杀人而埋之。”

[200] 革面而澡心：即洗心革面。此指摒弃陋俗而向往文明。《抱朴子·用刑》：“洗心而革面者，必若清波之涤轻尘。”

[201] 黄耇台背：指老人。《仪礼·士冠礼》：“黄耇无疆，受天之庆。”注曰：“黄，发也；耇，冻梨也，皆寿征也。”《诗·大雅·行苇》：“黄发台背，以引以翼。”传曰：“台背，大老也。”

[202] 枹鼓：鼓槌和鼓，指战鼓，此指战争。

[203] 牙璋：古代调动军队的符信。《周礼·春官·宗伯第三》：“牙璋，以起军旅，以治兵守。”郑玄注引郑司农曰：“牙璋瑑以为牙。牙齿，兵象，故以牙璋发兵，若今时以铜虎符发兵。”宋沈括《梦溪笔谈·辩证一》：“牙璋，判合之器也，当于合处为牙，如今之‘合契’。牙璋，牡契也。以起军旅，则其牝宜在军中，即虎符之法也。”

[204] 穗石：指五仙人骑羊献穗，后化而为石之传说。

[205] 春王初吉：指农历正月，为一年之始。《左传·隐公元年》：“春王正月。”疏：“正月，实是一月也。”初吉，月相专用名词，指月初吉日。《诗经·小

雅·小明》："二月初吉，载离寒暑。"毛传："初吉，朔日也。"

[206] 粲：原作"餐"，今据上下文改。

[207] 元夕：元宵，农历正月十五。

[208] 椒浆：以椒浸制的酒。多用以祭神。《楚辞·九歌·东皇太一》："蕙肴蒸兮兰藉，奠桂酒兮椒浆。"清朱彝尊《六聘山中吊晋处士霍原》诗："祠墓久摧没，未由酹椒浆。"

[209] 蒲：指菖蒲酒。唐殷尧藩《端午日》诗："不效艾符趋习俗，但祈蒲酒话升平。"

[210] 泛芋题糕：泛，普遍之意。泛芋，此指中秋节家家户户吃芋头之俗。题糕，指重阳节食糕之俗。清钱谦益《重阳次日徐二尔从馈糕蟹》："自笑吾家传嗜蟹，敢言诗句朴题糕。"

[211] 社蜡：古代祭祀土地神的日子，春秋两祭，分为春社和秋社。

[212] 椎牛釃酒：杀牛滤酒，指备肴酒以燕享。元萨都剌《酹江月·过淮阴》词："槌牛釃酒，英雄千古谁吊。"

[213] 大傩：指岁末祭神以驱除瘟疫之俗。宫禁之中，则集童子百余人为侲子，以中黄门装扮方相及十二兽，张大声势以驱除之，称为"大傩"。《吕氏春秋·季冬》："命有司大傩旁磔。"高秀注："大傩，逐尽阴气为阳导也。今人腊岁前一日，击鼓驱疫，谓之逐疫。其仪：选中黄门子弟年十岁以上、十二岁以下，百二十人为侲子。皆赤帻皂制，执大鼗。方相氏黄金四目，蒙熊皮，玄衣朱裳，执戈以恶鬼于禁中……因作方相氏与十二兽舞。欢呼，周遍前后省三过，持炬火，送疫出端门；门外驺骑传炬出宫，司马阙门门外五营骑士传火弃洛水中。"方相，驱疫辟邪之神。

[214] 魑魅：传说中的鬼怪。

[215] 蝼蛇：传说中的蛇名。传说见之者可以成霸业。张衡《东京赋》："斩蝼蛇，脑方良。"李善注："《庄子》：蝼蛇之状，其大若毂，其长若辕，紫衣而朱冠也。"

[216] 犬：原作"衣"，今据清陈兰芝《南海庙志》改。

[217] 茅柴：亦作"茆柴"。劣质酒之贬称。清赵翼《陔余丛考·茅柴酒》："酒之劣者，俗谓之茅柴酒。"柴，原作"谷"，今据清陈兰芝《南海庙志》改。

[218] 羹谷董：羹，原为"蒸"，据清陈兰芝《南海庙志》改。谷董，古代羹名。宋苏轼《仇池笔记》："罗浮颖老（指道士昙颖）取凡饮食杂烹之，名'谷董羹'。"《历代诗话》卷五十九引宋陆道士诗："投醪谷董羹锅里，阙窖盘游饭

碗中。”

[219] 烟云连骑，罗绮盈室：言工艺品之多。烟云，本指画。明陈继儒《妮古录》卷三：“黄大痴九十而貌如童颜，米友仁八十余神明不衰，无疾而逝，盖画中烟云供养也。”罗绮，指丝织品。宋周密《武林旧事·观潮》：“江干上下十余里间，珠翠罗绮溢目，车马塞途。”

[220] 豪举猋集：得来之易。猋集，迅速聚集。

[221] 甘卤布濩：食盐遍地。甘卤，指盐。布濩，指遍满。

[222] 龙蛇起陆：龙蛇飞升之征兆，言天下混乱。黄帝《阴符经》：“天发杀机，移星易宿。地发杀机，龙蛇起陆。人发杀机，天地反覆。”

[223] 牂羊：瘦弱之母羊。原为“夷洋”，据清陈兰芝《南海庙志》改。《诗·小雅·苕之华》：“牂羊坟首，三星在罶。”序曰：“幽王之时，西戎、东夷交侵中国，师旅并起，因之以饥馑。”毛传：“牂羊，牝羊也。”此言自然现象与社会的关系。

[224] 不童：草木茂盛。童，谓山秃。

[225] 不骞不崩：指无山崩地裂之事。骞崩，亏损坍圮。《诗·小雅·天保》：“如南山之寿，不骞不崩。”崩，原为“腾”，今据陈宪猷校注本改。

[226] 岳祇：山岳之神。

[227] 川后：河海之神。后，谓君也。

[228] 肸蚃：散布、弥漫。此指深入人心之美誉。

[229] 宾雁：做客之鸿雁。雁本为北方之鸟，冬季徙至南方避寒，故曰“宾”。

[230] 海僧：一种似人之鱼类。雄者曰海和尚，雌者曰海女。传说海和尚现，则灾异起。

[231] 天吴：参“序一”注[5]。

[232] 煦沫：谓用唾沫互相润湿。喻互相救助于困境中。《庄子·大宗师》：“泉涸，鱼相与处于陆，相呴以湿，相濡以沫。”南朝梁刘孝标《广绝交论》：“鱼以泉涸而煦沫，鸟因将死而哀鸣。”

[233] 壖：原作“臑”，今改。指水岸边地。

[234] 睢盱漉澼：欢快游戏状。睢盱，喜悦之貌。《易·豫》：“盱豫，悔。”唐孔颖达疏：“盱，谓睢盱。睢盱者，喜说之貌。”澼，原作“汋”，今据陈宪猷校注本改。漉澼，鱼嬉戏沉浮状。

[235] 振缨：出仕。《晋书·周馥传》：“馥振缨中朝，素有俊彦之称。”

[236] 龙光：宠光，恩宠光耀。指朝廷之恩德泽及岭南。《左传·昭公十二年》：“宴语之不怀，宠光之不宣，令德之不知，同福之不受，将何以在？”

[237] 鹤鸣：意指岭南贤能隐居之士已为朝廷所用。《诗·小雅·鹤鸣序》：“诲宣王也。”郑玄笺：“教宣王求贤人之未仕者。”后因以“鹤鸣”指贤者隐居。

[238] 董正、疏源：皆道德高洁之人士。董正，字伯和，东汉番禺人，性高洁，贫寒不戚，志在规俗。躬耕以足衣食，暇即讲诗书，陈礼法。累辟不仕。道德高尚，为时人之楷模。疏源，字符流，南海人，性廉洁，任尚书郎，为九卿所重。有人欲通关节行贿，他便与人断绝关系。后因忤逆权贵，被黜。

[239] 罗威、唐颂：罗威，汉代番禺人，遇寒以身温席，母乃寝。夏天必撤帷而卧，将蚊虫从母身引去。唐颂，字德雅，东汉番禺人。父母亡，坟旁结庐，衣不纯采，不茹酒肉，以至孝闻于乡里。其孝行皆为世人之楷模。

[240] 天经：孝道。孝道是天之道，是永恒的道理，不可变易的规律。经，常也，指永恒不变的道理和规律。《孝经·三才》：“夫孝，天之经也，地之义也，民之行也。”

[241] 泰清：天。《鹖冠子·度万》：“故其（圣人）德，上及泰清，下及泰宁，中及万灵。”

[242] 泰宁：地。

[243] 桢：干也，指骨干力量。此处指朝廷、国家。《汉书·匡衡传》：“朝廷者，天下之桢干也。”

[244] 楚相：指高固。广东南海人，曾为楚威王相，相传时有五羊衔谷之祥。

[245] 洭令：指张鲂。字叔鱼，东晋曲江人。广涉经传，善事父母，因恤贫穷，为邻里所称。举孝廉，为浛洭县令。节俭自持，蔚有政绩。关口夜行无警，白鹿群游，民取其一献之。因此其所筑城邑及城南山冈，皆以白鹿名。

[246] 司中正：指王范。广东南海人，曾为广州（辖今广东、广西大部分地区）大中正，选人才，第高下，皆惬舆论。

[247] 宣威信：指冯融。字道昭，南北朝北燕苗族冯弘后裔，岭南冯姓的始祖。萧梁时任罗州（今化州）刺史。梁武帝大同年间，冯融派其子冯宝（高凉太守）入赘当地越族冼夫人，取信于越人，以中原文化开导南越族，岭南得以安宁。

[248] 湘东：指廖冲。字清虚，南朝梁桂阳（今广东连县）人，以才德见称。为本郡主簿。后辞官在连州福山修道炼丹，至百岁时得道升天。唐刺史蒋防对其居有“扪萝拨云，瞻仰不足”之叹。

[249] 遁甘溪：指姚成甫。晋简文帝时番禺人。终身不仕，家虽贫而忧山水，不为世事所累。导白云山之水为甘溪，广州人始免江水咸卤之苦。慕安期生之迹，服蒲涧之菊，筑室甘溪上，并鱼鸟为侣，挹清泉以自洁。郡人高其谊，咸爱敬之。享年八十余。

[250] 槐位：三公之位。《周礼注疏》卷三十五《秋官司寇·朝士》："……面三槐，三公位焉，州长众、众庶在其后。"汉郑玄注："……槐之言怀也，怀来人于此，欲与之谋。"

[251] 献鉴枫垣：献鉴，唐代诗人及宰相张九龄献《千秋金鉴录》于唐玄宗，具陈古之兴废之道。枫垣，宫殿。汉宫室多植枫木，故名。

[252] 海燕：张九龄所作诗。以之托讽禽鸟，寄词草树。

[253] 白羽衔恩：张九龄因受朝中权臣排挤，借玄宗所赐白羽扇，作赋以明志，表明自己不忘朝廷恩典，对朝廷忠贞不渝。

[254] 张曲江：张九龄。字子寿，一名博物，谥文献。唐朝韶州曲江（今广东省韶关市）人，世称"张曲江"或"文献公"。

[255] 开元：唐玄宗李隆基年号，公元713—742年。

[256] 平章：同中书门下平章事，简称同平章事。

[257] 纶省：中书省。因中书舍人职掌撰拟诏令，故称。宋叶廷圭《海录碎事·臣职上》："纶省，除中舍人李乂为学士。词云：纶省推高。"

[258] 台司：御史台职司。掌监察之职。

[259] 刘湟川：刘瞻。唐桂阳人，祖籍彭城，字几之。懿宗咸通十一年（870）官中书侍郎同平章事。同昌公主卒，杀医官二十余人，其力谏，懿宗怒，贬驩州（今越南义安一带）司户。其刚正不阿，不畏强暴之行为世人所景仰。

[260] 懿、僖：唐懿宗（860—874）、唐僖宗（874—888）。

[261] 台阁：阁，原作"间"，今据清陈兰芝《南海庙志》改。汉时指尚书台，后泛指中央政府机构。《后汉书·仲长统传》："光武皇帝愠数世之失权，忿彊臣之窃命，矫枉过直，政不任下，虽置三公，事归台阁。"李贤注："台阁，谓尚书也。"

[262] 品式：制度。

[263] 冯道宗：冯元。字道宗，南海（今广东南海）人。宋真宗时，取明经者补学官，元自荐通《五经》。擢崇文院检讨兼国子监直讲。后擢太子右谕德。多次进讲《易经》。其昼治官事，夜间读书，熟识台阁品式。善音律，纠大乐钟石之偏，

献《金华五箴》，上纳其戒。天圣三年（1025），祭南郊，为卤薄使，主其事。又为翰林学士，凡三禁职。参见《宋史》本传。

[264] 相枢：枢相。唐宋对宰相兼枢密使者之称。宋高承《事物纪原·师保辅相·枢相》："《宋朝会要》曰：'唐以中官为枢密使，后唐始有带相印者。则枢相之始自后唐也。又至道三年八月，以曹彬为兼侍中充使，大中祥符五年九月，以吏部尚书王钦若、户部尚书陈尧叟并守本官同平章事充使，儒臣为枢密而兼使相，自钦若始也。'"

[265] 崔正子：崔与之（1158—1240），字正子，一字正之，号菊坡。广东增城人。南宋名臣。居官有政绩，七辞参知政事，十三疏辞右丞相兼枢密使，养老于广州。初官四川，金人不得入侵，后乞归。郑损代之，金人再入，其再临边，金人乃退。理宗时，广州摧锋军倡乱，与之家居，肩舆登城，叛兵望之，俯伏听命。其居位于今广州朝天路崔府街。《宋史》有传。

[266] 躅：迹也。

[267] 贇：分别也。

[268] 浚虞：舜帝。舜，受尧的禅让而称帝于天下，其国号为"有虞"，故号为"有虞氏帝舜"。帝舜、大舜、虞帝舜、舜帝皆其之帝号。

[269] 圣唐：尧帝。姓尹祁，号放勋。其初都阳邑（亦称唐邑，即今河北唐县南固城），故称"唐尧"。《中国历史地名辞典》："阳邑一作唐邑，在今河北唐县东北。"。

[270] 三才：天、地、人。《周易·系辞》："《易》之为书也，广大悉备，有天道焉，有人道焉，有地道焉。兼三材而两之，故六。六者，非它也，三材之道也。"

[271] 五常：又称"五典""五伦"，即五条准则。《尚书·泰誓下》："狎辱五常。"唐孔颖达疏云："五常即五典，谓父义、母慈、兄友、弟恭、子孝，五者人之常行也。"常乃不变，此指一定准则。

[272] 肴覈：本为美食，此指嗜好。

[273] 洙泗：洙水、泗水。古时二水自今山东省泗水县北合流而下，至曲阜北，又分为二水，洙水在北，泗水在南。乃春秋时鲁国孔子聚徒讲学之地域。后因以指孔子及儒家。

[274] 伊皋：借指人才。伊，即伊尹，商之贤相。皋，即皋陶，虞之贤臣。

[275] 昊天而以出王：昊天，元气广大之天。王，往，往来也，指天道之生生变化。借

指广东之历史发展，人、物之蕃滋，皆得天道变化之正。

[276] 青衿：青色交领的长衫，古代学子和明清秀才的常服。此指学子。《诗·郑风·子衿》："青青子衿，悠悠我心。"毛传："青衿，青领也。学子之所服。"

[277] 黄发：老年人。老人发白，白久则黄。《诗经·鲁颂·閟宫》："黄发台背。"晋陶渊明《桃花源记》："男女衣着，悉如外人，黄发垂髫，并怡然自乐。"

[278] 窜屏葭苇，与鸟兽群者：皆指隐逸之士。

[279] 俙：感动貌。《文选·司马相如》："于是天子俙然改容曰：'俞乎，朕其试哉！'"李善注引张揖曰："俙，感动之意也。"

[280] 阏：闭塞也。

[281] 袜偻倜傥，晻忽昭察：开明之世，人皆可尽其才。袜偻，残疾而能力低弱者。倜傥，超群之士。晻忽，迅速、突然。

[282] 税陷扃而荣镜：脱离暗昧，进入光明之世。税，通"脱"。扃，车前横木，指车辆。荣镜，映光之镜，指光明。

[283] 叨懫：贪而暴戾。《尚书·多方》："亦惟有夏之民叨懫，日钦劓割夏邑。"

[284] 闿泽：亦作"闿怿"。和悦貌。司马相如《封禅文》："昆虫闿怿，回首面内。"颜师古注："闿读曰凯。言四方幽遐，皆怀和乐，回首革面，而内向也。"

[285] 猗：赞美之辞。

[286] 凤皇：凤凰。

[287] 云之卿：卿，通"庆"，指祥瑞，福泽。《尚书大传·虞夏传》："百工相和而歌卿云，帝乃倡之曰：卿云烂兮，纠缦缦兮。"

[288] 緺襀璘瑞：緺襀，官员之服饰。璘瑞，文彩貌。借指人才辈出。

[289] 鄹乡：乡邑。鄹，民之所居也。

[290] 惬天则：符合天道。此指拥护明朝政权。

波罗庙赋[1]

（明）钟夏嵩[2]

岁阏逢之贞吉，简元良以东驰。迹扶胥之隑道，仰閟宫乎峃巇。经女牛而分域，镇百粤以封基。崔巨灵之顨质。贯长虹以逶蛇。迩凌竞之阊阖，回仿佛乎咸池。路磨硎而如砥，菀芳瑞之棽丽。濯沧溟之灏漾，挹曦赫乎嵎峡。云叆逮以远结，隐槮櫹而陆离。坋跷踵以缓步，欻矘䁚而中疑，类神输与鬼作，丛幻化之环奇，吁，可异哉，其骇人也尔。乃登高瞻眺，埢垣岭徼，拱揖宻北，崩岁嵙罿。嵾嵂嶂崒，嵣㟚嶕峣。蹇嶐崛岉，磅礴霄汉，蔽亏日月。不雪以瀙，负暄而烈。径崣嵾而嶆嵺，峻嵌岩乎陂陀，衍沃壤于奥薮，下培塿以重薖。蓊卉木以榷嶉。纷霍靡其森罗，神芝嘉谷，灵葩丹药，垂条茈虒，灿蘸猗傩，梗楠枫梓，波罗橘荔之属，樾干而槲柯，累章积仞，合抱连緺，浏莅岀吸，陵谷皱駴。闻谽谺之飘声，儵廪廪其昡吪，中有玅豹文彪，劲蠼飞鷵山猕野漫，夭娇轰愿，又讶乎蜩蛃之蛭蹉，夔罔之傀傀，蝯狖麋麈之群，鸧鸴翌鹫之丑，举僬侯而翀回，观于海者，浸涵天地，瀲滥江汉，湁潗潴濞，敝洌混瀚，瀾滀滇澥，涛濑激涣，吐纳呼吸，潮汐淠淠，淙尾闾以奔溜，泊坛埏而漫滤。气滃浡而雾缀，波接天而疑岸，经乎泱漭之野，通乎蓬瀛之漾，泛之无涯，察之无象。鳣鰋鲌鲖鰝鮻鲼魧。宝龟如陵，介鳌如嶂，江豚海狶，鱼牛虎蛟，难以殚形，千态万状，鲲鲲鳍鳎鳏鳢鲋鳟鳙鲂鳇鲫蠃鳖鲱鳐之种，微具众伙，不可量也。外则珊瑚瑇瑁，赇蛞车渠，鲛人之绡，海客之珠，烂陆莹岩，丽川沃澳，旁唐玓瓅，璀错披勇。乃若狞飚飓浪，曈昽掩光。崩涛泌沛，砏磝沸滂。霾峦溘谷，骉霆飙霜。禺虢乱其发骫，天吴夺乎周章。

水怪百出，山灵尽翔。乃徐观乎狡兽之恐惧，与轻禽之颉昕。泬寥既清，鸿蒙式廓。庆霱氛氲，渤澥融熗。扶桑骤暾，崦嵫碧熇。蟓房如厓，蜃嘘如阁。见乔山之帝都，望仙子于广汉。饮沆瀣以永年，拂瀐灑而姌袅。终朧朧以长盱，鄙前王之臆度。羌重译以祝圣，伟丹鸟于来仪。搏羊角而鹏化，瑞龙门之躨跜。粱天潢以迩极，溘灵煜而飆蜚。兹所以晔晔皇皇，蒸蒸如也尔。乃历青璅瑣，朱宇临层，殿辟阖户。乍阴乍阳，若瑶若瑀。轠轳轶[3]轧，嵯嵯[4]龃龉。冰臬之所表正，土主之所测序。著卜之所辨机，离输之所营虑。下峛崺以缜纷，上巃嵸而旁午。赫璀璨以迷眸，流蚴蟉而延伫。被椒桂以苾芬，响瑽瑢其鸣堵。正横虹而纠霓，哕凝岚而结雾。藻棁之翘翘，璇胪之膴膴。文楹之玭玭，绘轩之詡詡。枎振金碧以玲珑，鞋頀丹垩而腾翥。穹窿窈窱以窔寥，蠖濩蝴蜎乎容与。斗宿施于上荧，光触天而列炬。殷雷应其铿鍧，怪铜鼙之在虡。忽缥缈以来窥，森鬼神之攸芋。履欃枪，搴长离，走屏翳，抚冯夷。靊霳击历，飞廉献飈，烛龙风焰，纤阿盱睢。肆灵娲之鼓舞，列裔皇乎踵随。械厉魃于山麓，溺旱魃于灊澌。信王威之显灼，雩众变之披离。朝吾行于旸屿，求韩苏之故碑。咏清风以旷兴，访古哲而諏咨。认先公之手墨，追遐轨之不羁。拟扁舟之逸约，陟罗浮之嵚巇。冲予怀其感慨，悲昔是而今非。春与秋其代序，指长天以为期。又游览乎贞珉之华藻，与百祀之章仪。征前言之洽识，维蠲德以昭提。肇徽号之既正，质冲汉以无疑。练禴祀之淑旦，礼壬林乎孔时。奏严鼓以闛鞈，齐象服之攸宜。播祥烟之馣馤，锵佩玉以葳蕤。登降献其明洁，铄褫覆乎如茨。龢雨旸以玄化[5]，物阜[6]滋乎丕丕。殿滨隅以永巩，休邦国于允厘。矧皇衷之虔格，祷麟趾于昌期。神歆馨以配命，感协气乎清夷。肇前星之炳耀，袭宝祚以重熙。建乾坤之贞兆，摅六经以登辞。鸿典锡以报贶，泽燧涌而渗漓。肸蠁漫乎洋溢，灵浸彻乎幽微。亘宇宙以弥极，与大明而长祇。维仙岑之奥宅，曰祝融之所司。彼庙貌之矗郁，岂徒壮山海之绘絺而已哉！复系以歌曰：

“岋峨硉矶踞鳌极兮，岭嵘峋嶙水复泐兮。三精炯灵葆神宫兮，湛恩汪濊滀冲融兮。蔚紫葱翠霱霴霩兮，参伭肇化机潜沕兮。肃肃穆穆龙驾游兮，硙硙翼翼景物鸠兮。储祥丕沽福南土兮，嘉禋礼虔余庆溥兮。铿锵乐石滌瀼芳兮，手披云汉握瑶璜兮。”

校注

[1] 此文清陈兰芝《南海庙志》、乾隆《广州府志》卷四十九有载。

[2] 钟夏嵩：广州番禺人，明嘉靖十九年（1540）举人。历任福建建安县教谕、浙江景宁县知县、太仆寺丞。

[3] 轶：原脱，今据清陈兰芝《南海庙志》补。

[4] 龤：原脱，今据清陈兰芝《南海庙志》补。

[5] 玄：原作“元”，今据清陈兰芝《南海庙志》改。玄化，指神妙的变化。唐李朝威《柳毅传》：“吾君，龙也，龙以水为神，举一滴可包涵谷。道士，乃人也。人以火为神圣，发一灯可燎阿房。然而灵用不同，玄化各异。”张友鹤注：“玄化，神奇变化。

[6] 阜：原作“覆”，今据清陈兰芝《南海庙志》改。

波罗铜鼓赋

（明）黎遂球[1]

波罗庙有一铜鼓而缀两蛙，云是马伏波将军所铸，向埋地中。其处每闻蛙声，因掘地得之，蛙形尚存其一。供[2]奉鼓于庙，时鸣以祀祝融。曾有谋移去者，辄縚断絇绝，重不得致，仍归之庙，咸谓有神凭之。予为之赋，以俟后之博物君子焉。

若夫汾阴宝鼎，甘泉露盘，霄壤峙镇，洪范团攒。仙人作声，山子遥叹。铎不妄启，钟有肇端。咸托物以相感，信灵异之攸蹯。未若六齐气竭，五金色漂；椒图拟象，围廓若𪗋。舞闻如皀，覆蹲为鼛。

魑魅匪怪，朱鹭如歊。见怒蛙之可式，部鼓吹而兼操。疑擎掌之有杯，方铸柱而歇镳。既铭功以压蛮，遂奋枹而和箫。尔乃鸢飞同革，马革各埋。骨蚀毒流，面含劫灰。声追蠡而乐尚，钟衅血而铸泥。如印之弄刓兮缺纽，譬齿之浮落兮[3]留龂。孰辨丰狱之气，如居孔壁之隈。忆夔铄之待用，宁跃冶以明才。既郁郁而见日，遂轰轰以应雷。于是澒泞天吴之谷，震訇冯夷之宫。海神闻号而舞旗，阿香整驾以鞭龙。鲛人裂绡而泪珠，鳌怪翘足而嗥风。羌修灵之德胜，合钟簴于祝融。在四渎之祀典，岂三洲之游踪。爰有绁组，以趋分珪。虔事玉册，垂重金书。载赐波彝，胡拜而慑。景光螺文，摩灭而留赑屃。惟宝色之注焕，时伐动而懔岌。是故其荐信也，则霾噎潜消，瑷瓃荡清。纤阿案辔，翔阳奋轮。目穷南极之枢，耳听桃都之鸣。沈沈忽忽兮如见，澄澄冥冥兮如聆，若三通以启閟，肃百族以頫承。蜩像闻而褫魄，长鼍为之应声。其荐诬也，则阴晦惨浊、訇訇啍哗。大舆撼而若析，倚盖屑而倾斜。日涕浪以喷雨，云绞风如飞蛇。喧嚣靡宁，霹雳交加。慎尔幽独，骇此急挝。所以列同飞廉、翁仲之次，年视元凤、永平尤长。奏乐似咸阳之库，祭天胜休屠之王。彼遥徙而劫夺，兹惟神之可当。彼舁载而曷举，相璘瑞之辉煌。专八音以振响，更万祀而益彰。共识马氏之元勋，宜勒宣王之文章。爰有志士转坤，明王濬川，弓挽扶桑，剑倚长天。既扫氛埃，遂靖蛮烟。海波不扬，重译争先。姑须在陈，指南并传。归质黄耇，有道万年。爰作颂曰：

海帝维炎，厥器淘庚，匪革而鼓，亦镗亦鞳。栖神伏猛，将军攸成。爰从渎祀，以永祥征。日浴中夜，星转八纮。闉鞈铿锵，维神之听。澄尔风波，圣人是与。

校注

[1] 黎遂球（1602—1646）：字美周，明末著名诗人。广东番禺板桥乡（今广州番禺南村板桥）人。天启七年（1627）举人。南明隆武朝官兵部职方司主事，提督广

东兵援赣州，城破殉难，卒年四十五岁，赠兵部尚书，谥忠愍。善诗文，工画山水。著有《莲须阁诗文集》《周易爻物当名》。

[2] 供：原作“共”，今改。

[3] 兮：原作“分”，误刻。

张邑侯甘霖记[1]

（明）叶廷祚[2]

番禺之属都五[3]，而鹿步当虎门空洞之冲，田地大半辟从坪麓，少膏腴漫衍之区，大海前泄，则蓄注艰，况后为坂特乎？且地卑潮旺[4]，水易胶渍；天泽天和，旬日成卤水。苗浸卤中，比垄苗易槁。是以鹿步需雨，急于四都；频年苦旱，点雨如珍。浙东玉笥张侯来宰番（禺）[5]，补以醇醪，（湛同南海之波）[6]；民戴若父母。（神明□□）[7]，今岁丙寅复旱。占候者谓：曩岁荧惑犯斗，南土当赤数也。侯独不以数委，而精[8]禋弥笃，修救备至。徂暑之月晦前一日，以检踏劝济，至鹿步之波罗[9]（少憩焉）[10]。睹井里田畴，焦瘁集于面目。乃萃耆老，欷歔语曰：“诘明启闰得水，为润兹水乡也。时与地适，吾将请命祝融。不得，将为西华聚薪。”众曰：“唯。”朝肃坛而虔达焉，亭午，霡霂濡首；越日，同云泥足。初三日癸卯，翻盘沾洽矣！民大悦，老稚（翻苏，端明《喜雨词》而）[11]为之颂曰：“雨珠雨玉，以为我粟。雨玉雨珠，以为我哺。”遂号（雨）[12]曰“张公雨”。或谓侯鼓之神，不舞之乎！侯闻之，谦逊（不遑，全）[13]归其德于神。

众具述而质[14]于叶子[15]，叶子曰：“海神，龙也。侯，龙德而正中者也。吾闻之，大人者，与天地鬼神合德。侯也，神也，殆无得其[16]分，所云昭格，犹贰之矣。雨系于张，神必不争；侯之穆穆，不可窥测，试明征其行事，何非雨券？盖蕴隆为戾，曰郁曰啬。故东海之灾[17]，起于孝妇；东郡之苏，比于淮阳。侯理狱必躬必迅，幽隐毕照，犹不自用聪明，辄与舆论（共）[18]之，大罪必虔，小罪必恤，有一不为雷水解者乎？惟（是）[19]上通下达，利害转圜，厥自拮据。赈济以来，真有自为饮冰茹荼。刓补脂膏，吐哺分颐。喂起殍瘠，有一尚为云雷屯者乎！为解不为屯，则甘泽之施，侯若尸之柄矣。曰：“然”，（则）奚侯以海神（之）庙[20]为桑林，曰[21]因咎为休，美名乃留，随车佳语，必不（出）于时[22]。若天或俾波罗之树为侯荫棠，章邱之亭为侯畏垒，故及于祷，未可知也。”众瞿（然）[23]载歌曰：“天不降灾，侯何以来？雨不因侯，鹿步奚瘳？”于是叶子复进而广之曰：“为霖者，燮理阴阳，普惠八荒。区区鹿步，真寰中一发，安得私有侯？（侯，傅星也，未□调元，而旋转大力，业有其征）[24]。甲子之秋，乱民藉饥犯上，无等匪侯膏泽渗漉，精诚固结，能以一线系千钧，不唯南土赤，恐南土裂矣！（识者谓‘荧惑’，实退舍于侯。侯功德奠安，不□全粤，则一雨以救，□□以及。鹿步，又其渺小者□）[25]。”众曰：“吾侪小人，宁知域外，（为鹿步民，知鹿步耳。）[26]望雨得雨，侯实甦我。当[27]以片石当尸祝[28]，惟予表之，予闻蔡中郎为郭有道碣曰：‘独此无谀言愧色。’吾今纪侯亦然，（殊□□洋洋者在上，其敢不斋沐以敕及笔墨乎？）[29]

侯名国维[30]，字其四，金华东阳人。壬戌会魁，其所命率众祈祷，设法劝济，为巡检郭清，福建莆田人。（□□孔□，并存其名，以俟信史采焉。

天启六年岁次丙寅孟冬吉旦，赐进士第、奉政大夫、吏部验封清吏司[31]郎中治弟[32]叶廷祚顿首拜撰。）[33]

校注

[1] 此文同治《番禺县志·金石略》有载。

[2] 叶廷祚：原名天启。万历庚戌（三十八年，1610）进士，官太常寺卿。

[3] 番禺之属都五：明代番禺县辖地有县治和沙湾、茭塘、鹿步、慕德里四司。

[4] 旺：原作“壮”，今据同治《番禺县志·金石略》改。

[5] 禺：原脱，今据同治《番禺县志·金石略》补。

[6] 湛同南海之波：原脱，今据同治《番禺县志·金石略》补。

[7] 神明□□：原脱，今据同治《番禺县志·金石略》补。

[8] 精：原作“请”，今据同治《番禺县志·金石略》改。

[9] 鹿步之波罗：波罗，指波罗庙，即南海神庙。波罗庙其时隶属番禺县辖之鹿步司，故称。

[10] 少憩焉：原脱，今据同治《番禺县志·金石略》补。

[11] “翻苏，端明”“词而”：原脱，今据同治《番禺县志·金石略》补。

[12] 雨：原脱，今据同治《番禺县志·金石略》补。

[13] 不遑，全：原脱，今据同治《番禺县志·金石略》补。

[14] 同治《番禺县志·金石略》，此处有“平”字。

[15] 叶子：指撰者叶廷祚。子，古代对男子的通称。

[16] 其：原作“而”，今据同治《番禺县志·金石略》改。

[17] 灾：同治《番禺县志·金石略》作“殄”。

[18] 共：原脱，今据同治《番禺县志·金石略》补。

[19] 是：原脱，今据同治《番禺县志·金石略》补。

[20] 则奚侯以海神之庙：则，原脱；侯，原作“俟”；之，原脱。今据同治《番禺县志·金石略》改。

[21] 曰：原作“日”，今据同治《番禺县志·金石略》改。

[22] 必不出于时：出，原脱；时，原作“是”。今据同治《番禺县志·金石略》改。

[23] 然：原脱，今据同治《番禺县志·金石略》补。

[24] 侯，傅星也，未□调元，而旋转大力，业有其征：原脱，今据同治《番禺县志·金石略》补。

[25] 识者谓“荧惑”，实退舍于侯……鹿步，又其渺小者□：原脱，今据同治《番禺县志·金石略》补。

[26] 为鹿步民，知鹿步耳：原脱，今据同治《番禺县志·金石略》补。

[27] 当：同治《番禺县志·金石略》作“将”。

[28] 尸祝：祭祀。

[29] 殊□□洋洋者在上，其敢不斋沐以敕及笔墨乎：原脱，今据同治《番禺县志·金

石略》补。

[30] 国维：张国维（1595—1646年），字玉笥。浙江东阳人。天启二年（1622）进士，番禺知县。政尚廉平，兴学校，课农桑，以德化民。曾任明末江南十府巡抚，后任兵部尚书。清兵入关后，宁死不降，以身殉国。《明史》有传。原在今广州市农民运动讲习所东侧建有其祠，早已不存。可参同治《番禺县志》卷三十二《宦绩·张国维传》，及卷十七《建置略四》："玉笥祠在旧县治左，祀县令张国维，今圮。"

[31] 验封清吏司：明清时期吏部下设的机构。掌文职官员之封爵、议恤、褒赠、土官（少数民族聚居地区之本地官）世职及任用吏员等事。设有郎中二人，员外郎三人，主事三人，笔帖式若干人，经承七人。

[32] 治弟：古代部属对长官或旅外官吏对原籍长官的自称。

[33] □□孔□，并存其名……治弟叶廷祚顿首拜撰：原脱，今据同治《番禺县志·金石略》补。

南海庙施田记[1]

（国朝）屈士煌[2]

自古帝王代兴，必望秩于四隩六宗[3]，以敦怀柔河岳之意。南海神之有祠旧矣，昉于梁陈[4]，显于隋唐，迄今千三百余年，而尸祝俎豆逾盛，其地在番禺东八十里。自吾先世翰林诚斋公卜居沙亭[5]，在神祠之南，一水盈盈相望。神祠临大江，俯瞰冥渤，波涛万里，直溯旸谷。吾乡出门即望见庙貌，楼阁赫然，若在蜃气中。每夜，辄闻神祠鼓钟与鼍鸣相答。

先是明宣德[6]中，吾十世祖名原裔、号萝壁，十一世名鉴、号秋泉，十二世名怀义、号南窗，同谒神，归而相告语曰："神之赫濯甚矣，祀典隆巨，固无以加，然有祠千余年，而竟乏一石之租、三亩之税。朝廷禋祀而外，岁中四时荐享，牲腯萧脂之费何出？奉祀事、司洒扫、代嘏祝[7]者，衣食奚资？即四方宾旅游观者，饔飧酒茗胡给？”于是各蠲田，若波罗、海心沙、东马廊、西马廊、北山田共五顷六十余亩，以供祀事。以庙之羽士[8]司其籍，列田形税亩、册籍条约，勒石于左庑下。盖宣德四年己酉、二月庚子也。

自是以迄于今，潮淤愈增，则壤益广。若有阴相之者。然闻异时司籍婪劣，每依为奸利，而俗之无行者，复染指焉。至于强有力者，竟欲负之而走。然而皆获阴谴。吁，可畏哉！吾族自三祖施田以来，神日降庥，子弟多能沐诗书之泽，翺翔显于世。自鼎革后，兵燹频仍，旧碑苔藓，其田亦多芜没不治。于是族之绅耆[9]、文学[10]，请于当事，俾浮屠、黄冠[11]交司其租税之出入，虽吾子姓，毋得越俎焉，示公也。呜呼！巢许[12]让天下，而市道细人至于较铢锱，今有人割不訾之膏壤，以荐馨于神，乃有耽耽逐逐，窃神脂以自润，宁不愧于心欤！兹者田以渐治，祀以益修，僧、道交司之说，久而不变可也。

其田广长短狭，详见《庙志》。旧税载鹿步三图四甲陆光仑户[13]，后改僧户，复改南海神田户。然其田尚增息未已，百年后，当提封数倍云。虽然祖宗之基业，保持之责在贤子孙，而神则犹众人之父母也，然则斯田兴替，凡在庙中者，皆与责焉，岂吾屈氏私言哉！

校注

[1] 南海庙施田记：清屈大均《广东新语·神语·南海神》：“庙向无祭田，宣德间，吾从祖罗壁、秋泉、南窗三公始施田六顷六十八亩，在波罗海心沙、东马廊、西马廊、深井、金鼎、石鱼塘。田乃潮田，岁一熟，淤泥所积，子母相生，今又增数顷矣。庙中道士一房，僧二房收其租谷。岁仲春十二、十三日，有事于庙，罗壁子孙主道士，秋泉、南窗子孙主于僧。予从兄士煌有碑志其事。”屈大均称“予从兄士煌有碑志其事”，知此文当刻于碑，立于南海神庙内。现已不存。

[2] 屈士煌：参卷一“祭田”注[6]。

[3] 四隩六宗：四隩，指四方的边远地区。《书·禹贡》：“九州攸同，四隩既

宅。”六宗，指古代所尊祀的六神。《书·舜典》：“肆类于上帝，禋于六宗，望于山川，徧于群神。”六宗为何神，汉以来诸说不一，其中汉贾逵谓为日、月、星三天宗和河、海、岱三地宗。

[4] 昉于梁陈：所称南海神庙始于南朝梁陈时，尚不知其依据。目前多言建于隋文帝开皇十四年（594）。《隋书·礼仪志》：“开皇十四年（五九四年）闰十月，诏……东海，于会稽县界；南海，于南海镇南，并近海立祠……”

[5] 沙亭：参卷一“祭田”注[3]。

[6] 德：原作“庙”，今据文意改。

[7] 禋祝：祭祀。

[8] 羽士：参卷六“成化壬辰重修南海神祠记”注[28]。

[9] 绅耆：地方上的绅士和年老有声望的人。

[10] 文学：儒生。泛指有学问的人。

[11] 浮屠、黄冠：代指和尚与道士。

[12] 巢许：巢父和许由，亦称“巢由”。他们都是上古传说时代的隐逸之士。后来巢许成为隐士的代称，或用以称颂高洁的志向。晋皇甫谧《高士传》载：“尧让天下于许由，许由不受而逃去，于是遁耕于中岳，颍水之阳，箕山之下。尧又召为九州长，由不欲闻也，洗耳于颍水滨。时其友巢父牵犊欲饮之，见由洗耳。问其故。对曰：‘尧欲召我为九州长，恶闻其声，是故洗耳。’巢父曰：‘子若处高岸深谷，谁能见之？子故浮游，欲闻求其名声，污吾犊口！’牵犊上流饮之。”

[13] 三图四甲陆光仓户：图、甲、户为清时户籍制度图甲制。政府以此控制百姓，维护治安，征粮纳税。同治《南海县志·经政略》：“以图统甲，每图分为十甲……以甲统户，户多少不等。有总户，有子户，子户多少更不等。”

重修南海神庙碑记[1]

（国朝）王士俊[2]

王者建邦，礼隆岳渎，载诸祀典，掌于太常，而南海洪圣广利王，威灵赫奕，尤彰彰于郡志中者也。唐宋以来，代隆谕祭，被以冕服，锡以王封，隶麾下者，亦绾通侯。所谓四渎视侯，□神之位爲更进矣。按之礼，诸侯祭境内山川、岳渎之祭，固非士庶人所能与也。然齑民可以跻堂[3]，华封可以献祝[4]，诗曰：“乐只君子，民之父母”[5]。子可以对父母而言情，民亦可以向君公而请命，明礼乐而幽鬼神，理无二致，则推之建国亲侯、建侯亲民之义，义之所可通，则礼之所不禁也。

广州西庙，创自前朝[6]，栋宇峩峩，遥与波罗东庙对峙，盖省会之民，以重波艰涉，故分祀焉，以便朝夕告虔也。但日久不无倾圮，康熙年间，众共重修，弗克有终。越雍正癸丑年，有乐善者踵其事者，捐重金、兴土木，都人士踊跃签题。因建头门、新殿庭，以及前后两廊，暨乎香亭、厨库，细大之务，次第具举。庙以内，如跂如翚[7]；庙以外，如砥如矢[8]。甃砌森森，石衢四达，视旧制更加焕焉。

《记》曰：“民和而后神降之福。”[9]予奉简命，节钺斯土，下车以来，日以人心、风土为念，顾人理明而神理幽，秩虽各有崇卑，然皆王国蕃宣之吏也。兹者恭遇圣天子龙飞[10]，怀柔百神，协和万国，凡属守土之臣，咸思勉竭股肱，赞扬盛治。况神以赫赫之灵，极洋洋之盛，民既仰体崇禋之意而致虔，神亦必不遗卑贱之伦而锡福。将见海波不扬，炎方永赖，于以信幽明协而上下通，粤东人士为能以格乎神者，媚乎天子，揆诸亲侯亲民之义而适有合也。是以乐因绅士父老之请，爰为之记，以垂永久焉。

钦命广东等处承宣布政使司布政使、加三级、纪录四次[11]、黔南王士俊薰沐敬撰。

雍正十一年岁次癸丑季冬谷旦。

右刻在城西第十甫洪圣庙内。

校注

[1] 该文底本失载，仅目录以“亲祠南海神记”有列。或因本书为“波罗”之纪，即专指特定之南海东庙，而该碑文为重修南海西庙而记，录入目录后又觉不妥而于

正文剔除之。今据宣统《南海县志·金石略》补录，以作参考。

[2] 王士俊：据《清史稿》卷二百九十四、《清史列传》卷十八本传，雍正六年（1728），王士俊实授广东布政使，雍正八年（1730），主修《广东通志》。九年（1731），擢湖北巡抚，十年（1732），兼管河南巡抚。据此，该《重修南海神庙碑记》应为王士俊任职广东时所撰，至雍正十一年（1733）立石。

[3] 豳民可以跻堂：夏末商初时期，周人部落首领公刘率族人由邰（今陕西武功）迁于泾河之滨——原始荒蛮之地（今陕西咸阳彬县龙高镇土陵村陵滩），开拓豳地，建立城邑，光大后稷开创的农耕事业，使周人部落转入定居，开创了豳国的古代文明。豳民，豳地之民。跻堂，指登堂。《诗·豳风·七月》："跻彼公堂，称彼兕觥，万寿无疆。"王闿运《巡抚吴尚书六十寿颂》："盖《诗》称跻堂兕觥，报上之义也。"

[4] 华封可以献祝：清袁枚《随园笔记·庄子天地篇》："华封人祝尧曰：'使圣人富，使圣人寿，使圣人多男。'尧辞之曰：'多富则多事，多寿多辱，多男多累。'"从此留下了"华封三祝"典故，作为祝人和自祝的祝福贺辞，祝愿多福、多寿、多子。

[5] 乐只君子，民之父母：使人心悦诚服的君子，乃百姓的父母。出自《诗经·小雅·南山有台》。

[6] 广州西庙，创自前朝：广州南海神庙有东、西二庙，东庙即位于广州黄埔庙头，西庙位于广州第十甫，今下九路与文昌路交界处。清仇巨川《羊城古钞》卷三《洪圣西庙》："即南海神，在太平门外第十铺，明嘉靖十三年建，国朝康熙六年，察院董笃行奉谕祭；二十一年，礼部侍郎杨正中奉谕祭。有碑记。"此处言西庙创于明，当误。宋代已有记载南海神庙有东、西二庙，宋乾道三年廖颙《重修南海庙记》云："又一在州城之西南隅，故有东西二庙之称。"元陈大震大德七年（1303）《重建波罗庙记》云："（至元）二十八年，世祖皇帝加以灵孚之号。天使奉宣命，驰驿万里至广城，官吏无不肃恪。将致宠光于正祠，闻祠而废，乃于城西别祠行礼焉。"元至元二十八年（1368）之前，东庙已毁，朝廷暂于西庙致祭。可见宋、元已有西庙。今西庙已不存。

[7] 如跂如翚：形容宫室壮丽。《诗经·小雅·斯干》："如跂斯翼，如矢斯棘，如鸟斯革，如翚斯飞，君子攸跻。"朱熹集传："其栋宇峻起，如鸟之警而革也，其檐阿华采而轩翔，如翚之飞而矫其翼也，盖其堂之美如此。"

[8] 如砥如矢：《诗经·大雅·大东》："周道如砥，其直如矢。"指大道平坦似磨

石，笔直像箭杆。形容庙外大道平坦，畅通无阻。

[9] 民和而后神降之福：意为百姓的心归向君主，百姓和睦，神才会降福于君。《国语·鲁语》：“长勺之役，曹刿问所以战于庄公。公曰：‘余不爱衣食于民，不爱牲玉于神。’对曰：‘夫惠本而后民归之志，民和而后神降之福。若布德于民而平均其政事，君子务治而小人务力……’”

[10] 龙飞：指帝王的兴起或即位。《易·乾》：“飞龙在天，利见大人。”孔颖达疏：“若圣人有龙德，飞腾而居天位。”

[11] 加三级、纪录四次：清制，凡官员有功绩或经考核成绩优良者，可交部议叙，给予纪录或加级的奖励（武职也称“功加”）。每加一级相当于纪录四次。加级共分三等，即：加一级、加二级、加三级。加一级之上又有加一级纪录一次、加一级纪录二次、加一级纪录三次，以此类推。纪录亦分为三等，自纪录一次至加三级，共有十二等。议叙加级食俸者，照所加之级支取俸禄。加级给予升衔者，照所加之衔给予顶戴。遇有处分，如扣俸、降级等，即可以加级、纪录按一定之规相抵。可参乾隆《大清会典则例》。

拟南海神庙碑[1]

（国朝）韩海[2]

南海之神为祝融。祝融，火帝也，胡为海司哉？考石氏《星经》[3]：“祝融，赤帝之精，为朱鸟七宿。司夏、司火、司南岳、司南海是也。”五行惟水无不入，故大海四环。北位坎，为水源；东位震坎，为木之水；西位兑海，为金之水；南独位离，为火神、为炎德所沐浴，为德之水也。盖水火，人知其相克，不知其相生。天地之道，水足而后火生，相待若性命然。故祝融以帝于火者帝于水，而南海实为其都。

庙临扶胥江，江为百川尾闾[4]，而潮入虎门之口者，此其喉咽。海气盈缩，实管毂焉。鹢舟溯流，欲泊未泊，亭间鸱吻，先出树杪。每岁仲春，士女匍匐。木棉千章，光景不夕。奔走门庑，貌凛心肃，岂徒神之赫哉！厥地亦灵矣！祀典例用夏至，夏至阳极阴生，其以火为水之先天乎？宿庙前浴日亭，夜半猩涛沸腾，火轮奋跃。则水足火生，厥兆灼灼，祝融之兼司水火于南服也，固宜然。粤称泽国，日南七郡，大都膏润于海。尝出庙瞰牂牁之洋，呼吸风雷，欠伸潮汐。银涛铁飓，万变倏忽，惊心悸魄，不敢久立。使稍洋溢，其鱼鳖我苍赤[5]，潴泽我闾井[6]也，曷之能逃？念此，知神之奠我南服，厥德匪浅。昌黎谓："神次最贵，在北东西三神、河伯之上。"[7]诚匪意为轩轾[8]。自唐天宝中，册神为广利王，历宋、元、明迨今日，冕绶章服之颁，与金泥玉简之册，郑重简穆，不懈益虔。

今天子嗣位五十余载，怀柔河岳，高深效灵，八纮九埏[9]，罔不清晏。而南服海波不扬，盲风息，怪雨绝；鲸呿鳌掷，愓息听命；越裳白雉，络绎而至。眷神之灵，谓兹海疆，俾予一人。释南顾忧者，皆神之赞。屡遣重臣，衔命祭祝，敕有司焕其庙貌，其称予一人望秩之意。天书炳悬，赫赫濯濯。笾铏牲醴，戒肃腯洁。拜跪即次，靡有弗恭。交蛮铜鼓，声应潮信。贝阙鲛宫，一气响答。人致厥诚于神，神亦通厥灵于人。肸蠁潜格，是为国家翕河之休，岂徒我南服一隅之庆。《易》称"水火不相射"[10]，每用惘恍，兹于祝融之神，得水乳之合。因刻石，以景神之庥，彰国家之烈。而并镵其语，更为之歌以祀神。歌曰：

浮天浴日开炎荒，朱鸟七宿涵光芒。云旗陟降来无方，紫虬承盖骖翱翔。百川东走朝君王，珊蝴作柱辉龙堂。卿云烂漫瞻天章，玉墀丹城森琳琅。左环二虎右五羊，西拂细柳东扶桑。九旒南面何容昂，綪绂青纩朱垂裳。帝江屏息天吴藏，澹灾洒福威灵扬。士女饫德如饫肪，月乡星使频趋跄。赤溟鼍鼓渊渊长，先后铏簋安且祥。峨峨骏奔多圭璋，我皇至德惟馨香。万里奏格周旁皇，奠我南服期无疆。

校注

[1] 此碑文未署年月，据文中“今天子嗣位五十余载”，且韩海“为梁佩兰所知”，故此文撰于康熙五十年（1711）后数年间。

[2] 韩海：广东番禺人。雍正进士，曾任封川县教谕。同治《番禺县志》卷四十四：“韩海，字纬五。官桥人，侨居郡郭之东。少敏颖，嗜学好问，工声律。为郑际泰、梁佩兰所知。性孤介，授徒富人家，以坐位小失，拂衣归，至乏食无悔。雍正元年（1723）举于乡，十一年成进士。官封川教谕、鸿博之举，制军鄂尔达、抚军杨永斌欲首荐海，海赋《夏莲》诗，有‘欲待移根归太液，须寻十丈藕如船’句，乃不果荐。著有《东皋诗文集》。”

[3] 石氏《星经》：参卷一“南海神”注[8]。

[4] 尾闾：古代传说中海水所归之处，现指江河的下游。《庄子·秋水》：“天下之水，莫大于海，万川归之，不知何时止而不盈；尾闾泄之，不知何时已而不虚。”《文选·嵇康〈养生论〉》注引司马彪云：“尾闾，水之从海水出者也，一名沃燋，在东大海之中。尾者，在百川之下故称尾；闾者，聚也，水聚族之处，故称闾也。在扶桑之东，有一石方圆四万里，厚四万里，海水注者无不燋尽，故名沃燋。”

[5] 苍赤：百姓。

[6] 闾井：闾里，居民聚居之处。

[7] 出自韩愈《南海广利王庙碑》。

[8] 轩轾：古代大夫乘用车的顶前高后低为“轩”，前低后高为“轾”，喻指高低轻重。

[9] 八纮九埏：泛指广阔的九州大地。八纮，广阔的空间。九埏，九州。纮，原作“竑”，今改。

[10] 水火不相射：水火不相厌弃。道出了阴阳平衡、日升月落等自然规律。《周易·说卦》：“天地定位，山泽通气，雷风相薄，水火不相射，八卦相错。”射，《释文》云：“虞、陆、董、姚、王肃音‘亦’，云‘厌也’。”唐李鼎祚《周易集解》亦云：“射，厌也。”

修阿公坑记

崔弼

阿公坑，即县志所载尉迟岩[1]也，在南海神庙后五里。岩高数丈，有石室清泉，茂林阴翳，往往骚人逸士，逃暑其间[2]，作文酒会，流连[3]不能去。迩年来，好事者位梓潼[4]及观音神其中；以岩之名，塑敬德[5]像焉。敬德不莅粤而庙祀及之，与蜀人庙十姨等。则阿公坑之为阿恭坑，亦无不可。

《逸史》[6]载：太原书生邻有库，金甲神守之，欲乞其钱，云："此尉迟敬德钱，须持其帖来则可。"日访之煅铁者，敬德在焉，书生礼而求之，以为戏也，书五百贯券以付。书生持帖与神，而室中累累阿堵物[6]矣。敬德佐神尧有功，赐钱一库，缺五百贯，欲诛守吏，忽梁间[7]飞券而下。遂以其库钱悉散与亲族所知者。

呜呼，公事秦王时，隐太子[8]以金银一筐遗之而不受。太宗称"黄金满斗，不移其心"。未遇时，神道藉其权以济人之急。成功后，亦积而能散，此岂夺稍之能，当时莫尚？即儒者济人利物之见，千载后仰须眉焉。今阿公坑非太原库也，祷之林莽中，往往有钱，或十文、数十文，至百余文而止。得之，归以作居奇之母，则岁大利益。有持作卢雉[9]资者，亦大获采，或酬以两倍、三倍，均撒之林中。后至者卜之，以筊许则获，不许则不获，搜而得之，不敢取也。以是持筊者日伙，而昔日觞咏地，忽易而为妇孺喧阗、籤筊错杂所矣。

顾吾闻之：文昌在北斗戴筐星下，为权为衡。观音神之作泉州桥[10]也，使人投钱满船，以助工费。则神道固有不可测者，安在木居土之灵，必托始于鄂国公[11]哉。今栖神之宇湫而隘，游人憩息泉石间，倘风雨骤至，亦少停足处。庚申岁，藉远近善信捐祇园之金，广兹庙貌，俾凌烟阁[12]功臣之像，居然与十七世为士大夫身者食报于此。且共南海水月宫，同登彼岸游咏者，数椽山房，亦可托处。神有钱而神灵，钱有神而钱益灵，藉神力者，孔方山积。不独教授为业之书生可借五百贯矣。此方物产繁富，人民阜安，俟异日更斥而大之，是亦斯严之遭矣。为月泉社[13]以赛诗，为滕王阁[14]以会文，神道设教，安知不以阿公坑为文运之倡也夫。

校注

[1] 尉迟岩：同治《番禺县志·舆地略二》："尉迟岩，在波罗庙后五里。严高数丈，中有石室，旁有清泉。龙头山与之相连……"

[2] 间：原作"闲"，笔误，今据文意改。

[3] 连：原作"年"，今据文意改。

[4] 梓潼：亦名文昌神。掌管士人功名禄位之神，为民间和道教所尊奉。《明史·礼志》："梓潼帝君，姓张，名亚子，居蜀七曲山，仕晋战殁，人为立庙祀之。"

[5] 敬德：尉迟恭（585—658），字敬德，以字行，朔州善阳人。随李世民征战，曾封鄂国公，历鄜、夏二州都督。唐显庆三年（658）卒，谥号"忠武"。《新唐书》有传。

[6] 《逸史》：唐卢肇撰，记载正史之外之史事，共三卷，今已残缺，散见于《太平广记》《类说》等宋代笔记中。

[6] 阿堵物：钱的别称，有讽刺意义。南朝宋刘义庆《世说新语·规箴》："夷甫晨起，见钱阂行，呼婢曰：'举却阿堵物。'"

[7] 间：参卷七"修阿公坑记"注[2]。

[8] 隐太子：指唐高祖李渊长子李建成。隋大业十三年（617），李渊起兵反隋。次年李渊即位，改元武德，立建成为皇太子。武德九年（626）李世民告建成、元吉淫乱后宫之罪。翌日，李渊召二子入宫，同众大臣审核。至玄武门，建成被世民所杀。李建成被追封为息王，谥"隐"，追赠"隐太子"。

[9] 卢雉：泛称掷骰赌博为卢雉。唐李肇《国史补》卷下："洛阳令崔师本，又好为古之樗蒲……其骰五枚，分上为黑，下为白。黑者刻二为犊，白者刻二为雉。掷之全黑者为卢，其采十六；二雉三黑为雉，其采十四……"清钮琇《觚賸·雪遘》："躭游卢雉，失业荡产。"

[10] 观音神之作泉州桥：传说北宋泉州知府蔡襄建造泉州洛阳桥时，经费短缺，观音

神化身美女驾舟江上，许言如有人抛银能沾其身，愿许之为妻。致使舟里积银无数，悉数捐作造桥经费，洛阳桥得以顺利建成。

[11] 鄂国公：尉迟恭，参卷七“修阿公坑记”注[5]。

[12] 凌烟阁：唐太宗为表彰功臣而建筑的绘有功臣图像的高阁。唐贞观十七年（643），唐太宗李世民为怀念当初一同打天下的众位功臣（当时已有数位辞世，在世者亦多年迈），命阎立本在凌烟阁内描绘了二十四位功臣的图像，尉迟敬德即在其中，皆真人大小，褚遂良题字，时常前往怀旧。

[13] 月泉社：即月泉吟社。是元初宋遗民创立的人数最多、规模最大、影响最深的遗民诗社，其作品《月泉吟社诗》是中国现存最早的一部诗社总集。宋末浙江浦人吴渭曾官义乌令，入元隐居吴溪而创此社，请遗民诗人方凤、谢翱、吴思齐等主持。诗作内容借歌颂田园风光以抒发亡国之痛和故国之思，表明诗人不仕元朝的情操，具有深远的思想价值和艺术价值。诗社独特的征诗活动，对后世的文人结社产生了较大的影响。

[14] 滕王阁：始建于唐朝永徽四年（653），因唐太宗李世民之弟——滕王李元婴始建而得名，贞观年间，唐高祖李渊之子、唐太宗李世民之弟李元婴曾被封于山东滕州（今山东滕州），故为滕王，且于滕州筑一阁楼，名以“滕王阁”。后毁。滕王李元婴调任江南洪州（今江西南昌），因思念故地滕州，又筑豪阁仍冠名“滕王阁”。此阁因王勃《滕王阁序》为后人熟知。

诗歌　卷八

碑刻　八之一

苏东坡先生浴日亭诗[1]

剑气峥嵘夜插天，　瑞光明灭到黄湾。
坐看旸谷[2]浮金晕，遥想钱塘涌雪山[3]。
已觉沧凉苏病骨，　更烦沆瀣[4]洗衰颜。
忽惊鸟动行人起，　飞上千峰紫翠间[5]。

翁覃溪《金石略》云：石刻在亭内，下半微泐，题云“南海浴日亭”。题下有小字四行云：“至元十八年十月一日”，其余不可辨。细视其尾，似云“军都元帅广东□□使白□书”。检《广州志》，至元中有宣慰使白佐，岂其人欤？诗后跋云：“右绍圣初元，东坡先生谪惠州，过浴日亭所作也。壁间今存小刻，乃后人所书（□征）[6]，有舛异。筠旧得此真迹于湘中。嘉定辛巳立夏，祗奉皇帝（祝册）[7]来谒祠下，因出以寿诸石，（以）补（亭之阙）[8]。盖斯亭观览之伟，固自足以雄视海天。而此诗词翰之神，尤足以弹压千古，（是）[9]可（私）[10]其缺数字无传也哉！清源[11]留筠[12]端父书。”筠，正之次子也，嘉定十一年知广州府。诗第七句“忽惊鸟动行人起”，“鸟”石刻作“马”字，颇完好。非剥泐致误也，殊不可晓。

校注

[1]　此诗作于北宋绍圣元年（1094）。据翁方纲《粤东金石略》，此诗为绍圣初元东坡谪惠州过浴日亭所作。提点刑狱留筠得东坡真迹于湘中，嘉定十四年（1221）立夏，奉旨祭祀南海神，将东坡真迹勒诸石，遂成一方胜景。该诗为最早题咏浴日亭诗作，随后文人雅士唱和者颇多。作者苏东坡，据清同治《番禺县志·列传》：“苏轼，字子瞻。眉州人。绍圣中，谪惠州。经广州，山川名胜多所题

咏，如‘蒲涧’‘海珠’‘浴日亭’，皆有诗。居惠四年，移琼、廉州，召还。卒谥文忠。”此诗在《东坡全集》卷二二、《东坡先生诗》卷九、同治《广州府志》卷一百零一有载。浴日亭，宋氏郑熊《番禺杂记》：“浴日亭名看海亭。”王象之《舆地纪胜》云：“浴日亭在扶胥镇南海王庙之右，小丘屹立，亭冠其巅，前瞰大海，茫然无际。”又名拱日亭。本书目录作“登浴日亭”。原碑拓片题为“南海浴日亭”。

[2] 旸谷：日出之地。《山海经》：“大荒之中，旸谷有扶桑木，十日所浴，九日居上枝，一日居下枝。”《书·尧典》：“分命羲仲，宅嵎夷，曰旸谷，寅宾出日。”孔传：“旸，明也。日出于谷而天下明，故称旸谷。”孔颖达疏：“日所出处，名曰旸明之谷。”

[3] 钱塘涌雪山：指钱塘潮。宋周密《武林旧事》：“浙江之潮，天下之伟观也。自既望次至十八日为最盛。方其远出海门，仅如银线，既而渐近，则玉城雪岭，际天而来，大声如雷霆，震撼激射，吞天沃日，势极雄豪。”

[4] 沆瀣：夜间的水汽，露水。

[5] 间：原作“闲”，误刻。

[6] □征：原作“缺二字”，今据同治《广州府志》卷一百零一补。

[7] 祝册：原作“缺二字，上一字似是祝”，今据同治《广州府志》卷一百零一补。

[8] 以补亭之阙：以，原作“缺一字”，亭之阙，原作“缺三字”，今据同治《广州府志》卷一百零一补。

[9] 是：原作“缺一字”，今据同治《广州府志》卷一百零一补。

[10] 私：原作“缺一字”，今据同治《广州府志》卷一百零一补。

[11] 清源：今泉州。泉州唐时为清源郡。

[12] 留筠：泉州人，留正次子，时任广州知府。

陈白沙先生浴日亭和东坡韵诗[1]

残月无光水拍天，　渔舟数点落前湾。
赤腾空洞昨宵日，　翠展苍茫何处山。
顾影未须悲鹤[2]发，负暄可以献龙颜。

谁能手抱阳和去，　散入千岩万壑间。

《金石略》云：在苏诗碑阴，草书："浴日亭追次东坡韵。成化乙巳夏四月望后，翰林国史检讨古冈病夫陈献章[3]书。"后有湛文简[4]跋云："此吾师石翁先生手书浴日亭和东坡之作也，识者以为度越前作矣。夫以先生片言只字皆发于妙道精义之蕴，可以为训，又非特墨客诗人之比已也。此刻尝刻于关大正氏，而藏于道士马缺三字因李鳌峰别驾以示余。余久欲书此诗刻于亭中而未能，一旦得缺二字珠之入手也。遂俾善书者承差洗瀚，精摹入石，竖于亭上。

"嘉靖壬寅秋七月二十四日，门人前南京兵部尚书甘泉湛若水谨书。"

乾隆辛卯三月，大兴翁方纲[5]风雨中来摩挲碑刻，赋诗而去。此行在碑左，小字，八分书。

校注

[1] 此诗作于成化二十一年（1485），刻于苏轼浴日亭诗碑之阴。陈献章以茅龙笔题书，字体洒脱，为世人所重。《陈白沙集》卷七、清陈兰芝《南海庙志》、同治《番禺县志》卷三十一、雍正《广东通志》卷六十一、乾隆《广州府志》卷五十一、翁方纲《粤东金石略》卷二有载。此诗碑有明、清人题字六段，为陈白沙门人湛若水、清代金石家翁方纲、仪克中等所题。现碑在广州南海神庙西侧章丘山浴日亭。碑刻诗名作"浴日亭追次东坡韵"。

[2] 鹤：原作"白"，今据南海神庙原碑改。

[3] 陈献章：参"序一"注[23]。

[4] 湛文简：参"序一"注[24]。

[5] 翁方纲：字正三，号覃溪，一号苏斋，顺天大兴（今属北京）人。乾隆十七年（1752）进士。曾典试江西、湖北、江南等地，奖掖人才甚多。乾隆纂修《四库全书》时，奉命充当校理官，为各书撰作提要。翁氏精于金石谱录、书画碑版之学，称"考订之学，盖出于不得已，事有歧出而考订之，说有互难而后考订之，义有隐僻而后考订之"。著有《两汉金石记》《粤东金石略》《复初斋诗集》《复初斋文集》等。时翁方纲督学广东，故有观碑、题刻之行。《清史列传》有传。

奉命修理南海王祠偶成一律以纪岁月[1]

海渎修崇出万机，　纶音汗涣自天墀。
海隅庙貌尊南服，　方面威灵镇岛夷。
两庑铜钲思马援[2]，数行石篆忆昌黎[3]。
轮奂一新非昔日，　殷勤为国保鸿禧。

至正戊子冬至日，典瑞院照磨、河南王按弹溥化[4]书。

校注

[1] 此诗作于元至正八年（1348）。同治《番禺县志》卷三十、道光《广东通志》卷二百一十五、光绪《广州府志》卷一百零三、翁方纲《粤东金石略》卷二有载。

[2] 马援：参“铜鼓图跋”注[8]。

[3] 昌黎：参“序一”注[20]。

[4] 典瑞院：掌宝玺、金银符牌之事。初置符宝郎，复立符宝局。大德十一年（1307）改为典瑞院。照磨，正八品。《元史·百官志四》：“典瑞院，秩正二品。掌宝玺、金银符牌。中统元年，始置符宝郎二员。至元十六年，立符宝局，给六品印……十八年，改典瑞监，秩正三品……大德十一年，升典瑞院，正二品……照磨兼管勾承发架阁库一员，正八品。”王按弹奉命前来修理南海王祠，为元代中央部院之低职人员。

浴日亭诗[1]

弘治[2]三年秋八月十有二日，予与方伯刘时雍[3]祭南海神，夜泊浴日亭下。祭毕登舟，天色尚未明，见日柱已[挂][4]插海矣。倚篷东望，诗兴浩然。噫吁！亭有坡翁诗刻，予敢言诗哉？识[5]所见耳！

黄湾亭下夜推篷，　望望东溟一水通。
若木枝边天未白，　玻璃影里日先红。
火炎鲛[6]室愁波竭，珠照龙宫讶海空。
珍重坡翁诗刻在，　日争光彩水争雄[7]。

赐甲申进士、嘉议大夫、广东按察使、山阴薛纲[8]书。

校注

[1] 此诗作于明弘治三年（1490）秋八月十二日，作者与方伯刘时雍祭南海神，夜泊浴日亭下，天色尚未明，见红日渐升海波，荡漾红影，映衬坡亭，有感而作。同治《番禺县志》卷三十一、翁方纲《粤东金石略》卷二有载。诗名据同治《番禺县志》卷三十一补加。

[2] 弘治：参“波罗外纪目录”注[7]。

[3] 方伯刘时雍：方伯，明清时对布政使的尊称，刘时雍即刘大夏，据阮元《广东通志》，刘大夏为湖广（今湖北）华容人，进士，弘治朝任广东左布政使，“时雍”为其字。

[4] 挂：今广州南海神庙所存之碑无，为衍文。

[5] 识：原作“志”，今南海神庙原碑改。

[6] 鲛：即“蛟”。

[7] 雄：原作“红”，今据南海神庙原碑改。

[8] 薛纲：浙江山阴（今浙江绍兴）人，据阮元《广东通志·职官表》，薛纲于弘治二年（1489）任广东按察使。

浴日亭[1]

波锦无涯结人思，　朝朝浴日从何处？
一朝荡漾海涛红，　万国[2]光明天宝著。
缅历三百六十度，　直彻古今元气数。

乾坤洪造作此宝，　许大世事如可做。

弘治[3]丙辰十一月朔，赐进士、广东佥事[4]、前监察御史、江西瑞之新昌王相[5]题[6]。

校注

[1] 此诗作于明弘治九年（1496）。同治《番禺县志》卷三十一有载。

[2] 国：原作“里”，今据南海神庙原碑改。

[3] 弘治：参“波罗外纪目录”注[7]。

[4] 佥事：官名。宋代为各州府之幕僚，全称为签书判官厅公事。协理郡政，总管文牍。明沿宋制，都督、都指挥使司、按察使司等均置佥事。如按察使司置按察使一人，正三品；副使，正四品；佥事，正五品。

[5] 王相：江西新昌（今江西宜丰新昌镇）人。阮元《广东通志·职官表》作浙江人，应以碑为正。

[6] 题：原脱，今据南海神庙原碑补。

浴日亭次东坡韵[1]

孤云渺渺接长天，　石上危亭水一湾。
碧浪翻空吞晓日，　暝烟渡鸟落秋山。
百年江海怜癯骨，　万里风霜忆壮颜。
惆怅当时南窜客，　摩挲碑石翠微间。

嘉靖甲申孟秋，三衢徐攸溥[2]书。今碑作“攸溥”，《金石略》作“文”，未[3]考。

校注

[1] 此诗作于明嘉靖三年（1524）。诗文寓奔放于雄奇中，“百年江海怜癯骨”一句出语高兀，不落俗窠，读之使人怵然惊省。同治《番禺县志》卷三十一、清陈兰芝《南海庙志》、翁方纲《粤东金石略》卷二有载。陈兰芝《南海庙志》诗题作

"浴日亭"

[2] 攸溥：当作"文溥"。《粤东金石略》及阮元《广东通志》均作"文溥"。徐文溥，字可大，浙江开化人。正德六年（1511）进士，授南京礼科给事中，上言十事涉及权要，遂引疾去。世宗时，朝臣举荐，任河南参议，因念母乞归，旋改福建。嘉靖二年（1523）任广东按察司副使。《明史》卷一八八有传。

[3] 未：原作"末"，误刻。

浴日亭次东坡韵[1]

万顷清光映碧天，　一轮赤曜射黄湾。
亭空岛屿撑鳌极，　蜃作楼台障远山。
揽辔澄清余壮志，　登亭作赋若开颜。
愿将浴日杨枝水，　洒向成周宇宙间。

万历辛丑岁仲秋谷旦，巡按广东监察御史、贵阳方麓李时华[2]书。

校注

[1] 此诗作于明万历二十九年（1601）。同治《番禺县志》卷三十一、翁方纲《粤东金石略》卷二有载。

[2] 李时华：浙江仁和人。原籍贵阳，为明代巡按御史。同治《番禺县志》载："李直指（按：即使者，后指巡按御史。）祠，在龙藏寺街，为明巡按李时华建。"并引道光《香山县志》："万历末年，税珰（按：指职税收太监）李凤增粤税至二十万，粤商苦累。给事中郭尚宾奏略云，李凤初至粤东，纵棍徒以掠乡民，所在蠢蠢思乱。赖巡按李时华缚其爪牙法绳之，凤始稍戢，人心始稍安。"指出建祠之原由。据清陈梦雷等纂《古今图书集成·方舆汇编·职方典·广东汇考辑·广州府部汇考十一·广州府祠庙考一·本府》，李时华生祠有二，一在盐仓街（位今广州市仓边路西侧），一在龙藏街（位今广州市惠福东路北侧）。现均已不存。

谒南海神祠登浴日亭次东坡原韵[1]

连朝春涨水平天，　黄木人家住一湾。
客为神祠维[2]过棹，亭因观海□孤山。
历朝钟鼎崇明祀，　九译梯航仰圣颜。
遥望扶桑初出浴，　金波淘洗五云间[3]。
　　万历戊午季春望后，黔阳陈玉章。

校注

[1]　此诗作于明万历四十六年（1618）。同治《番禺县志》卷三十一有载。

[2]　维：同治《番禺县志》卷三十一作“留”

[3]　间：原作“闲”，今据同治《番禺县志》卷三十一改。

入春三日登浴日亭步东坡韵[1]

残腊风回又一天，　梅花数点吐黄湾。
地吞珠海千崖水，　潮抱[2]罗浮万壑山。
空谷睦莺聊卧几，　扶桑腾日更开颜。
遥知紫陌阳和转，　遍彻[3]荒陬五岭间。
　　闽人王命璿[4]题。

万历戊午，梁生启运偕同志凌腾龙、李选、曹昌缙读书波罗，至冬十一月廿四，实新春之三日也。适遇按台[5]王大宗师[6]道经浴日亭，登而憩焉。遂次东坡先生韵，诗成以示启运，诸生捧诵欣跃，敬勒诸石，以垂不朽。番禺门人梁启运识。

翁覃溪云：闽人王命璿《入春三日登浴日亭次韵》、三衢徐文溥《嘉靖甲申孟秋次韵》各一。按：《广州志》，王，万历四十五年任巡按。徐，浙江开化人，嘉靖二年任按察司副使又弘治[7]三年秋八月十有二日赐甲申进士嘉议大夫广东按察使山阴薛纲篷字韵七律一首，三碑字皆佳。又有万历辛丑贵阳李时华次韵诗。

校注

[1] 此诗作于明万历四十六年（1618）。此年番禺梁启运等人在南海神庙读书，巡按御史王命璿来游，登浴日亭，依东坡韵而赋诗，并以示梁等四人，梁等于是摹勒上石并记之。同治《番禺县志》卷三十一、翁方纲《粤东金石略》卷二有载。

[2] 抱：原作"落"，今据同治《番禺县志》卷三十一改。

[3] 彻：原作"□"，今据同治《番禺县志》卷三十一补。

[4] 王命璿：字君衡，号虞石，福建晋江人。万历三十二年（1604）进士。万历四十五年（1617）任巡按御史。《福建通志》有传，阮元《广东通志·职官表》有载。

[5] 按台：御史台之旧称。明初设御史台，至洪武十五年（1382）改置都察院，故万历年间之巡按御史，已隶属都察院。

[6] 宗师：官名，汉始置。《汉书·平帝纪》："其为宗室自太上皇以来族亲，各以世氏，郡国置宗师以纠之，致教训焉。"宗师掌宗室子弟之教训。而明代巡按亦有此责，故如此称。

[7] 弘治：参"波罗外纪目录"注[7]。

丁未冬日，代天祭告南海，同冯苍心、刘瑞堂、杨莲峰诸公登浴日亭漫赋[1]

炼石昔人已补天，　却看金乌落银湾。
庸庸愧我非冬日，　岳岳如君是玉山。
浪息鲸波咸帝力，　肃将香币动龙颜。香币，上寓目始发。
扣盘扪烛知何似，　逐队鸣珂帝座间。

都察院左（副）[2]都御史洛阳董笃行[3]天因题。

校注

[1] 此诗作于清康熙六年（1667）。康熙六年祭文："维康熙六年，岁次丁未……皇帝遣都察院右副都御史董笃行致祭于南海之神。"

[2] 副：原脱，应为"左副都御史"。康熙六年（1667）谕祭南海神文言其为"右副都御使"，钱仪吉编《碑传集》卷八《都察院左副都御史董公笃行墓志铭》："公讳笃行……历官都察院左副都御史，加一级，以原品归里。"当以墓志铭为准。

[3] 董笃行：字天因，洛阳人。顺治丙戌（顺治三年，1646）进士，改庶吉士，官至都察院左副都御史。

登浴日亭和东坡原韵[1]

浩渺烟波接晓天，　祗将祀事驻江湾。
潮来彝泊千帆水，　春隐阳羊几点山。
铜鼓殿高追往迹，　达奚祠古谒生颜。
朝暾乍涌扶桑表，　五岭风光指顾间。

天津周人骥[2]。

校注

[1] 此诗清陈兰芝《南海庙志》、乾隆《广州府志》卷五十一有载。

[2] 周人骥：字子昂，天津人。雍正进士，官至广东巡抚，后以避嫌转贵州巡抚。《清高宗实录》卷五二九《乾隆二十一年十月壬申》："广东巡抚员缺，着周人骥署理。周人骥着来京陛见，即行赴任。"后陈宏谋任两广总督，因陈、周为师生，故调任。卷五五二《乾隆二十二年十二月癸亥》："又谕：两广总督员缺，着陈宏谋补授。"卷五五五《乾隆二十三年正月壬子》："又谕曰：陈宏谋、周人骥谊属师生，例应回避……所遗贵州巡抚员缺，着周人骥调署。"由此可知周人骥任粤一年有余，此诗当在此期间所作。

和抚军祀南海庙登浴日亭步东坡原韵[1]

扶胥闻道壮南天，　二虎[2]潮平黄木湾。
目极波涛千古日，　亭收杳霭百重山。
欣依阳煦游清宇，　幸少冰霜益瘁颜。
且向春风一拄杖，　置身金晕翠岩间。

周龙官。[3]

校注

[1] 此诗作于清乾隆年间。清陈兰芝《南海庙志》、乾隆《广州府志》卷五十一有载。

[2] 二虎：参“自序”注[2]。

[3] 周龙官：字翼皇，江南山阳（今江苏淮安）人。雍正元年（1723）会试中式，二年补殿试。乾隆元年（1736）充广东正考官。《清高宗实录》卷一九《乾隆元年五月庚戌》：“……检讨周龙官，为广东乡试正考官；工部主事章有大，为副考官。”

南海庙铜鼓歌[1]

祝融神庙崇炎方，　中置铜鼓形辉煌。
一尺通围径五尺，　一鼓稍逊音相当。
陆离斑驳花纹古，　雕镂龟纽龙蛇舞。
雨淋日炙几千年，　苔青藓碧重摩抚。
征蛮昔传马伏波[2]，以节步代声平和。
征侧既诛征贰服[3]，此鼓弃置埋蓬科。
是谁辇载供神庙，　金精不蚀相辉耀。
渊渊响彻殿西东，　浴日亭高送残照。
武侯昔日留此器，　蜀道行军壮旗帜。

南征北伐伟略同，　异代镕模出神智。
二月望日祀神期，　两鼓考击鸣雄雌。
龙宫震惊怒涛作，　应律[4]叶节腾蛟螭。
我从将币瞻法物，　满面浮尘劳拭拂。
模糊篆籀不可稽，　光彩斑斓如锦绮。
韩苏石鼓名作传，　好奇慕古垂长篇。
得非此鼓尔时尚晦匿，品题未及良缺然。
近来好古翁学士，　参考《粤东金石记》。翁覃溪学士著《粤东金石录》。
遐方遗迹穷讨寻，　摭拾旧闻补青史。
愿因作贡归天家，　夏商彝鼎争矜夸。
金钟大镛在东序，　差胜烟岚瘴树深周遮。

校注

[1]　此诗作于清乾隆三十五年（1770）。作者德保，索绰络氏，内务府满洲正白旗人。乾隆二年（1737）进士。于乾隆三十四年（1769）十二月至四十年（1775）十二月任广东巡抚。又于三十六年（1771）二月兼署两广总督。《清史列传》卷二十四有传。今存其《抚粤条告汇编》二卷。《清史稿》卷一三《高宗纪》："三十五年春正月己卯朔，以上六十寿辰，明岁皇太后八十万寿，诏普蠲各省额征地丁钱粮一次……（八月）丙戌，万寿节，上诣皇太后宫行礼。御太和殿，王以下文武各官进表，行庆贺礼……"可知乾隆三十五年（1770），在其任职广东期间因庆寿而祭告南海神。

[2]　马伏波：指马援。参"铜鼓图跋"注[8]。

[3]　征侧既诛征贰服：误。史实为"斩征侧、征贰"。南朝宋范晔《后汉书·马援传》："（建武）十七年……又交趾女子征侧及女弟征贰反，攻没其郡。九真、日南、合浦蛮夷皆应之，寇略岭外六十余城，侧自立为王。于是玺书拜伏波将军，以隆乐侯刘隆为副，督楼船将军段志等，南击交趾。军至合浦而志病卒，诏援并将其兵，遂缘海进，随山刊道千余里。十八年春，军至浪泊上，与贼战，破之，斩首数千级，降者万余人。援追征侧等至禁溪，数败之，贼遂还走。明

年正月，斩征侧、征贰，传首洛阳……自无功，至居风，斩获五千余人，峤南悉平……二十年秋，振旅还京师。”

[4] 应律：应合乐律。应，应时，按时。律，指音乐之律。《尚书·舜典》注文曰：“律，谓十二律……以之制乐而节声音。”《楚辞·九歌·东君》：“应律兮合节，灵之来兮蔽日。”

祭南海神庙得诗四首[1]

南郊分四渎，　祀典重炎方。
壬日虔占吉，　冬初展报尝。
德敷重译远，　威摄海波扬。
瞻礼遵王制，　抠衣拜衮裳。

虎门遥对峙，　浴日景常留。
庙镇山同古，　江环水自幽。
灵风飘玉座，　香气集金瓯。
来格如神飨，　惟期奠海陬。

先期陈玉帛，　版祝献龙宫。
绛节云车下，　名芗御案通。
怀柔钦化洽，　鱼稻卜年丰。
守土殷民瘼，　宁忘保障功。

祭毕神还位，　长廊证见闻。
木棉垂荫处，　古迹灿流风。
器重将军鼓[2]，碑传刺史文[3]。
留连歌吹晚，　归骑拥斜曛。

乾隆庚寅十月，抚粤使者、吉林德保[4]。

校注

[1] 此诗作于清乾隆三十五年（1770）。

[2] 将军鼓：伏波将军马援征讨交趾少数民族叛乱所获之铜鼓。

[3] 刺史文：指韩愈的《南海神广利王庙碑》。韩愈曾贬岭南，官阳山令、潮州刺史，故称。

[4] 抚粤使者、吉林德保：德保于乾隆三十四年（1769）十二月至四十年（1775）十二月任广东巡抚，故称。

登浴日亭诗[1]

乾隆五十五年庚戌，恭逢圣寿八旬，沠祭南海。诹吉于二月十一日，由京起程，四月初十日，展谒神祠。因登浴日亭，读苏长公诗，援笔记此，不暇计其工拙也。[2]

八旬天寿庆延洪，　圣主怀柔首祝融。
瑞协当阳昭丙位，　特将殷礼粤城东。
南望沧波放眼青，　乘槎万里记曾经。前奉使台阳[3]，距今十余年矣。
三枫五渡等闲过，　又上[4]扶胥浴日亭。
谁道朱厓[5]道路难，龙章虎节[6]簇征鞍。
大苏[7]当日留题处，老眼摩挲幸一看。
奉使皇华不暂停，　柳堤春霁指南溟。
此行携得吟鞭否？　可有诗篇杀竹青[8]。

使者孟邵[9]敬题。

校注

[1] 此诗作于清乾隆五十五年（1790），原无题。今诗题为整理者所加。

[2] 此诗因孟邵被遣祭南海神而作，可参本书卷六乾隆五十五年《谕祭南海神文》。

[3] 台阳：今台湾。

[4] 上：原作“土”，误刻。

[5] 朱厓：朱崖洲，指海南岛。唐德宗年间杜佑任岭南节度使，《新唐书·杜佑传》：“朱厓黎民三世保险不宾，佑讨平之。”

[6] 龙章虎节：龙章，指授予征伐大将之旗。虎节又称虎符，古代用于军事和外交等方面的信物，是我国古代使者或统帅所持的凭证。一分为二，合则为证。

[7] 大苏：苏东坡。北宋散文家苏洵和他的儿子苏轼、苏辙有“三苏”之称。苏洵为老苏，苏轼为大苏，苏辙为小苏。三苏之中，苏洵和苏辙主要以散文著称；苏轼则不但在散文创作上成果甚丰，而且在诗、词、书、画等方面均有重要地位。

[8] 杀竹青：古代在竹简上书写，先以火烤竹去湿，再刮去竹青部分，以便于书写和防蛀，称为汗青或杀竹青。故后世把著作完成称为汗青或杀竹青，以此借指史册。阮元《晚晴簃诗汇》卷一零七《四月十日同顾星桥吏部陈古华太守石状元三院长暨朱椒堂兵部蒋秋吟太史诗华秋槎何梦华王柳村项秋子张秋水鉴诸君子集灵隐置书藏纪事》：“学人苦著书，难杀竹青汗。若非见著录，何必弄柔翰。”

[9] 孟邵：字少逸，号鹭洲，今四川德阳市中江县人。清乾隆四十二年（1777）以兼任福建道监察御史之差至台湾担任视台湾监察御史。历任宗人府府丞、左副都御使、大理寺卿等。著有《蝶叟集》。

承祭南海庙礼成述事[1]

三神河伯西北东，　位贵南海推祝融。
昌黎此语本《金匮》[2]，万载勒石高崇隆。
繄古四海无祀事，　校人坎坛周祭始。
隋代近海专立祠[3]，以巫一人洒扫侍。
武德贞观典略详，　五郊迎气随其方。

天宝十载各封号，　惟神广利升为王[4]。
考王灵迹多显异，　载在碑版余略记。
在宋康定有二年，　徽称洪圣[5]加二字。
侬獠[6]不靖来端州，飓风三日胶贼舟。
岑探[7]怙恶发新会，冰凌一夜沮奸谋。
暴雨经旬倾炮架，　飞鼠数万栖城楼。
式遏寇虐寒贼胆，　为民捍患迎神庥。
昭顺威显叠晋号，　皇祐绍兴光前休。
袿褵簪钿花九树，　青衣朱裳冕九旒。
彬阳寇自连山戍，　蜂屯狼噬封川路。
守帅朝征营卒行，　村人夜见神兵赴。
击贼陡涨郭□溪，　摛渠忽布卢田雾。
遂宏殿宇丹雘施，　朝颁大额颜英护[8]。
有元敕使光载途，　八字号外崇灵孚[9]。
至明各以本名祭，[10]稽古制或宜然乎。
波罗江源水晶殿，　珠宫蜃市呈清晏。

熙朝盛典重祇告，　每逢国庆专官遣。
春秋二祀礼仍备，　配以六侯[11]与裸荐。
厥侯事业名姓谁，　一一皆可考诸传。
达奚司空助利侯，　悲望天盆若有羡。
杜公司空助威侯，　雄辖阴兵如欲战。
将军曹公拯救危，　提点蒲公多积善。
济应顺应各侯封，　海客梦中曾识面。
一郎辅宁二赞宁，俱王子。班列左右诸侯殿。
凡此征实载志乘，　不比荒唐传俗谚。
惟王功烈垂无穷，　惟史纪述殊难工。

略举往迹著奇异，　更书今事惊愚蒙。
广州入春未有雨，　盼切农民走官府。
使舟甫从花地过，　密云已见商羊舞[12]。
惝恍竞展飞廉麾，　砰訇频击冯夷鼓。
半日滂沱注渥膏，　千里青葱苏困土。
阖城官吏神飞扬，　顿驱炎灼生清凉。
岂果甘霖会逢适，　得毋祝册迎相将。
敬仰神功答明圣，　遂教使者叨荣光。
我诣崇祠举时祀，　兼为守土重添香。
礼成肃退更展谒，　考古念切尤徬徨。
韩碑苏碑字斑驳，　大鼓小鼓铜铿锵。
卧石立石列廊庑，　名文名笔罗文章。
浴日亭高拾级上，　金碧澒洞波滉漾。
榑桑旸谷指顾间，　蓬莱绛阙纷迷向。
慨想诛岑奔獠时，　一若鲸呿鳌掷状。
别有祈请心拳拳，　海洋赤子犹颠连。
潢池盗丘既行觧，　水师披甲驰楼船。
倘令踏浪歌独速，　鼓腹同饱丰穰年。
钦差内阁侍读学士裘行简[13]撰。
委管越华书院候补训导黄丹书[14]书丹。

校注

[1]　此诗未题年月，据卷六嘉庆五年《谕祭南海神文》：“嘉庆五年，岁次庚申……皇帝遣内阁侍读学士裘行简致祭于南海之神。”可知此诗应作于嘉庆五年（1800）。

[2]　金匮：相传为西周姜太公所著《太公金匮》。书中载：“……先进南海君，次东海君，次西海君，次北海君，次河伯、雨师、风伯……东海之神曰勾芒，南海之神曰祝融，西海之神曰蓐收，北海之神曰玄冥。”

[3] 隋代近海专立祠：指隋代开皇十四年（594）在广州建南海神庙。

[4] 天宝十载各封号，惟神广利升为王：指唐天宝十年（751），唐玄宗认为四海之神，灵应昭著，因此封南海神为广利王，东海神为广德王，西海神为广润王，北海神为广泽王。《旧唐书·仪礼志四》：“（天宝）十载正月，四海并封王。遣……太子中允李随祭东海广德王，义王府长史张九章祭南海广利王，太子中允柳奕祭西海广润王，太子洗马李齐荣祭北海广泽王。”唐韩愈《南海神广利王庙碑》：“由是册尊南海神为广利王，祝号祭式与次俱升。”

[5] 洪圣：指宋康定二年（1041），为南海神加封“洪圣”号。参见本书卷六“康定二年中书门下牒”碑。

[6] 侬獠：指侬智高。北宋中期广西广源州（今靖西、田东一带）的少数民族首领，侬智高起事反宋的发动者。

[7] 岑探：指宋哲宗元祐元年（1086）新州（治广东新兴）土豪岑探。其善幻，聚党谋新州，略番禺，被广州知州蒋之奇率领官兵斩首。

[8] 英护：南宋庆元三年（1197），大奚岛民起义，在南海神庙附近洋面被官军击败，官府认为是海神显圣，保佑社稷，遂报朝廷表彰南海神，次年得以获赐“英护庙”额。

[9] 灵孚：元至元二十八年（1291），元世祖封南海神庙为“广利灵孚王”。可参《元史》卷七十六《志第二十七·祭祀五·岳镇海渎》。

[10] 至明各以本名祭：明洪武三年（1370），明太祖朱元璋下诏除去岳镇海渎历代所封名号，只以山水本名称其神。可参本书卷六“洪武三年御碑”。

[11] 六侯：辅佐南海神的六名大将。被南海神赐官封候。可参本书卷六“六侯之记”碑。

[12] 商羊舞：源于商周时期的民间求雨舞蹈。传说商羊鸟是一种吉祥鸟，每逢下雨前，即有成群的商羊鸟从树林里出来，蹦跳玩耍。于是，人们见商羊鸟出现，便知雨要降临，纷纷挖沟开渠、疏通水路，为灌溉良田作准备。随着历史变迁，商羊鸟逐渐绝迹。因此，每逢大旱，人们遂自扮商羊鸟，脚挂铃铛，蹦跳舞蹈，以求降雨。《孔子家语·辩证》：“齐有一足之鸟，飞集于公朝，下止于殿前，舒翅而跳。齐侯大怪之，使使聘鲁，问孔子。孔子曰：‘此鸟名曰商羊，水祥也。昔儿童有屈起一脚，振讯两眉而跳，且谣曰：‘天将大雨，商羊鼓舞。今齐有之，其应至矣也。’急告民趋治沟渠，修堤防，将有大雨为灾。顷之，大霖雨，水溢泛诸国，伤害民人。惟齐有备不败。”东汉王充《论衡·变动》云：“商羊者，知雨之物也，天且雨，曲其一足起舞矣。”清蒲松龄《聊斋志异》跳神篇记

载："妇束短幅裙，屈一足，作商羊舞。"

[13] 裘行简：参本书卷六"嘉庆五年谕祭南海神文"注[3]。

[14] 黄丹书：字廷授，一字虚舟，顺德人。乾隆六十年（1795）中举人，官开平训导。工书、画及诗，称三绝。有《鸿雪斋诗钞》八卷、《文钞》一卷、《胡桃斋诗余》一卷存世。称其"委管越华书院"者，指冯敏昌主讲粤秀书院，请其监院事。汪兆镛《岭南画征略》卷四："黄丹书，字廷授，一字虚舟，顺德人……学使李调元选取优贡，乾隆六十年中举人，赴礼部试，不第，朝贵争迎之，不就。尝曰：'贫与富交则损名，贱与贵交则损节。'官开平训导。冯敏昌主讲粤秀书院，以丹书监院事……归里，于邑城东筑听雨楼，隐居养亲。工书、画及诗，称三绝……著有《鸿雪斋诗钞》八卷、《文钞》一卷、《胡桃斋诗余》一卷。"

题壁

登浴日亭次东坡韵[1]

茫茫海气隐遥天，　一抹霞残黄木湾。
才趁晚潮依佛火，　又惊初日照神山。
虎门列屿光摇目，　龙户[2]擎珠艳映颜。
摹罢唐碑摧汉鼓，　几多余韵在人间。

惠州守、汀州伊秉绶[3]。

校注

[1] 伊秉绶于清嘉庆四年（1799）出守广东惠州府，嘉庆六年（1801）后授扬州知府。故此诗应作于嘉庆四年至五年。

[2] 龙户：南方水上居民。唐韩愈《送郑尚书赴南海》诗："衙时龙户集，上日马人来。"清屈大均《广东新语·舟语·蛋家艇》："昔时称为龙户者，以其入水辄绣面文身，以象蛟龙之子。"

[3] 伊秉绶：字组似，又字墨卿，福建宁化人。嘉庆四年（1799）出守广东惠州府。《清史稿》有传。据清钱仪吉《碑传集》卷一百十《扬州府知府伊君秉绶墓表》："君讳秉绶，字祖似，又字墨卿。唐末，自河南迁福建之宁化，遂为宁化县人……由县学生中乾隆己亥本省举人。甲辰，举中正榜。己酉，成进士。授刑部额外主事，补浙江司、迁直隶司员外郎。嘉庆元年，尝侍光禄，与千叟宴。三年，典湖南试。明年，出守广东惠州。甫下车，问民疾苦，裁汰陋规……尝修朝云墓，于苏文忠祠沼中，得'德有邻堂'砚，人谓文忠以贶贤守云……君生乾隆十九年正月十一日，卒嘉庆二十年九月十一日，春秋六十有二。"以此知其于嘉庆四年（1799）出守广东惠州府。

题浴日亭

百尺危亭拾级登，　海天纵目气飞腾。
未从北极瞻双阙，　先见南溟起大鹏。
万里梯航争入贡，　三更若木[1]看将升。
拟携彩笔干霄汉，　翻羡眉山一老能。

校注

[1] 若木：古代传说中的树名。《山海经·大荒北经》："大荒之中，有衡石山、九阴山、泂野之山，上有赤树，青叶，赤华，名曰若木。"郭璞注："生昆仑西附西极，其华光赤下照地。"另一说，即扶桑，借指东方。清段玉裁《说文解字注·木部》："叒，日初出东方汤谷所登榑桑，叒木也。"段玉裁注："当云：叒木，榑桑也，日初出东方汤谷所登也。""叒"是若字古体。《楚辞·离骚》："折若木以拂日兮，聊逍遥以相羊。"唐李峤《日》诗："日出扶桑路，遥升若木枝。"

再次东坡韵[1]

天人谁遣谪南天，　凝碧湾边黄木湾。
因向扶胥观浴景，　何如登岱望神山。
金精跃处同衔火，　玉色頳时作晚颜。
我读公诗犹见日，　况从宵梦仰眉间。
　　钦州冯敏昌。[2]

校注

[1] 诗作于清嘉庆四年（1799）。南海神庙浴日亭现存陈献章诗碑有冯敏昌嘉庆四年（1799）题名“嘉庆己未十二月廿四日，钦州冯敏昌奉慈谒庙，登亭因题，弟侄两男、眷属十二人侍行。侄士规刻”，故该诗应作于此年。

[2] 冯敏昌（1747—1807）：字伯求，号鱼山，钦州人。以拔贡入国学，乾隆四十三年（1778）进士，授编修，后调补刑部河南司主事。汪兆镛《岭南画征略》称其“遍游五岳，皆造颠题其崖壁……曾主讲端溪、越秀、粤秀书院。粤中知古学，敏昌为之先导也。”

名集　八之二[1]

赠别元十八协律　六首之六[2]

（唐）韩愈昌黎

寄书龙城守，　君骥何时秣。
峡山逢飓风，　雷电助撞捽。
乘潮簸扶胥，　近岸指一发。
两岩虽云牢，　水[3]石互飞发。

屯门虽云高，　亦映波浪没。
余罪不足惜，　子生未宜忽。
胡为不忍别，　感谢情至骨。

校注

[1] 原作“诗歌　八之二　名集”，今据本书“波罗外纪目录”改。

[2] 作于唐元和十五年（820）。韩愈于元和十四年（819）正月上疏谏迎佛骨，触怒宪宗，由刑部侍郎贬官潮州刺史。元和十五年在袁州时，为南海神庙撰写《南海神广利王庙碑》，称神庙处“扶胥之口，黄木之湾”。该诗有“乘潮簸扶胥”句，知此诗即作于当时。韩愈所作一碑一诗，交相辉映，流传百世。

[3] 水：原作“木”，今据文意改。

南海东庙浴日亭[1]

（宋）杨万里[2]诚斋

南海端为四海魁[3]，　扶桑[4]绝境信奇哉。
日从若木[5]梢头转，　潮到占城[6]国里回。
最爱五更红浪沸，　忽吹万里紫霞开。
天公[7]管领诗人眼，　银汉星槎借一来。

校注

[1] 宋孝宗淳熙六年（1179），杨万里调任提举广东常平茶盐。居粤五年，遍吟南粤，作诗数百首，结为《南海集》。该诗从大处着笔，万里宇宙、红日波涛将人引入一个浩茫虚空之境界。此诗陈兰芝《南海庙志》有载。

[2] 杨万里：参“序一”注[22]。

[3] 南海端为四海魁：南海的确为四海之首。清光绪《广州府志》：“扶胥之口，黄木之湾，岭南海水之会也。罗浮虽夜半见日，然在山岭高处。海嵎卑下，此独见

之，若凌空倒影，光怪灵幻，最为奇观。”

[4] 扶桑：日出地之神木。《山海经·海外东经》：“旸谷上有扶桑，十日所浴。”《海内十洲记》：“扶桑在碧海中，树长数千丈，一千余围，两干同根，更相依倚，日所出处。”

[5] 若木：参卷八“题浴日亭”注[1]。

[6] 占城：又称占婆、占波。占族人于今越南中南部地区所建的古国。占城于137年由区连建立，十四世纪时，国势一度十分强盛，十七世纪末亡于安南阮氏。《明史》：“占城居南海中，自琼州航海顺风一昼夜可至，自福州西南行十昼夜可至，即周越裳地。秦为林邑，汉为象林县。后汉末，区连据其地，始称林邑王。自晋至隋仍之。唐时，或称占不劳，或称占婆，其王所居曰占城。至德后，改国号曰环。迄周、宋，遂以占城为号，朝贡不替。”

[7] 公：清陈兰芝《南海庙志》作“宫”。

二月十三日谒两庙早起

起来洗面更焚香，　粥罢东窗未肯光。
古语旧传春夜短，　漏声新觉五更长。
近来事事都无味，　老去波波有底忙。
还忆山居桃李晚，　酴醾为枕睡为乡。

题南海东庙[1]

罗浮山如万石钟，　一股南走如渴龙。
雷奔电击[2]遮不住，直抵海滨无去处。
低头饮海吐绛霞，　举头对着祝融家。
珠宫玉室水晶殿，　万灵[3]一日朝再衙。

青山四围作城郭，　海涛半浸青山脚。
客来莫上浴日亭，　亭上见海君始惊。
青山缺处如玉玦[4]，潮头飞来打双阙。
晴天无云溅碎雪，　天下都无此奇绝。

大海更在小海东，[5]西庙不如东庙雄。[6]
南来若不到东庙，　西京未睹建章宫[7]。
海神喜我著绮语，　为我改容收雾雨。
乾坤轩豁未能许，　小试日光穿漏句。

宋人咏南海庙诗始于东坡，继之者诚斋，人知“阳谷浮金，钱塘拥雪”，而“五更红沸，万里霞开”概未[8]之闻，则以韩山“片石足寿人间外”，此或无人眼见宋元诗耳，特钞《南海集》三首以当碑碣。

按：南海神东西二庙无所考，独见于此，元大德七年碑，陈大震谓：前绍兴“四海同封异号”及“绍兴疆土乖离，独南海耳”。自世祖皇帝加神“灵孚”之号，天使宣命，驰驿万里至广城，官吏将至宠光于正祠，闻祠已废，乃于广城西别祠行礼焉。西庙或即是此，然所云“西庙不如东庙雄”，其当宝庆重修时乎？按：诚斋以绍兴进士提举广东常平茶盐，庚子之官，辛丑岁作《谒两庙早起》诗，其《东庙浴日亭》二首，则壬寅二月作也。

校注

[1]　此诗清陈兰芝《南海庙志》有载。

[2]　击：《诚斋集》卷十八《南海集》作“迅”。

[3]　灵：原作“水”，今据清陈兰芝《南海庙志》改。

[4]　玉玦：玉饰的一种，形如环而有缺口。

[5]　大海更在小海东：大海指宋代及其以前南海神庙前浩渺无际的江面，小海指而广州城南的江面，虽海水可以到达，但江面狭窄，因有大海、小海之分。

[6]　西庙不如东庙雄：东庙即为扶胥之口的波罗庙，为正祠所在；西庙为宋代广州知州程师孟修广州西城时所修南海西庙，位于今广州下九路与文昌路交界广州酒家附近。今已不存。西庙的规模、祭祀盛况均不及东庙。

[7]　建章宫：汉武帝刘彻于太初元年（104）建造的宫苑，气势雄伟。《三辅黄图》：

“（建章宫）周二十余里，千门万户，在未央宫西、长安城外”。

[6] 未：原作“末”，误刻。

浴日亭次东坡韵

（明）[1]陆万钟[2]

万里南来共一天，　孤亭杯酒酹前湾。
试看晓渡扶桑日，　且喜春回若木山。
湖海几人怜壮志，　风尘此会破愁颜。
吟余且指东溟外，　家在松阴柳色间。

校注

[1] 明：原作“宋”，误。可参《明史》。据阮元《广东通志·职官表》，陆万钟于万历九年（1581）任广东布政使司参议，十二年（1584）升任广东提刑按察使司副使。此诗当为其任职于广东时所作。清郝玉麟《广东通志·职官志二·明》：“左参议……陆万钟江南华亭人，进士，（万历）九年任。”另又见同卷：“按察司副使……陆万钟江南华亭人，进士，（万历）十二年任。”

[2] 陆万钟：明陕西华亭（今甘肃华亭）人。嘉靖四十四年（1565）登进士第，曾任御史。于万历九年（1581）任广东布政使司参议，十二年（1584）任广东提刑按察使司副使。

扶胥送别[1]

（明）何宏[2]东莞伯真子尚宝卿

扶桑夜赤天鸡鸣，　剑光射天河汉倾。
虎门流火乱星落，　鳌柱荡空双眼明。

何人忽起烟霞想，　独泛一叶东南往。
冲金裂玉鱼龙愁，　飞上[3]罗浮豁山[4]赏。
罗浮酒熟春如海，　应是人间岁华改。
葛仙[5]洲畔倘相逢，为问蟠桃几千载。

校注

[1] 此诗清陈兰芝《南海庙志》、乾隆《广州府志》卷五十、《粤东诗海》有载。

[2] 何宏：字彦先，东莞员冈（今广东东莞茶山镇圆头山村）人。明东莞伯何真第六子，风度峻凝，好学，能文章，有诗名。

[3] 上：原作“士”，今据清屈大均《广东文选》改。清陈兰芝《南海庙志》作“入”。

[4] 山：原作“仙”，今据清陈兰芝《南海庙志》改。

[5] 仙：清屈大均《广东文选》与清陈兰芝《南海庙志》均作“洪”。

扶胥口书事借浴日亭韵[1]

（明）陈献章[2]白沙

早春约我扶胥口，　今日进舟黄木湾。
使君已去漫留诺，　水国独吟空见山。
老向烟波真得地，　晚来风日更开颜。
明朝去觅南川子[3]，与话平生水石间。

校注

[1] 此诗《陈白沙集》卷七、清陈兰芝《南海庙志》、嘉靖《广州志》卷二十九有载。

[2] 陈献章：参“序一”注[23]。

[3] 南川子：东莞学者林光。字缉熙，号南川子，明成化元年乙酉（1465）举人。历任平湖教谕，兖州、严州府学教授、国子博士等，卒年八十一。是陈献章喜欢

的学生，故陈献章常往来于增城、东莞、黄埔之间。清屈大均《广东新语》云：“光字缉熙，东莞人，所上白沙书，得力过于甘泉，可直接白沙学脉，《弟子传》当首缉熙。白沙尝语人云：‘从吾游而能见此道践履者，惟缉熙耳。’甘泉亦云：‘白沙夫子，崛起南方，溯濂雒以达于洙泗。当是时得其门而入者，南川一人。’南川者缉熙也。”

浴日亭[1]

（明）王渐逵[2]用仪

云磴微霏紫翠环[3]，清秋载酒一凭阑。
江山对客还如识，风雨欺人故着[4]寒。
地轴半随南极尽，海潮多趁暮天宽。
却从浴日亭边望，绝胜罗浮夜半看。

校注

[1] 原无诗题，据波罗外纪目录补。清陈兰芝《南海庙志》作“扶胥口偶作”。

[2] 王渐逵（1498—1558）：字用仪，一字伯鸿，号清梦子，明代番禺人。师事湛若水。明正德十二年（1517）进士，授刑部主事。后几十年归家不仕。霍韬举荐，补刑部郎。六十一岁卒，赠光禄少卿。著有《正学记》《求仁集》《岭南耆旧传》《青萝文集》等。

[3] 环：原作“还”，今据清陈兰芝《南海庙志》改。

[4] 着：原作“作”，今据清陈兰芝《南海庙志》改。

波罗铜鼓歌[1]

（明）罗宾王[2]季作

铜鼓何年来交趾，荒土怒埋蛙欲起。

一朝移至玉波宫，　神物安安得所止。
扶胥日夕风去来，　十二鼋鼍走不去。
五溪之水今已春，　铜柱年年尘复尘。
烟消麟阁人谁在，　铜驼几度生荆榛。
铜鼓悬，　薏苡冤[3]，
铜鼓不解误明珠，　千载毋为将军冤。

校注

[1] 此诗歌咏南海神庙铜鼓。庙内大小二铜鼓为该庙之故器，用于祭祀以敬神祇，历来歌咏的诗文颇多。关于其来历，清屈大均《广东新语》载：“南海庙有二铜鼓，大小各一，大者径五尺，小者杀五之一，高各称广。大者因唐时高州太守林霭得之于蛮酋大冢，以献节度使郑细，细以献于庙中者。边际旧有蛙六，今不存……岁二月十三，祝融生日，粤人击之以祭神，其声若行雷，隐隐闻于扶胥江岸。”

[2] 罗宾王：字季作。广东番禺人。明神宗万历四十三年（1615）举人，曾官南昌同知。明亡，清兵入广州，入狱，寻获释。著有《散木堂集》《狱中草》。同治《番禺县志》卷四二有传。

[3] 薏苡冤：东汉光武帝时，交趾郡“二征起义”，光武帝拜马援为伏波将军，率兵南征平定交趾。马援南征交趾时，常吃薏苡（即薏米，可食用，亦可入药），用能轻身省欲，以胜瘴气。南方薏苡实大，马援想带回北方以为种子。班师回朝时，运载了一车，人皆以为“南土珍怪”。时马援受宠，无人敢言，马援死后，被人诬告以前载回的不是薏苡，而是“明珠文犀”。光武帝大怒，追回马援“新息侯”印绶。

扶胥浴日

（明）黎民怀[1]惟仁

津连黄木湾，　虚亭翠霭间。

川光摇子夜，　坐见海中山。

校注

[1] 黎民怀：字惟仁，自号白泉山人，明代广东从化人。与兄民表、民袁师事黄佐，有三凤之目。嘉靖四十四年（1565）贡生。至京师，诸王公闻其才名，争求识面。廷试归，绝意仕进。诗书画俱佳，时称三绝。卒年八十一岁。著有《清居集》。

南海神祠晚眺

黎密[1]缜之

神居炎驭回，　古殿碧云阴。
地控东南尽，　天连渤海深。
帆樯通蜃气，　风雨动龙吟。
便欲投竿去，　泠泠空我心。

校注

[1] 黎密：字缜之，番禺人。诸生。性豪旷，勤学好古，凡机铭、元纪、岣嵝、石鼓、禽经、版法，无不穷究。著有《籁鸣集》。

冬日南海神祠同梁仲登晚眺

欧大任[1]桢伯

塞鸿飞尽暮云残，　词客悲秋共倚栏。
二女[2]渚连还北向，九疑山[3]隔正西看。
荒亭枕石波声小，　古庙临江树影寒。
乡士岁时浑不恶，　越吟空自老南冠[4]。

校注

[1] 欧大任（1516—1596）：字桢伯，号仑山。广东顺德陈村人。因曾任南京工部虞衡郎中，别称欧虞部。“博涉经史，工古文辞诗赋”。自隆庆四年（1570），历任江都（今江苏扬州）训导、光州（今河南横川）学正、邵武（今福建邵武县）教授、国子监助教、大理寺左评事、南京工部屯田司主事、虞衡郎中等职。卒年八十岁。著有《百越先贤志》《广陵十先生传》《平阳家乘》等文集，《思玄堂集》《旅燕集》《浮淮集》《轺中集》《游梁集》《南翥集》《北辕集》《羼馆集》《西署集》《秣陵集》《诏归集》《蘧园集》等诗集，后人汇刻为《欧虞部诗文全集》行世。

[2] 二女：舜妃娥皇、女英。汉刘向《列女传·有虞二妃》：“有虞二妃者，帝尧之二女，长曰娥皇、次曰女英。”

[3] 九疑山：又名苍梧山。在今湖南永州市宁远县境内，因山九峰相似而得名，相传是舜帝安葬之地。《史记·五帝本纪》：“舜南巡崩于苍梧之野，峰秀数郡之间，罗岩九峰，各导一溪，岫壑负阻，异岭同势。游者疑焉，故曰：九嶷山。”疑，亦作“嶷”。

[4] 南冠：本指被俘的楚国囚犯。后泛指囚犯或战犯。《左传·成公九年》：“晋侯观于军府，见钟仪，问之曰：‘南冠而絷者，谁也？’有司对曰：‘郑人所献楚囚也。’”明夏完淳《南冠草·别云间》诗：“三年羁旅客，今日又南冠。无限河山泪，谁言天地宽。”

波罗庙[1]

李云龙[2]烟客

古庙沧江上，　平沙一径穿。
幢幡会真馆，　箫管进香船。
绿树浮佳气，　青峰绕瑞烟。
回看荡舟处，　千里水云连。

校注

[1] 诗题目录作“南海庙”。

[2] 李云龙：字烟客，明广州府番禺县人。生卒年不详。史载其“负奇气，慷慨重节义”，擅长诗文。曾担任兵备佥事、山海监军。尝作为袁崇焕谋士随袁征战辽东，为袁出谋划策。崇祯三年（1630），袁崇焕含冤被杀后，李云龙亦回乡定居，因看破红尘，削发为僧，师从道独和尚，法号函某，字二严，居罗浮山华首台寺。其与黎遂球、欧必元等在广州光孝寺内组织诃林净社，切磋诗文和佛法。著有《啸楼诗集》《雁水堂集》《遗稿》《别稿》等。清同治《番禺县志》卷四二、清陈伯陶编《胜朝粤东遗民录》卷四有传。

浴日亭

（国朝）潘耒[1]次耕

孤亭临望尽重溟，　天末相摩不断青。
日跃半洋皆紫殿，　潮来大地一浮萍。
鹏游世界原空阔，　蜃吐楼台自杳冥。
何必褰裳慕蓬岛，　当知此地即珠庭。

校注

[1] 潘耒（1646—1708）：字次耕，一字稼堂、南村，晚号止止居士，藏书室名遂初堂、大雅堂，吴江（今属江苏苏州）人，潘柽章弟。师事徐枋、顾炎武，博通经史、历算、音学。清康熙十八年（1679），举博学鸿词，授翰林院检讨，参与纂修《明史》，主纂《食货志》。升日讲起居注官，出任会试考官，分校礼闱。终以浮躁降职。其文颇多论学之作，亦能诗。著有《类音》《遂初堂诗集》《文集》《别集》等。《清史稿·列传》二百七十一载：“潘耒，字次耕，吴江人。生而奇慧，读书十行并下，自经史、音韵、算数及宗乘之学，无不通贯。康熙时，以布衣试鸿博，授检讨，纂修《明史》……寻充日讲起居注官，修《实录》《圣训》……傲睨不能容人，因此忌者颇众。议起，坐浮躁降调，遂归……平生嗜山水，登高赋咏，名流折服。”

南海神祠[1]

王士祯[2]贻上

茫茫百粤间，　泉水归扶胥。
下汇波罗江，　日夜相灌输。
嵯峨两虎门，　卫此阳侯居。
神功压沧溟，　潮汐在阶除[3]。
我驾万斛舟，　乘风但斯须。
飞廉送旌旄，　龙伯为前驱。
百灵何蜿蜒，　穹龟与长鱼。
将命肃牲醴，　来格神所愉。
振衣[4]浴日亭，遥见三尺乌。
咫尺摄樊桐[5]，览彼天帝都。

校注

[1] 此诗清陈兰芝《南海庙志》、雍正《广东通志》卷六十三、乾隆《广州府志》卷五十有载。

[2] 王士祯：参卷二“波罗江”注[5]。

[3] 阶除：台阶。汉蔡邕《伤故栗赋》：“树遐方之嘉木兮，于灵宇之前庭。通二门以征行兮，夹阶除而列生。”

[4] 振衣：《史记·屈原贾生列传·屈原》：“新沐者必弹冠，新浴者必振衣。”王逸注：“去尘秽也。”后以“振衣”指抖衣去尘，整衣，寓意放弃世俗生活，保持高洁，立志在山中隐居。

[5] 樊桐：传说中的山名。《淮南子·墬形训》：“县圃、凉风、樊桐，在昆仑阊阖之中。”高诱注：“县圃、凉风、樊桐，皆昆仑之山名也。樊，读如麦饭之饭。”北魏郦道元《水经注·河水一》：“昆仑之山三级，下曰樊桐，一名板松”。

登浴日亭[1]

乘槎兴不尽，　直欲帆南溟。
夕次扶胥口，　朝登浴日亭。
岛夷分破碎，　天水倒空青。
一望穷寥廓，　真看小洞庭。

校注

[1] 此诗清陈兰芝《南海庙志》、乾隆《广州府志》卷五十一有载。作者为王士祯，参卷二“波罗江”注[5]。

南海杂诗

史申义[1]蕉饮

石壁猩猩语，　惊心百粤东。
四时山叶绿，　五夜海霞红。
日月摇溟渤，　星河浸祝融。
鹧鸪飞不断，　只在荔支丛。

晓上越王台[2]，扶胥海色开。
山连鳌阙近，　潮射虎门回。
洒座荔枝雨，　吹香椰子杯。
崎岖未朝汉，　割据亦雄哉。

校注

[1] 史申义（1661—？）：字叔时，一字蕉饮，江苏江都人。康熙二十七年（1688）进士，改翰林院庶吉士。散馆，授编修。官至礼科给事中，乞病归。申义能以诗传王士祯之衣钵，与汤右曾称“王门二弟子”。著有《芜城》《使滇》《掽江》等集。《清史列传》《清史稿》均有传。

[2] 越王台：汉时南越王赵佗所筑。在今广东广州越秀山。唐韩愈《送郑尚书赴南海》诗：“货通师子国，乐奏越王台。”

谒南海神庙[1]

查慎行[2]夏重

姚侯送我游黄湾[3]，澄江一道晴无澜。
黄昏[4]到岸天（色变）[5]，彻夜震撼号惊湍。
平明谒海神，　　　云气解駮光斑斓。
殿中击铜鼓，　　　声落海边[6]迎潮还。
巡檐绕廊看古碣，　手剔碧藓青苔斑。
或攲或仆或屹立，　节角刓杀形模残。
煌煌御书碑，　　　迥出唐宋元明间。
浴日孤亭表其右，[7]七十二级[8]直上穷跻攀。
不知榑桑出地几千丈，顿觉东西南北四望无遮拦[9]。
骊龙吐珠蛟喷涎，　阳乌[10]击水鳌移山。
祝融分位当炎躔[11]，万象呈露秋毫端[12]。
紫霞红浪上下两摩荡，中有万点风樯竿。
星流电掣到庙下，　一一椎髻[13]垂花鬘[14]。
吾皇膏泽被百蛮，　远人毕至迩者安。
自从计臣[15]握筦[16]变新法，盐荚[17]纤悉多归官。

广川大泽禁渔猎，　网漏鱼鳖群生悭。
问神受封今几代？　蒿目岂不知时艰[18]。
国家大事必祭告，　谓是正直无[19]欺谩。
幽明肸蠁一气旋，　忧乐当与民相关。
曷不草绿章[20]？　为民请命恩宜颁。
但使方隅获沾山海利，神亦坐享血食无惭颜。

校注

[1] 此诗清陈兰芝《南海庙志》有载。

[2] 查慎行（1650—1727）：初名嗣琏，字夏重，号查田，后改名慎行，字悔余，号他山，赐号烟波钓徒，晚年居于初白庵，故又称查初白。浙江海宁袁花人。康熙四十二年（1703）进士。入直南书房，授翰林院编修，后充武英殿总裁纂述。著有《他山诗钞》《敬业堂诗集》《续集》《词集》。

[3] 黄湾：原作“黄湾黄湾”，今据清陈兰芝《南海庙志》改。

[4] 昏：原作“湾”，今据清陈兰芝《南海庙志》改。

[5] 色变：原脱，今据清陈兰芝《南海庙志》补。

[6] 边：清陈兰芝《南海庙志》作“外”。

[7] 浴日孤亭表其右：因南海庙坐北朝南，东为左，西为右，浴日亭位于其西南侧，故称表其右。

[8] 七十二级：指登上浴日亭所在章丘的台阶级数。

[9] 东西南北四望无遮拦：原脱，今据清陈兰芝《南海庙志》补。浴日亭位于章丘之上，四面环海，视野开阔，故曰“东西南北四望无遮拦”。

[10] 阳乌：神话传说中在太阳里的三足乌，为日之精，日之化身。《文选·左思〈蜀都赋〉》：“羲和假道于峻歧，阳乌回翼乎高标。”李善注：“《春秋元命包》曰：‘阳成于三，故日中有三足乌，乌者，阳精。’”南朝陈徐陵《丹阳上庸路碑》：“阳乌驭日宁，惧武贲之弓；飞雨弥天，无待期门之盖。”

[11] 炎躔：南方星辰运行的度次。

[12] 万象呈露秋毫端：原作“万象晃朗穷毫端”，且置于“顿觉”之后。据清陈兰芝《南海庙志》改。

[13] 椎髻：又称“椎结”，意为将头发结成椎形的髻，是古老的发式之一。魏学洢

《核舟记》有关于“椎髻”的记载，曰：“居右者椎髻仰面。”

[14] 花鬘：古印度人用作身首饰物的花串。也有用各种宝物雕刻成花形，联缀而成。

[15] 计臣：谋臣。

[16] 握竿：筹划。

[17] 盐荚：即食盐人口的户籍登记册。朝廷实行食盐官营制度，对全国食盐人口进行详细登记，由官府按时按册籍售卖食盐，盐税成为人头税，政府可稳收盐利，而且盐税数额巨大，不必另筹税源，国家用度极足。因之各朝统治者无不重视。

[18] 蒿目岂不知时艰：“蒿目时艰”源于《庄子·骈拇》“今世之仁人，蒿目而忧世之患。”蒿目，极目远望。时艰，艰难的局势。意指对时事忧虑不安。

[19] 无：清陈兰芝《南海庙志》作“靡”。

[20] 绿章：即青词。旧时道士祭天时所写的奏章表文，用硃笔写在青藤纸上，故名。唐李贺《绿章封事》诗：“绿章封事咨元父，六街马蹄浩无主。”王琦汇解：“《演繁露》：‘今世上自人主，下至臣庶，用道家科仪奏事于天帝者，皆青藤纸朱字，名为青词。’绿章即青词，谓以绿纸为表章也。”

送少詹王阮亭[1]先生祭告南海[2]

祝融南都水环汇，　赤龙渴饮九州外。
扶桑日枝万丈高，　吞吐晨昏变明晦。
飓风磨旋簧帆片，　蜑雨珠沉蛟室琲。
幻呈彩缕现蜃楼，　淡入苍烟失鳌背。
不知灵封画何境，　禹鼎无从辨疆界。
元和一老去作碑[3]，庙貌千秋遂称最。
茫茫元气收不尽，　好手何人复堪代。
康熙甲子[4]帝东巡，特遣貂车[5]告时迈[6]。
琅琊先生[7]啣命往，岭表星明指华盖。
祠官奉币纷趋跄，　天使陈辞虔跪拜。
灵旗肃肃云蓬蓬，　一气流通百神萃。

向风海鸟听钟鼓，　有眼蛮人识冠带。
时清边徼无烽燧，　道远词臣[8]多纪载。
公之文章在馆阁[9]，每借名区发雄概。
曩时蜀道今海邦，　尽泄光芒天不爱。
后先人物谅无几，　才地彼此恒相待。
所伤或从迁谪到，　终恐才锋束机械。
如公拥传真壮游，　直放胸期写豪快。
岂徒荣遇际旷典，　已见风流压前辈。
佛桑花发啼钩辀[10]，几日归帆下泷濑。
还潮快示纪行篇，　浩浩洪波纳千派。
旁人若问陆贾装[11]，径尺珊瑚手亲碎。

校注

[1] 王阮亭：参卷二“波罗江”注[5]。

[2] 此诗作者为查慎行。参卷八“谒南海神庙”注[2]。

[3] 元和一老去作碑：指唐元和十五年韩愈作《南海广州王碑》。

[4] 康熙甲子：康熙二十三年（1684）。

[5] 貂车：此指朝廷高官。

[6] 时迈：按时巡行。《诗·周颂·时迈》：“时迈其邦，昊天其子之。”《朱熹集传》：“迈，行也……言我之以时巡行诸侯也。”《旧唐书·郭子仪传》：“愿时迈顺动，回銮上都，再造邦家。”

[7] 琅琊先生：指王士祯。参卷二“波罗江”注[5]。

[8] 词臣：旧指文学侍从之臣，如翰林之类。唐刘禹锡《江令宅》：“南朝词臣北朝客，归来唯见秦淮碧。”

[9] 馆阁：北宋以后掌管图书经籍和编修国史等事务之官署。宋沿唐制，置“昭文馆”“史馆”“集贤院”三馆和“秘阁”“龙图阁”等，通称馆阁。明代将其职掌移归翰林院，亦称翰林院为馆阁。清代相沿。

[10] 钩辀：象声词，形容南方某些方言的语音。

[11] 陆贾装：陆贾，西汉大臣，曾两度出使南越，说服南越臣服于汉王朝。装，行

装。借指像陆贾那样的业绩。可参《史记》卷九十七《郦生陆贾列传·陆贾》。

送少詹王先生士祯代祀南海兼怀梁孝廉佩兰[1]及南园[2]诸社友

朱彝尊[3]竹垞

今年天子省方岳，　诏祀四渎封五山。
属车先行上日观，　使者分命辞星班。
先生储端乍迁秩，　诞持龙节[4]临百蛮。
维南有海祝融宅，　沐月浴日神所寰。
吾昔踰岭谒祠下，　呕哑门启金兽鐶。
木棉浓荫昼壁冷，　铜鼓雨渍苔花斑。
模糊穹碑蚀岁月，　夹侍秘怪殊须鬟。
黉帆倏忽飓母恶，　殊宫贝阙罕得扳。
先生到日陈祝册，　扶胥渡口黄木湾。
双崖断若青玉玦，　小海大海波漩澴。
绫袍织成孔雀翠，　彩旗飘飐芙蓉殷。
神位安歌合竽瑟，　巫觋屡舞摇花鬘。
牲肥酒香百灵悦，　旋舻奋棹渡无艰。
乾坤端倪尽轩豁，　鳄鱼远徙除阴奸。
五羊仙城[5]六榕寺[6]，刘王花坞[7]恣回环。
况有尉陀台[8]畔楼，晴阑百尺眺高间。
人家两岸种红豆，　芳草一聚飞白鹇。
荔枝洲[9]边少黄叶，菖蒲涧[10]曲多青菅。
红蕉成林雨滴滴，　山鸟挟子鸣喧喧。
珠娘[11]摇橹蜑子[12]唱，小舫亦足开襟颜。

先生赋才媲群雅，　得句岂独惊愚孱。
古来时巡必望秩[13]，书[14]有帝典颂[15]有颁。
蛔蛉毛笔鸲鹆砚，　輶轩所采谁能删。
邮签[16]虽越一万里，计程七月当来还。
河冰未合日南[17]至，卢溪桥水流峥潺。
四牡皇华送行迈[18]，车前驺唱难牵攀。
最愁执手河梁人，　归时稳卧柴荆关。
南园旧友倘无恙，　尺书报我吴会间。

校注

[1] 王先生士祯：祯，原作“正”，参卷二“波罗江”注[5]。梁孝廉佩兰：指梁佩兰。孝廉，明、清时期对举人的雅称。

[2] 南园：南园诗社。南园原是南汉名园，其故址在今广州文德路62号。《番禺县续志》称：“南园在今文明门外，背枕河流，胜地也。”文明门位于今广州市第一工人文化宫南面；南园位于文明门东面。玉带河流过此地，四周环境优美。元明两代诗人，常在这里雅集唱和，并结盟为南园诗社。元至正十八年（1358），十多位青年诗人在南园建“抗风轩”，创立南园诗社。其领袖人物是孙蕡、王佐、黄哲、李德和赵介五人，人称“南园前五先生”。明嘉靖年间，欧大任、梁有誉、黎民表、吴旦、李时行五人，因追慕“南园前五先生”而重结南园诗社，在抗风轩雅集，被尊称为“南园后五先生”。

[3] 朱彝尊：参卷三“铜鼓”注[6]。

[4] 龙节：指奉王命出使者所持之节。唐王维《平戎辞》：“卷旆生风喜气新，早持龙节静边尘。”宋苏轼《表忠观碑》：“金券玉册，虎符龙节。”

[5] 五羊仙城：即广州古城。广州，别称羊城，来源于一古老的传说。晋顾微《广州记》：“战国时广州属楚，高固为楚相，五羊含谷至其庭，以为瑞，因以五羊名其地。”北宋乐史《太平寰宇记》：“周时南海有五仙人，衣五色衣，骑五色羊，来集楚庭，各以谷穗一茎六出，留与州人，且祝曰：愿此阛阓永无饥荒。言毕腾空而去，羊化为石。”

[6] 六榕寺：广州佛教五大丛林之一，位于广州市六榕路。始建于梁大同三年

（537），初名宝庄严寺，后因苏东坡来寺游览，见寺内有老榕六株，题书“六榕”二字，而称为“六榕寺”。六榕寺及其寺内花塔，历来为人们所称颂。

[7] 刘王花坞：南汉时，广州荔枝湾已变成南汉王刘鋹的御花园，后人称为“刘王花坞”。当荔枝熟时，刘鋹便在花坞里，大摆御宴，饮酒啖荔，名曰“红云宴”。清仇巨川《羊城古钞》记述：“刘王花坞，在城西六里半塘……”“半塘”即今泮塘。宋王象之《舆地纪胜》：“刘王花坞，乃刘氏华林园，又名西御苑。在郡治六里，名泮塘，有桃、梅、莲、菱之属。”

[8] 尉陀台：亦称朝汉台。位于今广州越秀山上。相传汉时，南越王赵佗朝汉之所。明王渐逵《和方棠陵越秀山宴会韵》有“粤秀山高碧汉遥，尉陀台上苍林密”句。

[9] 荔枝洲：在今广州荔枝湾一带。珠江原有一沙洲，南朝宋时因产荔枝，冬夏不凋，遂命名为荔枝洲。南朝沈怀远《南越志》：“江南洲周回九十里，东有荔枝洲，上有荔枝，冬夏不凋。”唐时渐与陆地靠拢，称“荔枝湾”，据《广东考古辑要》载，荔枝洲即荔枝湾。

[10] 菖蒲涧：参卷二“浴日亭”注[6]

[11] 珠娘：旧时古越俗呼女孩为珠娘，亦有呼妇人者。南朝梁任昉《述异记》卷上：“越俗以珠为上宝，生女谓之珠娘。生男谓之珠儿。”清周亮工《闽小记》卷三：“福州呼妇人曰珠娘。”

[12] 蜑子：蜑人，旧时水上人家。宋苏轼《连雨江涨》诗之一：“床床避漏幽人屋，浦浦移家蜑子船。”

[13] 望秩：按等级望祭山川。《书·舜典》：“岁二月，东巡守，至于岱宗，柴，望秩于山川。”孔传：“东岳诸侯竟内名山大川，如其秩次望祭之。谓五岳牲礼视三公，四渎视诸侯，其余视伯子男。”

[14] 书：《尚书》。参卷二“浴日亭”注[2]。

[15] 颂：《诗经》中之《颂》。《颂》主要是周王和诸侯用于祭祀或其他重大典礼的乐歌，其内容多宣扬天命，赞颂祖先的功德。

[16] 邮签：驿馆驿船等夜间报时的更筹。唐杜甫《宿青草湖》诗：“宿桨依农事，邮签报水程。”仇兆鳌注：“朱注：漏筹谓之邮签。”

[17] 日南：日南郡。中国古代行政区划，在今越南中部地区，治西卷县（今越南广治省东河市）。汉武帝元鼎六年（前111）设郡，辖地包括越南横山以南到平定省以北这一带地区，今顺化、岘港等地均在日南郡域内。东汉末年，日南郡南部的象林县脱离汉朝，独立为林邑国（占婆国），不断北上蚕食郡境，南北朝后遂为林

邑所有，日南郡废止。

[18] 行迈：远行。《诗·王风·黍离》：“行迈靡靡，中心如醉。”马瑞辰通释：“迈亦为行，对行言，则为远行。行迈连言，犹《古诗》云‘行行重行行’也。”

送王阮亭宫詹祭海还朝

叶燮[1]星期

使节天边转，韩碑读罢还。
挹泉酬主眷，探袖出民艰。
骠没依依树，装轻个个山。
南枝留不住，高咏出重关。
瘗璧恭成事，祠坛异碧鸡。
蛮方留雅乐，玉陛返桓圭。
溦水从天上，扶桑向使西。
圣朝严俎豆，到日拜封题。

校注

[1] 叶燮（1627—1703）：清初诗论家。字星期，号已畦。吴江人。晚年定居江苏吴江之横山，世称横山先生。康熙九年（1670）进士，十四年（1675）任江苏宝应知县。因耿直而落职，后纵游海内名胜，寓佛寺中诵经撰述。王士祯评价叶燮的诗作“诗古文镕铸古昔，而自成一家之言”“先生卓尔孤立，不随时势为转移，然后可语斯言之立”。著有《原诗》《江南星野辨》和《已畦集》等。

扶胥歌送王阮亭宫詹祭告南海事竣还都，兼呈徐健庵、彭羡门、王黄湄、朱竹垞诸公[1]

陈恭尹[2]元孝

扶胥之口水所归，　青山浮出如无依。
长波际天不可极，　白日夜半扬其辉[3]。
东风吹上木棉[4]树，　片片尽作红霞飞。
南海之神绂冕古，　琼楼[5]玉殿开朱扉。
前驾赤虬后文螭，　左驱天吴[6]右冯夷[7]。
虹霓[8]架道雨师洒，蛟龙夹毂瞻旌旗。
九重秩[9]礼来南祀[10]，谁持玉节渔洋子。
天上连宵动使星，　人[11]间久矣传诗史。
归舟暂泊珠江南，　问奇访古多所探。
都将十载相思梦，　并作江城半月谈。
唐诗三变犹堪把，　明诗三变风斯下。
落落乾坤得数公，　尽扫榛芜归大雅。
羡门子[12]，竹垞生[13]，与君意气遥相倾。
徐公[14]渊[15]博能下士，黄湄[16]慷慨多秦声。
我抱区区君所察，　来时更枉群公札。
出阳叔夜懒何堪，　吴下阿蒙[17]目犹刮。
送公[18]有作兼群公，凤凰今已飞梧桐。
和鸣律吕赖公等，　且放野鹤闲云中。

校注

[1]　此诗清陈兰芝《南海庙志》《粤东诗海》有载。

[2]　陈恭尹（1631—1700）：字元孝，初号半峰，晚号独漉子，又号罗浮布衣，广东顺德县（今广东佛山顺德区）龙山乡人。著名抗清志士陈邦彦之子。清初诗人，

与屈大均、梁佩兰同称“岭南三大家”。工书法。晚年在广州育贤坊建小禺山舍。康熙三十九年（1700），病逝并葬于广州市郊。有《独漉堂集》存世。

[3] 辉：清陈兰芝《南海庙志》作“晖”。

[4] 棉：原作“杨”，误，今据清陈恭尹《独漉堂集》改。

[5] 楼：原作“栖”，今据清陈兰芝《南海庙志》改。

[6] 天吴：参“序一”注[5]。

[7] 冯夷：参“序一”注[7]。

[8] 霓：原作“蜕”，今据清陈兰芝《南海庙志》改。

[9] 秩：原作“列”，今据清陈兰芝《南海庙志》改。

[10] 祀：原作“纪”，今据清陈兰芝《南海庙志》改。

[11] 人：清陈兰芝《南海庙志》作“世”。

[12] 羡门子：彭孙遹，字骏孙，号羡门，又号金粟山人，浙江海盐武原镇人。康熙十八年（1679）举博学鸿词科第一，授编修。历吏部侍郎兼翰林掌院学士，为《明史》总裁。诗工整和谐。著有《南往集》《延露词》。

[13] 竹垞生：朱彝尊。参卷三“铜鼓”注[6]。

[14] 徐公：徐乾学（1631—1694），字原一、幼慧，号健庵、玉峰先生，江苏昆山人。官至刑部尚书。曾主持编修《明史》《大清一统志》等。著有《憺园文集》三十六卷等。

[15] 渊：原作“淹”，今据清陈兰芝《南海庙志》改。

[16] 黄湄：王又旦（1636—1687），字幼华，号黄湄，陕西合阳人。历任吏部给事中、户部都给事。官声诗声并重。著有《黄湄集》十卷等。

[17] 吴下阿蒙：吴下，今江苏长江以南。阿蒙，指居处吴下一隅的吕蒙。比喻人学识尚浅。《资治通鉴·孙权劝学》：“卿今者才略，非复吴下阿蒙。”

[18] 公：清陈兰芝《南海庙志》作“君”。

南海神祠古木棉歌[1]

祝融帝子天人杰，　凡材不敢宫前列。
挺生奇树号木绵，　特立南州持绛节。

拔地孤根自攫拿，　排云直干无旋折。
生气长滋渤澥宽，　老鳞不受冰霜裂。
青春二月当艳阳，　观者千人皆叹绝。
繁英贯日下无阴，　丽色烧天炙能热。
堂堂正正势莫当，　密密疏疏随所设。
落瓣全铺细草青，　飞须欲满游丝缬。
以闻昨日铜鼓鸣，　海神黼黻朝天阙。
玉女三千笑口开，　电光一夜枝头掣。
受命扶桑捧日车，　旌旗片片裁虹霓。
六龙战胜各归来，　髭髯尽化元[2]黄血。
不尔花红何太烈，　（君）[3]不见四照之枝不可寻。
赤松渺矣火井深，　为君岁岁呈丹心。

校注

[1] 此诗清陈兰芝《南海庙志》《粤东诗海》有载。作者为陈恭尹，参卷八“扶胥歌送王阮亭宫詹祭告南海事竣还都，兼呈徐健庵、彭羡门、王黄湄、朱竹垞诸公”注[2]。

[2] 元：通“玄”。

[3] 君：原脱，今据清陈兰芝《南海庙志》补。

南海神祠[1]

黄河澂[2]葵之

神奠南溟靖海妖，　开门风浪极天遥。
凌空台榭观初日，　排仗鱼龙候早潮。
祝板[3]御名皇帝署，祠官仪品太常标。

地灵不共桑田变，　剩有唐碑历数朝。

校注

[1]　此诗《粤东诗海》有载。

[2]　黄河澂：字葵之，号葵村，清代广东新会人。工书法。

[3]　祝板：祝版。祭祀时粘贴祝文的方版，自古即有。清代祝版因祭祀对象不同而规制也有所不同，由工部制造。

谒南海神庙[1]

梁佩兰[2]药亭

粤服分四渎，　典礼崇百王。
卦位乘南离，　鹑鸟翔朱方。
吐纳秘日月，　气化生元黄[3]。
地绝大始垠，　天启洪蒙光。
肃雍临宫庭，　瞻拜空彷徨。

吉日祀孔虔，　节序当孟冬。
神交乍离合，　海色深朣朦。
重栌翼雕云，　古壁生[4]灵风。
翠旗四飞扬，　如出珠贝宫。
拂我珊瑚枝，　长钩得白龙。
俯仰失宇宙，　造化谁能穷。

校注

[1]　此诗清陈兰芝《南海庙志》、乾隆《广州府志》卷五十、《粤东诗海》有载。

[2] 梁佩兰（1629—1705）：字芝五，号药亭、柴翁、二楞居士，晚号郁洲。广东南海（今广东广州芳村）人。清初诗人，与屈大均、陈恭尹合称为“岭南三大家”。康熙二十七年（1688）进士。授翰林院庶吉士。晚年归故里。著有《六莹堂集》。

[3] 元：清陈兰芝《南海庙志》作“玄”。

[4] 生：清陈兰芝《南海庙志》作“飚”。

南海神庙书事答陆义山并次原韵[1]

扶胥日上海云融，　若木花开殿阁东。
铜鼓祭神人尽到，　不知潮信为谁通？

翠盖霓旌夹道垂，　珍珠裙踏玉阶迟。
游人避去惊龙女，　海客何因得共随？

软风无力度香微，　为买明霞上画衣。
羡煞庙门红豆树[2]，一双孔雀自交飞。

校注

[1] 作者为梁佩兰，参卷八“谒南海神庙”注[2]。陆义山，陆棻（1630—1699），原名世枋，字义山、次友，号雅坪，浙江平湖人，曾任内阁学士兼礼部侍郎。著有《雅坪词选》等。

[2] 红豆树：南海神庙西南有小山名章丘，其上有红豆树，今尚存。

南海神庙铜鼓歌[1]

龙宫一夜蛟鼍舞，　南海庙巫叩铜鼓。

南海庙神广利王，　割据四海南海方。
铜鼓置在王庙左，　庄严鼓悬四小锁。
大巫一叩潮水平，　小巫一叩江水清。
二月望日王生日，[2]鼓声掌人拜出入。
相传鼓是汉伏波，　平蛮得自蛮犀驼。
至今鼓身满龟纽，　龟形剥烂如苍狗[3]。
铜气蚀尽不觉腥，　鼓皮凹凸生古青。
周围五尺背与面，　年月制造字不见。
更传此鼓悬雌雄，　男律女吕音和同。
鬼神痛哭泄造化，　哀诉雷公撤河下。
独留一鼓歆庙前，　撞破世代千余年。
当今皇帝新即位，　遣官祀王用王礼。
王灵震叠摇灵旛，　彤云赤日生祀坛。
铜鼓无人忽声起，　鼓沉声响塞天地。
须臾祀毕官欲回，　动著[4]铜鼓惊龙媒。
四时海激吼风雨，　重恐铜鼓又飞去。

校注

[1] 此诗清陈兰芝《南海庙志》、乾隆《广州府志》卷五十、《粤东诗海》有载。作者为梁佩兰，参卷八“谒南海神庙”注[2]。

[2] 二月望日王生日：相传南海神诞辰是农历二月十三，每年农历二月十一到十三为祭拜南海神的波罗诞民间庙会。

[3] 苍狗：黑色的狗，亦名青狗，天狗。古代以为不祥之物。后因以喻世事变幻无常。唐杜甫《可叹》诗曰：“天上浮云似白衣，斯须改变如苍狗。”

[4] 著：清陈兰芝《南海庙志》作“着”。

南海神庙古木棉花歌[1]

君不见南方古木状最奇，木棉珍木天下知。
祝融庙前更特出，　突兀磊砢无卑枝。
尊如冠盖贵人高在上，其下低头莫能仰。
须眉足发人慨慷，　丰骨端为世倚仗。
挺如节烈正士生成人，百折不肯摧其身。
眼看霜雪旷阴景，　独与造化回阳春。
幻如陀罗百千臂，　一臂一灯照金地。
海底深如紫贝阙，　天中直贯长虹气。
亘如十二芙蓉城[2]，仙人手把虹霓旌。
徘徊入太微[3]，　骖驾朝紫庭[4]。
整如三军野宿竈，　烟暮赤羽江淮列无数。
纷如北客鞊鞨[5]衣，模糊腥血疑[6]着碧眼胡。
木道乘五行，　水滋而土植；
其根为金坚，　其容为火色。
炎炎天地无元[7]黄，继离出照明四方。
元离之极丽于日，　君子用以懿文德。
文德含文章，　天下称至文。
南人实占之，　霱然见卿云。
二月花蔽亏，　树树枝相逞。
东风总不言，　游人乱红影。
海王宴日当花开，　虾蟆铜鼓声如雷。
夫人看花出王殿，　花光正掩龙宫扇。
王宴自有期，　花开自有时。
欲识此花种何年，　龟趺半折唐朝碑。

校注

[1] 此诗清陈兰芝《南海庙志》、乾隆《广州府志》卷五十有载。作者为梁佩兰，参卷八“谒南海神庙”注[2]。

[2] 芙蓉城：古代传说中的仙境。

[3] 太微：亦作“大微”。古代星官名，或用指朝廷或帝皇之居。《楚辞·远游》：“召丰隆使先导兮，问大微之所居。”王逸注：“博访天庭在何处也。大，一作太。”宋沉遘《谢两府三启》：“抱椠怀铅，出入乎承明之署；荷囊持橐，上下乎太微之廷。”

[4] 紫庭：帝王宫庭或神仙所住宫阙。《后汉书·皇甫规传》：“臣生长边远，希涉紫庭电器，怖慑失守，言不尽心。”三国魏嵇康《代秋胡歌诗》：“受道王母，遂升紫庭。”

[5] 靺鞨：中国古代民族名，自古生息繁衍在东北地区，是满族的先祖。周代、秦至西汉时称“肃慎”。东汉至魏晋时称“挹娄”。北魏称“勿吉”，唐时写作“靺鞨”。辽朝至明朝末年称“女真”。“靺鞨”之名，初见于《北齐书》。《隋书》：“靺鞨即古之肃慎氏。”《唐书》：“靺鞨，盖肃慎之地，后魏谓之勿吉。”

[6] 疑：原作“宜”，今据清陈兰芝《南海庙志》改。

[7] 元：通“玄”。

浴日亭观日出和东坡韵

迹删鹫[1]

长啸凌风直到天，　白鸥惊起出黄湾。
伫看旸谷[2]三更月，坐失罗浮半枕山。
夸父何妨追健步，　鲁阳[3]无计返颓颜。
明朝直上飞云去，　未必清光到此间。

校注

[1] 迹删鹫：成鹫，参卷一“六侯”注[3]。

[2] 旸谷：参卷八“苏东坡先生浴日亭诗”注[2]。

[3] 鲁阳：鲁阳公。战国时楚鲁阳邑公，传说为挥戈使太阳返回的英雄。相传周武王率领诸侯讨伐殷纣王，战斗非常激烈，周武王的部下鲁阳公愈战愈勇，眼看天色已晚，鲁阳公举起长戈向日挥舞，吼声如雷，太阳又倒退三个星座，恢复了光明，终于获胜。后以“鲁阳挥戈”指力挽危局。《淮南子·览冥训》：“武王伐纣……鲁阳公与韩构难，战酣日暮，援戈而捻之，日为之反三舍。”

突奚司空[1]

故乡天际欲归难，　举足风涛驻足看。
迹寄萍蓬成土偶，　心驰云树阻门阑。
尘缘髭鬓霜宁染，　日晒花砖泪未干。
莫怪同舟不相待，　转因流落得衣冠。

校注

[1] 作者为迹删鹫，参卷一“六侯”注[3]。突奚司空，即达奚司空。可参本书卷六《六侯之记》碑。

舟过南海神祠纪胜五十二韵[1]

方舆会有极，　元气混无涯。
四大水轮住，　千江海印持。
昆仑接云汉，　溟渤潴天池。
万派宗南澥，　群峰拱北维。

祝融熙帝载，　习坎答重离。
庙貌崇今古，　明禋洽岁时。
堂皇依岛屿，　制度出班倕。
波影摇银壁，　霞光罥玉墀。
周垣丹以雘，　夏木蔽还亏。
朱凤翔阿阁，　雕龙绕绣帷。
神君端黼黻，　象教肃威仪。
徽号丝纶锡，　恭文碣石垂。
金题悬日月，　铜鼓列雄雌。
邃寝齐眉媛，　回廊斫额夷。
网珠交掩映，　香篆互参差。
花雨承珠毂，　晨风满桂旗。
百灵纷总总，　群物信熙熙。
帝力夫何有，　神心予所知。
溯洄由夙昔，　俯仰在今兹。
浮海身将老，　舟轻晚更移。
潮平黄木港[2]，花发谷王祠[3]。
越陌寻芳径，　磨崖读故碑。
鸿文推哲匠，　宏构仰成规。
土木因时革，　沧桑任运为。
椠谈遵世谛，　慷慨有遐思。
延伫看山色，　沉吟续楚辞。
飘零悲泛梗，　珍重荐江蓠。
工祝[4]传神语，征人指路歧。
禅心通陟降，　逸兴入逶迤。
隔壁寻僧话，　沿阶引鹤随。
海光[5]钟寂寞，旦过客栖迟。

香积浑薰莸，蒲团厕菉葹。
大虚宁畛域，周道岂平陂。
怅别东林社，徘徊古殿基。
亭高名浴日，海阔见朝曦。
石磴绿苔藓，雕甍枕碧漪。
兴难辞跋涉，行不厌孤危。
历巘舒清啸，凭阑咏古诗。
坡公[6]留墨沛，词客[7]叶埙篪。
蜗篆明还灭，龟趺仆更攲。
摩挲瞪两睫，取次策双眉。
蜃气呈真幻，鲛宫集瑰奇。
虎门天锁钥，鱼石郡藩篱。
蝃蝀穿云脚，凫鹥浴水湄。
渔家收蚬米，田舍足粳穈。
几处烽烟息，三春士女嬉。
神人须庆快，老少自扶携。
俗俭芹堪美，年丰酒可酾。
桑麻仍旧业，鸡黍订前期。
莲国程伊迩，桃源路不迷。
欲随江燕住，却恐野鸥疑。
明发乘虚舫，洞天寻圣师。

校注

[1] 作者为迹删鹫，参卷一“六侯”注[3]。

[2] 黄木港：黄木湾。位于南海神庙前。

[3] 谷王祠：原位于广州增城荔城横街口（今六街道），今已不存。相传古时每逢年初八这一天，县令要带领僚属参拜谷王祠，祈求风调雨顺、五谷丰登。

[4] 工祝：古时在祭祀时专司祝告的人。《诗·小雅·楚茨》：“工祝致告，徂赉孝孙。” 高亨注：“工祝即祝官。”《楚辞·招魂》：“工祝招君，背行先些。” 王逸注：“男巫曰祝。”

[5] 海光：海光寺，参卷二“海光寺”注[1]。

[6] 坡公：苏东坡。苏东坡于北宋绍圣元年（1094）谪惠州，过南海神庙作咏浴日亭诗，后人将苏诗刻于石，遂成一方胜景。

[7] 词客：指擅长文词的人。

南海神前古铜鼓歌[1]

范铜作鼓叶律吕，　牯牛下拜鼍起舞。
间渠拜舞何所为，　自幸有皮无足取。
范成悬在海王祠，　一雄一雌相耳语。
我本山中矿石精，　无端跃入大火聚。
欧生倒置古规模，　不我为钟我为鼓。
大叩蓬蓬鼓咽咽，　随声答响聊尔汝。
何时飞入水晶宫，　潮音作风雷作雨。
回首白牯与元鼍，　皮之不存毛安附。

校注

[1] 作者为迹删鹫，参卷一“六侯”注[3]。

南海神祠古木棉花歌[1]

君不见南溟之水如汤盘，沐月沐日涵星垣。
闭塞地户开天门，　西台庙古神赫烜。

垂衣拱手端临轩，　身骑白马扬朱幡。
立马看花花正繁，　木棉树老高云屯。
千尺百尺迎朝暾，　绝如野火燎高原。
橘枝天际蟠昆仑，　珊瑚海底撑乾坤。
其高也如此，　不知几历寒与温。
扶桑若木为弟昆，　月华仙桂皆足采。
一枝一叶含一元，　一花一实归一根。
一生二，二生三，　三生万物，
生生不已夫何言。

校注

[1]　作者为迹删鹫，参卷一“六侯”注[3]。

奉使祭告南海恭纪

李绂[1]巨来

孝治原同万国欢，　小臣南使更蒙恩。
山横粤峤天应尽，　水到炎州海独尊。
归路况容兼觐省[2]，　浃旬[3]犹得奉晨昏[4]。
衹惭书锦吾何有，　数亩依然旧寝门。

校注

[1]　李绂：参卷六“康熙五十八年御祭南海神文”注[2]。其于康熙五十八年（1719）以翰林院侍讲学士身份祭祀南海神庙。可参本书卷五年表及卷六碑牒之康熙五十八年谕祭南海神文。

[2]　觐省：探望双亲。唐贾岛《送李余及第归蜀》诗：“知音伸久屈，觐省去光辉。”

[3] 浃旬：一旬，十天。《资治通鉴·后汉隐帝乾祐三年》："比皇帝到阙，动涉浃旬，请太后临朝听政。"胡三省注："十日为浃旬。"

[4] 奉晨昏：朝夕侍奉父母。《礼记·曲礼上》："凡为人子之礼……昏定而晨省。"

舟次扶胥口[1]

风雨鱼龙护使船，　夕霞黄气满旌旃。
推窗一望渺何许，　直到天涯海角边。

校注

[1] 作者为李绂，参卷六"康熙五十八年御祭南海神文"注[2]。

南海神庙致祭恭纪五章[1]

唐祀时修立夏先，　龙旗四月到飘翩。
正逢海宇清和候，　来告天家孝德虔。
南次祝融神最贵，　火行烟怒气方然。
庙门五夜星辰烂，　万里波澄御榜[2]悬。

候火煌煌夜向阑，　撞钟伐鼓肃华班。
上方紫阁香初烈，　南斗朱旗色未殷。
髦士圭璋趋左右，　使臣衮绣立中间。
天心万里同昭格，　肃穆高居凛妙颜。

神灯闪闪殿阴阴，　终献犹严对越心。

升降庙庭三位遍，　蜿蜒黻座百灵歆。
承筐敢赖如天福，京师坛庙，凡属上亲祀，有饮福受胙礼，遣官则否。粤中仪注有之，举爵而不敢饮，拜胙而不敢受。沉币亲看到海深。
回听乐声催废彻，　扶桑红影正森森。
二千年庙事应讹，　访旧茫然感慨多。
荒忽仙经传姓氏，　眯暌番鬼望波罗[3]。
金旛空忆宋皇祐，　铜鼓犹征汉伏波。
最是此间封树古，　木棉乌榄总嵯峨。粤中语云：山则罗浮，树则波罗。

弓刀夹道领輶轩，　俯瞰苍茫地势尊。
鹿步沙连蛮百峒，　虎头门控海诸蕃。
和平已听编氓[4]乐，赫濯犹褫伏莽魂。
淫雨烈风天不作，　越裳长戴圣人恩。

校注

[1]　作者为李绂，参卷六“康熙五十八年御祭南海神文”注[2]。
[2]　万里波澄御榜：清康熙御赐南海神庙的“万里波澄”匾额。
[3]　番鬼望波罗：指位于南海神庙的“番鬼望波罗”塑像。
[4]　编氓：编入户籍的平民。唐武元衡《行路难》诗：“休说编氓朴无耻，至竟终须合天理。”

扶胥海次张文献公韵[1]

阛庙旋舻后，　苍茫独望时。
涛声排欸乃，　岛色照于思。
回薄宵光眩，　涵淹物产滋。

升平验清晏，　观海识昌期[2]。

校注

[1] 作者为李绂，参卷六“康熙五十八年御祭南海神文”注[2]。张文献公，指张九龄，字子寿，一名博物，谥文献。唐朝开元年间名相，诗人。唐朝韶州曲江（今广东韶关）人，世称“张曲江”或“文献公”。张九龄所作咏南海神庙诗为《望月怀远》：“海上生明月，天涯共此时。情人怨遥夜，竟夕起相思。灭烛怜光满，披衣觉露滋。不堪盈手赠，还寝梦佳期。”

[2] 昌期：兴隆昌盛时期。《乐府诗集·郊庙歌辞七·周郊祀乐章》：“高明祚德，永致昌期。”宋陆游《天申节贺表》：“敢即昌期，虔申寿祝。”

浴日亭次东坡韵[1]

一邱[2]雄峙海南天，万里晴霞注此湾。
英发祝融腾百宝，　势连旸谷[3]涌三山。
曜灵不改无穷运，　朝气还开欲暮颜。
安得此心同澡雪，　赤光耿耿照人间。

校注

[1] 作者为李绂，参卷六“康熙五十八年御祭南海神文”注[2]。

[2] 一邱：邱同“丘”。南海神庙西南侧之章邱山，苏东坡诗碑立于其上。

[2] 旸谷：参卷八“苏东坡先生浴日亭诗”注[2]。

扶胥观日出歌

王邦畿[1]说作

眼前墨漆天地开，　天地开，红日来。
扶胥客，　临高台。
高台俯仰一万里，　硃砂弹照半天紫。
紫气曈曈大海中，　乾坤人事尚冥蒙。
吸得光华入肺腑，　波间万尾金龙舞。

校注

[1] 王邦畿（1618—1668）：字说作，广东番禺人。明末副贡生，崇祯年间举人。明亡后不事清廷，出家为僧，法名今吼。清初著名诗人，与程可则、方殿元及陈恭尹等被称“岭南七子”。与其子王隼、孙女王瑶湘，三代俱为诗人。著有《耳鸣集》十四卷。

浴日亭观日出歌[1]

梁无技[2]王顾

君不见海外云霞，　未散鸿蒙天。
扶桑国土万里悬，　海水汩汩蛟龙眠。

羲和[3]御日海底旋，日出海底象万千。
日出似浴光未全，　浴日孤亭峙云边。

祝融庙右黄湾前，　半夜天鸡鸣海烟。
天东一泒红波连，　须臾化作赤绡万丈空中缠。

忽如干将[4]出冶濯灵泉[5]，忽如龙女金盘特地捧出骊珠圆。
龙王赤髯持火鞭，　龙母宝扇花光燃[6]。
海市百宝风满船，　楼台五色相澄鲜。
我时默默高踞孤亭巅，欲留大化还太元[7]。
二仪[8]既判水火先，万象森立如蝉联。
古今圣人在位离照燃，　午夜安得长如年。
呜呼！安得午夜[9]长如年！

校注

[1] 此诗清陈兰芝《南海庙志》有载。

[2] 梁无技：字王顾，号南樵，清广东番禺人。贡生，工于诗赋。而乡试屡不中。主粤秀书院讲席。梁无技与陶窳、陈恭尹及衡弟绛相砥砺，世称“北田五子”。卒年八十。著有《南樵集》。

[3] 羲和：古代神话传说中能驾御日车的神仙人物。唐徐坚《初学记》卷一引《淮南子·天文训》：“爰止羲和，爰息六螭，是谓悬车。”原注：“日乘车，驾以六龙，羲和御之。”

[4] 干将：春秋末著名冶匠。其善铸兵器，与其妻莫邪奉吴王阖闾之命做剑，精心造出二把剑，名曰干将、莫邪。《吴越春秋·阖闾内传》：“干将者，吴人，造剑二枚，一曰干将，二曰莫邪。莫邪者，干将之妻也……于是干将夫妻乃断头揃爪，投之炉中，使童女三百，鼓橐装炭，金铁乃濡，遂以成剑。”

[5] 灵泉：原作“□泉”，今据清陈兰芝《南海庙志》补。

[6] 燃：清陈兰芝《南海庙志》作“妍”。

[7] 元：清陈兰芝《南海庙志》作“玄”。

[8] 二仪：指日、月。南朝陈沉炯《陈武帝哀策文》：“二仪协序，五纬同符。”

[9] 安得午夜：清陈兰芝《南海庙志》作“午夜安得”。

南海神祠古木棉歌[1]

曈昽树拂云，　扶光丽南照。
天帝临天门，　亲草百神诏。
诏曰：
维兹四渎，　百神之式。
矧乃南交，　实称火德。
咨汝祝融，　恪恭乃职。
泽洞克平，　须辨嘉植。
海王承诏，　赤虬腾烟。
扶胥之浦，　黄木之湾。
千秋庙貌，　孤亭峙焉。
亭临子日[2]，红开木棉。
木棉千岁，　太初之世。
其时天地属鸿蒙，　以水生木开天东。
水国苍茫分四裔，　祝融独镇南离[3]位。
木棉花是祝融栽，　木棉花向南离开。
木棉花开海云艳，　一治一乱木棉见。
君不见昨夜老龙战浪失骊珠[4]，江中啖影风雨飒沓奔鲸鱼。
又不见青帝[5]行春百丈彩虹驾，金茎酌露倾入仙掌空中泻。
二月望日落花晨，　海王生日海市贫。
天使南来赛海神，　木棉花染氍毹[6]新。
稽首[7]酹酒[8]祝融君：
百谷草木待泽勤，　及时红雨膏莫屯。
龙母海藏多金银，　红玉满盏斟氤氲。
龙女文章绣古春，　黼黻太平乐王民。
赖汝木棉持地力，　长洪炎方守春色。

校注

[1] 此诗清陈兰芝《南海庙志》有载。作者梁无技。诗题目录作“南海神祠古木棉花歌”。

[2] 子日：古代天干地支纪日法中的某一天，并非特定的日子，每隔十二天就会出现一个子日。

[3] 南离：指南方。《易》离卦位在南，故称。

[4] 骊珠：指宝珠。传说出自骊龙颔下，故名。《庄子·列御寇》：“夫千金之珠，必在九重之渊，而骊龙颔下。”

[5] 青帝：古代传说中五帝之一。居东方，摄青龙。掌管天下的东方，为春之神及百花之神。

[6] 氍毹：毛织的布或地毯。

[7] 稽首：古代跪拜礼。

[8] 酹酒：以酒浇地，表示祭奠。

黄木湾望浴日亭[1]

杭世骏[2]大宗

遥下舟中拜，　心仪浴日亭。
曦光终古白，　海气一重青。
鸟立旌麾肃，　龙归草树腥。
山川真浩荡，　愁望转忪惺。

校注

[1] 此诗清陈兰芝《南海庙志》有载。

[2] 杭世骏（1695—1773）：字大宗，号堇浦，别号智光居士、秦亭老民、春水老人、阿骏，室名道古堂，仁和（今浙江杭州）人。雍正二年（1724）举人，乾隆元年（1736）举博学鸿词，授编修，官御史。晚年主讲广东粤秀和江苏扬州两书

院。工书，善写梅竹、山水小品。著有《道古堂集》《榕桂堂集》等。

木棉花[1]

海珠寺里寻常见，　黄木湾边寂寞红。
一样天南任开谢，　无人知历几春风。

风尘澒洞长根荄，　拂槛穿廊恣意开。
不合唤他烽火树[2]，千春长照粤王台。

目极牂牁[3]水乱流，低枝踠地入端州[4]。
最怜三月东风急，　一路吹红上驿楼。

擘絮吹绵日欲斜，　此行真见日南花。
花时定有红鹦鹉，　天半飞来啄彩霞。

校注

[1]　作者为杭世骏，参卷八“黄木湾望浴日亭”注[2]。

[2]　烽火树：参卷四“木棉”注[2]。

[3]　牂牁：此指端州段的西江。

[4]　端州：州治即今肇庆市端州区，位于西江北岸。唐李吉甫《元和郡县图志》卷三十四《岭南道一》：“隋开皇十一年置端州。”端州之名始于此。

黄木湾秋晓望莲花城

许遂[1]扬云

扶胥秋色散飞烟，　岚影波光白到船。
风走碧泉鸣野壑，　云擎红日上江天。
虎门蜃结通银市，　狮子城空峙掌莲。
生计自来垂钓稳，　不须濒海重筹边。

校注

[1] 许遂：字扬云，广东番禺人。生卒年不详，约清康熙五十年（1711）前后在世。性警敏，读书淹贯。康熙三十五年（1696）举人。授江南清河知县，有惠政。后杜门著述，名益起。尤长于诗。著有《真吾阁前后集》《清史列传》。

登浴日亭

凌鱼[1]西坡

赤腾黄木郁初暾，　丹磴霏微紫翠屯。
爝火[2]带云沉虎岛，阳乌[3]从海跳天门。
烟开绿野翔孤鹤，　波走沧溟烧化鲲。
地轴莫言南极尽，　瑞光今已照中原。

校注

[1] 凌鱼：字沧州，一字西陂，清代广东番禺人。乾隆十三年（1748）进士，历任湖南桂阳、昭陵、醴陵诸县知县。四十三年（1778）回省，历任广东揭阳榕江、兰田书院山长。为官廉介明敏。以儒家经义教育生徒，严于课试，重视敦行。著有《书耘斋前后集》。

[2] 爝火：炬火，小火。《庄子·逍遥游》："日月出矣，而爝火不息；其于光也，

不亦难乎！”成玄英疏：“爝火，犹炬火也，亦小火也。”唐杜牧《又谢赐告身鞍马状》：“荧光爝火，何裨日月之明；弱质孤根，但荷乾坤之德。”

[3] 阳乌：参卷八“谒南海神庙”注[10]。

祭南海庙礼成二十韵

赵翼[1]云崧

秋祀南溟重，　时维月孟冬。
扶胥襟粤会，　广利纪唐封。
地在九州尽，　王为百谷宗。
周廊檐四角，　复殿陛三重。
环楯威仪势，　垂旒肃穆容。
介鳞森拱卫，　祎翟配邛颙。
赑屃穹碑壮，　波罗古树穠。
玉书无迹考，　铜鼓有声舂。
是夕宵氛净，　中天月色浓。
萧芗升鹤焰，　炬火似鳌峰。
涛戢冰夷怒，　风收飓母凶。
星河垂角络，　剑佩集瑽瑢。
蜺节悠扬动，　金支飒沓从。
群灵朝贝阙，　万派汇珠潨。
腥气蜿蜒队，　阴光仿佛踪。
工歌翔鹳鹊，　人立舞鱼龙。
宴娱神应喜，　歆居礼益恭。
不扬占浪静，　善下岂堤冲。
水线安估客，　潮田舞泽农。

永昭清晏德，　于廓助时雍。

校注

[1]　赵翼（1727—1814）：字云崧，一字耘崧，号瓯北，又号裘萼，晚号三半老人，江苏阳湖（今江苏常州）人。乾隆二十六（1761）年进士。乾隆三十五年（1770），任广州知府。官至贵州贵西兵备道道员。以广州谳狱旧案降级，遂乞归，不复出。辞官后，主讲安定书院。以著述自娱。长于史，考据精赅。论诗主"独创"，反摹拟。与袁枚、张问陶并称清代性灵派三大家。卒年八十六。著有《廿二史札记》《皇朝武功纪盛》《陔余丛考》《檐曝杂记》《瓯北诗集》。

登浴日亭[1]

礼罢神祠肃炳萧，　振衣千仞蹑岧峣。
鸡声欲白三更日，　渔火犹红半夜潮。
化羽何当千岛戏，　采芝未觉祖洲遥。
登临又起沧波兴，　归路虚舟转泬寥。

校注

[1]　作者为赵翼，参卷八"祭南海庙礼成二十韵"注[1]。

木棉花二首

宋湘[1]

丹魂拍拍气熊熊，　倔强虬龙烛照空。
人到海头才眼孔，　花真汉后有英雄。
越王台畔春初日，　广利祠前夜半风。

万道虹光掣南斗，　为谁名压荔枝红？

历落嵚崎可笑身，　赤腾腾气独精神。
祝融以德火其木，　雷电成章天始春。
要对此花须壮士，　即谈芳绪亦佳人。
不然闲向江干老，　未肯沿街卖一缗。

校注

[1] 宋湘（1756—1826）：字焕襄，号芷湾，嘉应州（今广东梅州）人。乾隆五十六年（1791）为广东学政幕宾。嘉庆四年（1799）中进士，选翰林院庶吉士。曾任广州粤秀书院山长。工诗、书。

每过扶胥口，不维舟亦无所作。今日读崔君《波罗外纪》，遂用坡公浴日亭韵以发之，兼谢崔君[1]

唐时海水宋时天，　吹过铜鼍定几湾。
文字不来摹日月，　韩苏已早占江山。
夜来风雨奔神气，　纸上王侯展圣颜。
他日扬帆终一拜，　浮屠一宿亦桑间。

校注

[1] 作者为宋湘。参卷八“木棉花二首”注[1]。此诗因“读崔君《波罗外纪》”有感而作。

六侯[1]赞

崔弼

达奚司空

来南天竺，作六侯长。　去逆效顺，如碑抶莽。

杜公司空

解作阴兵，歼侬灭岑。　鼪鼯昼飞，威灵到今。

巡海曹将军

澒洞洪波，秘怪出没。　倘遇将军，如汤沃雪。

巡海提点使

有蒲将军，紫袍金带。　阴功为神，海邦安泰。

王子一郎

严严海疆，翩翩大郎。　准恩荫例，汝当嗣王。

王子二郎

是二郎神，宜正法眼。　邀路海童[2]，相见恨晚。

校注

[1]　六侯：参卷八“承祭南海庙礼成述事”注[11]。

[2]　海童：参“序一”注[2]。

波罗蜜二首[1]

金刀才剖实如何？　几处银针迸露多。
青似佛头形傀儡，　碧垂仙掌叶婆娑。
丛苞每孕千房玉，　沥液应浮五石波。
根过隔墙时结子，　惊看如斗覆烟萝。

浴日亭边仰蔚蓝，　木棉花外共毵毵。
孤根本自南天竺，　嘉植谁名优钵昙。
斫树以刀痕作瘿，　不花而实乳流甘。
攀条想见司空惯，　目断乡园思不堪。

校注

[1]　作者为崔弼。

明顺夫人宫词十首[1]

满院木棉初日红，　彤帏轻飏养花风，
辟寒为有黄金盒，　长遣春晖出画栊。

金甲将军杀贼归，　凯歌声震怒涛飞。
蜺旌羽葆亲行赏，　闲上妆楼看打围。

瓮插杨枝蜥蜴灾，　雷车亲遣阿香推。
天南满眼皆沾足，　不用敲门李靖来。

万斛行舟出巨洋，　孟婆风起恣披猖。
等闲一过平如掌，　翻笑儿曹拯溺忙。

昨报汉家天使至，　平明奉帚扫重门。
风鬟雾髩皆光采，　袿襹花钗共拜恩。

一家王子沐侯封，　差胜钱塘窈窕龙，
鱼婢海童争报喜，　共挝铜鼓响鼕鼕。

小回廊下佛桑花，　倒挂幺幺凤羽斜。
剪破海山云五色，　要修谢表答天家。

风马云旗走百灵，　六侯齐蹙海涛腥。
君王明日千秋宴，　也捧瑶觞出内廷。

千盏春灯夜宴寒，　海螺红蘸酒杯干。
玉阶新采波罗蜜，　堆遍鲛宫碧玉盘。

海风寒入沁园春，　梦到韶阳送远人。
弄玉远随萧史去，　不知何日却归秦。

校注

[1]　作者为崔弼。

南海神庙铜鼓歌步昌黎石鼓韵[1]

生近南海神庙旁，　能作神庙铜鼓歌。
铜鼓之来几千载，　有铸之者人云何？
忆昔征贰与征侧，　蛮邦蠢尔争称戈。
天子赫然命天讨，　谓汝马援功不磨。
必使巨丑尽浮馘，　无为吞舟逃网罗。
将军策马下南粤，　所过岭峤真嵯峨。
地近寒潮气卑湿，　军灶往往迁高阿。
冒鼓以皮声缓慢，　响不及远谁能呵。
因之凿山取铜矿，　不钟而鼓非差讹。
杀蛮取血涂衅隙，　雷纹模糊成活蝌。
苔藓斑驳赤而黝，　卦爻错杂蛙与鼍。
何时纳庙比郜鼎，　击之应碎珊瑚柯。
殿东殿西各大小，　往来揩击人如梭。
东围三尺径五寸，　较之西鼓差逶蛇。
西围二尺八寸许，　均移不动谁夸娥。
或云浔洲铜鼓滩，　崩岸出之江之沱。
或云高州牧竖子，　侧闻蛙鸣其声和。
欲往捕之亟跳脱，　搜厥踪迹藏坎科。
呼群挖掘得大鼓，　以献林守[2]功绩多。
声归海屋震老蜃，　遣致仙宫驮明驼。
年年二月祝融会[3]，人山人海相经过。
差同金铙竞繁响，　不比石鼓相切嗟。
坎坎神巫百灵喜，　站站飞鸢思伏波[4]。
鸿名曾不让杨仆[5]，伟略自足前廉颇[6]。
翻儗渡泸丞相亮[7]，却羞称制越王佗。

当年法物剩此鼓，　想见赑屭非婵娟。
牡蛎墙边安妥帖，　木棉花底重摩挲。
太息韩苏有碑碣，　不肯铜鼓同吟哦。
倘留篆刻土花碧，　拓本当换黄庭鹅[8]。
我来谒神感新息[9]，薏苡乃谓明珠耶[10]。
何如少游跨款段，　武溪淫毒甘轗轲，
梁松小子不足数，　捧土乃欲填黄河。
老将功成不得赏，　倏忽岁月流蹉跎。

校注

[1] 作者为崔弼。昌黎石鼓韵，唐代韩愈所作《石鼓歌》。石鼓文为秦代石刻，刻于十块鼓形石上，文为大篆，记叙狩猎情状。韩愈以为周宣王时所刻，现藏于北京故宫博物院。韩愈为石鼓文作七言古诗，论述它的起源与价值，呼吁朝廷予以重视和保护。

[2] 林守：高州太守林霭。相传南海神庙有大、小铜鼓各一，大铜鼓即为林霭所献，得自于蛮酋大冢。唐刘恂《岭表录异》卷上："僖宗朝，郑细镇番禺日，有林霭者，为高州太守。有乡墅小儿，因牧牛闻田中有蛤鸣，牧童遂捕之。蛤跃入一穴，遂掘之深大，即蛮酋冢也。蛤乃无踪，穴中得一铜鼓……"

[3] 年年二月祝融会：每年农历二月十一到十三祭祀南海神祝融的波罗诞民间庙会。

[4] 伏波：马援，参"铜鼓图跋"注[8]。

[5] 杨仆：西汉时将军。今河南洛阳人，汉武帝时为楼船将军，与路博德将军平定岭南，封将梁侯。《汉书·杨仆传》："杨仆，宜阳人也。……南越反，拜为楼船将军，有功，封将梁侯。"

[6] 廉颇：战国末赵国名将，以勇猛果敢闻名于诸侯各国，封信平君。西汉司马迁《史记·廉颇蔺相如列传》："廉颇者，赵之良将也。赵惠文王十六年，廉颇为赵将，伐齐，大破之，取阳晋，拜为上卿，以勇气闻于诸侯。"

[7] 丞相亮：三国时蜀汉丞相诸葛亮。因其军事才能，后世尊称其为武侯。《三国志·蜀志·诸葛亮传》："诸葛亮，字孔明，琅邪阳都人也。汉司隶校尉诸葛丰后也。……赠君丞相武乡侯印绶，谥君为忠武侯。"

[8] 黄庭鹅：指书圣王羲之的书法高妙，为世人所重，因其喜爱白鹅，因之为道士抄

写《黄庭经》而换取白鹅的故事。借以说明铜鼓之珍贵。《晋书·王羲之传》："山阴有一道士，养好鹅，羲之往观焉，意甚悦，固求市之，道士云：'为写《道德经》，当举群相赠耳。'羲之欣然写毕，笼鹅而归，甚以为乐。"唐李白《送贺宾客归越》诗："山阴道士如相见，应写《黄庭》换白鹅。"

[9] 新息：新息侯，参"铜鼓图跋"注[8]。

[10] 耶：原作"那"，今据文意改。

冬初偕涂篪云涂毓初刘绩熙刘蔼春钞碑波罗借东坡浴日亭韵二首[1]

明珠翡翠出南天，　贡泊千邦入远湾。
不及波罗江上庙，　争夸才藻积如山。
歌功颂德追秦汉，　镌骨雕筋迈柳颜[2]。
不惜一碑钞百纸，　要令文采布人间。

生长牂牁天外天，　朝乘一苇[3]渡黄湾。
摩挲不厌千回读，　景仰如登万仞山。
骤得歌词皆古意，　秖愁霜雪换人颜。
水枯石泐沧桑在，　元祐元和[4]转瞬间。

校注

[1] 作者为崔弼。

[2] 柳颜：或称"颜柳"。唐代著名书法家颜真卿和柳公权均以楷书著称，世人并称为"颜柳"。宋苏轼《书黄子思诗集后》："至唐颜柳，始集古今笔法而尽发之，极书之变，天下翕然，以为宗师。"清吴嘉纪《赠汪秋涧》诗："欧虞及颜柳，生气盈丈尺。"

[3] 一苇：一束芦苇。借指小船。《诗·卫风·河广》："谁谓河广，一苇杭之。"唐孔颖达疏："言一苇者，谓一束也，可以浮之水上而渡，若桴筏然，非一根苇也。"

[4] 元祐元和：元和（806—820），为唐宪宗年号，共十五年。元祐（1086—1093），为宋哲宗的年号，共八年。

《外纪》成资谢芸隐先生点定志以诗[1]

鼠璞[2]虽非珍，贞珉[3]未为贱。
吾自宝贵之，　比似圭璋[4]绚。
鲰生[5]江海客，常邀海神眷。
野服[6]登瑢阶[7]，时与芳春宴。
饮臣碧螺杯，　给以红丝砚。
要修溟海经，　兼作阳侯[8]传。
再拜勿复辞，　黾勉抽袜线。
旁有谢茂秦[9]，点窜澄江练。
海王顾之喜，　合锡皇甫绢。
从此出碔砆[10]，肉好皆璧瑗。
胡卢来请观，　石也不求衒[11]。

校注

[1] 作者为崔弼。谢芸隐，谢景卿（1735—1806），字殿扬，号芸隐，广东南海人。博学嗜古，精研六经之学，工诗，擅篆刻。肖三子，中以谢先生名气最大。

[2] 鼠璞：未腊制之鼠。《尹文子·大道下》：“郑人谓玉未理者为璞，周人谓鼠未腊者为璞。周人怀璞谓郑贾曰：‘欲买璞乎？’郑贾曰：‘欲之。’出其璞视之，乃鼠也，因谢不取。”后指低劣的有名无实的人或物。明刘基《感时述事》诗：“鼠璞方取贵，和璧非所珍。”

[3] 贞珉：石刻碑铭之美称。

[4] 圭璋：古代一种玉礼器。上尖下方曰圭，半圭曰璋。古礼制：诸侯朝王执圭，朝后执璋。《礼记·礼器》：“圭璋特。”孔颖达疏：“‘圭璋特’者，‘圭璋’，玉中之贵也；‘特’谓不用他物媲之也。诸侯朝王以圭，朝后执璋，表德

特达不加物也。”

[5] 鲰生：犹小生。多为自称之谦词。

[6] 野服：粗劣的衣着。借指平民百姓。宋苏轼《赠写真何充秀才》：“黄冠野服山家容，意欲置我山岩中。”

[7] 璿阶：亦作“璇阶”。指玉石砌成或装饰的台阶。唐李华《含元殿赋》：“玉宇璇阶，云门露阙。”

[8] 阳侯：传说中的水神。能兴风作浪，造成灾害。《淮南子·览冥》：“武王伐纣，渡于孟津，阳侯之波，逆流而击。”《幼学琼林·地舆类》：“水神曰冯夷，又曰阳侯。”

[9] 谢茂秦：谢榛（1495—1575）。字茂秦，号四溟山人，山东临清人。明代文学家，“后七子”之一。初与李攀龙，王世贞等结诗社，以他为首，倡导为诗摹拟盛唐。其诗以律、绝见长。著有《四溟集》《四溟诗话》等。

[10] 碔砆：似玉之石。司马相如《子虚赋》：“碝石碔砆。”李善注引张揖曰：“碝石、碔砆，皆石之次玉者……碔砆，赤地白采，葱茏白黑不分。”清赵翼《题陈东浦藩伯〈敦拙堂诗集〉》诗：“连城有真璧，未可碔砆冒。”

[11] 衒：通“炫”。

恭遇皇帝八旬万寿睹安南王入觐十首[1]

圣寿而今轶有虞，　万方臣妾效嵩呼。
中原竞奏钧天乐，　远徼还观盖地图。
享国岂论商太戊[2]，来庭争羡汉单于[3]。
南交本是羲和宅，　亲见臣陀谒帝都。

《水经》缗阅识龙编[4]，铜柱峥嵘欲插天。
自昔贡仪惟白雉，　于今声教溢朱鸢。
承臣入款翁茶网，　击楫从君骆将船。
不用长缨齐伏阙，　边功宁数马文渊[5]。

伞圆山[6]下富良江[7]，阿育王城筑受降。
再稻八蚕今乐国，　九真[8]交趾古蛮邦。
鸦头弱女裙无褶，　跣足夷官语最哤。
万里鲸波从此息，　好寻勾漏泛轻艭。

老挝西接古哀牢[9]，毒雾迷离射日[10]高。
落水仙花开粉堞，　化龙鱼子遍城濠。
勒脐长爱蛮烟暖，　裸浴相逢蜑雨臊。
独有戎王翁仲侣，　自夸皇祖镇临洮。

代身无事铸黄金，　衔璧亲看诣上林。
骑象客来三岛远，　织绡人望五云深。
承恩鞮鞻皆殊渥，　赐部龟兹尽好音。
归语麋泠诸父老，　果然尧颡类当今。

铜墨新颁册府书，　藁街[11]频筑远人居。
波罗蜜采严霜后，　蚳子盐分底贡余。
羸𨻶铜船犹在否？　皋通神弩定何如。
鸿胪典客[12]多奇杰，珍重方言答象胥[13]。

鸱张曾忆谢升卿[14]，日下从阳火上名。
两姓山河归裔女婿[15]，一般枭獍动天兵。
孤臣已向秦庭哭，　老将终期禹甸清。
得失由来同塞马[16]，请看殷监莫方瀛。

才换黎家又莫家，　匆匆王子走清华。
刺鱼波上横长剑，　漆马江头咽暮笳。

几处蕉花藏蝙蝠，　无端藤蔓绕髯蛇。
流离试问泥中赋，　回首孤城日已斜。

谆谆天语正褒忠，　视草词臣礼最隆。
岂意杞侯方大去，　遂令郯子[17]远来同。
涂山盛事犹如昨，　娄敬[18]谋为本至公。
百济[19]新罗[20]皆俯首，从来奇策在和戎。

朝鲜君长献箕畴，　喜见今皇五福周。
京邸喧阗天竺子，　彤墀欢忭夜郎侯。
鱼龙百戏陈燕市，　笙鼓千门御部洲。
君有左飞能化虎，　漫劳呈进凤池头[21]。

校注

[1] 作者为崔弼。皇帝八旬万寿，指清乾隆帝八十寿辰。安南王，是元明清时期朝廷赐予越南古代（阮朝以前）最高封建统治者的封号。安南国为古代中国的藩属国。

[2] 商太戊：商朝第九位国王。生卒年不详，在位七十五年，勤政修德，治国抚民，颇有政声。任用伊陟、巫咸掌握国政。国政大修，各小国又纷纷归顺，商朝中兴，故后代尊称他为商中宗。

[3] 单于：指匈奴最高统治者之称呼。

[4] 龙编：越南古代地名，在今越南河内东，为交州和交趾郡治所。

[5] 马文渊：马援，参“铜鼓图跋”注[8]。

[6] 伞圆山：位于今越南河内的一座山。

[7] 富良江：位于今越南北部的一条河流。

[8] 九真：汉代郡名。汉武帝于元鼎六年置，治所在胥浦县（今越南清化省清化市西北），属交州。

[9] 古哀牢：云南古国之一。

[10] 射日：西南少数民族中类似于后羿射日的神话传说。

[11] 藁街：汉时街名，在长安城南门内，为属国使节馆舍所在地。晋陆机《饮马长城窟行》："振旅劳归士，受爵藁街传。"唐元稹《授牛元翼深冀州节度使制》："苟获戎首，置之藁街。"

[12] 典客：官名。秦置，为九卿之一，汉朝沿袭。掌管王朝对少数民族之接待、交往等事务。汉景帝时改为"大行令"，汉武帝改为"大鸿胪"。王莽改为"典乐"，其属官有行人、译官等。东汉罢置。隋唐有典客署，属鸿胪寺。可参《汉书·卷十九上·百官公卿表第七上》。

[13] 象胥：官名。古代接待四方使者之官员。亦用以指翻译人员。《周礼·秋官·象胥》："掌蛮、夷、闽、貉、戎、狄之国使，掌传王之言而谕说焉，以和亲之。"刘师培《〈文章学史〉序》："象胥之官，掌传王言于夷使，使之谕说和亲，入宾之岁，则协礼以传词，此文之施于通译者也。"

[14] 谢升卿：南宋时期安南国陈朝开国皇帝。

[15] 壻：通"婿"。

[16] 塞马：塞上的马。喻世事多变，得失无常，吉凶莫测。同"塞翁失马，焉知非福"，可参《淮南子·人间训》。

[17] 郯子：春秋时期郯国国君。春秋时期，周王室渐趋衰败，诸侯大国间相互争战侵吞，天下动乱。郯国，由于国君郯子的政绩、才华和仁孝之德，使郯地文化发达，民风淳厚，一些典章制度对后世的影响十分深远。

[18] 娄敬：汉高祖刘邦的重要谋士。觐谏高祖，陈述关中优势，汉遂定都关中。对于汉初政策的制定及西汉政权的稳定起过很大作用。娄敬被赐刘姓，故史书记以刘敬。拜为郎中，号为奉春君。

[19] 百济：古代朝鲜半岛西南部的国家。创建于公元前18年。《隋书》卷八一载："百济之先，出自高丽国"。百济一度是海上的强国，通过海路与古代中国和日本各政权进行政治和贸易往来。公元660年，百济被新罗和唐朝的联军灭亡。

[20] 新罗：朝鲜古国之一。创建于公元前57年。是亚洲历史上立国时间最长的国家之一。公元935年，被高句丽统一。

[21] 凤池头：凤凰池头。凤凰池，唐朝时是中书省所在地。唐时门下省、中书省在禁中左右掖，给事中属门下省，房倌办公地点就在凤凰池。唐朝王维《和贾至舍人早朝大明宫之作》："……朝罢须裁五色诏，佩声归到凤池头。"

附录　崔弼传

崔弼，字积匡，员岗人。父国佐，邑生员，性至孝，母丧未殡，暑月柩木渗，跪而舔之。既葬，日夜号于墓曰："儿在斯，儿在斯。"弼少承家学，年十二能诗，未弱冠，已成诗一卷，名《丱兮集》。既壮，才气纵横，时贤倾倒。中嘉庆辛酉举人。南城曾燠为广东布政使司，爱才下士，隆下交之礼，每枉驾造其庐。弼家贫，燠时赒以粟帛，至再三，不得辞，乃受。故燠赠诗有云："燕寝清香一罇酒，眼中复得谢与崔。"谢，谓南海谢太史兰生也。又云："崔子商歌出金石，豪气不为饥寒销。"弼《序怀》诗亦云："雉介鸡廉分所宜，蝇营狗苟欲奚为？"其介然自守可知矣。弼平日游公卿间，未尝干以私，间以公事询之，辄不对。其子连升将从军连州，入辞，弼以"捐躯报国"语训之，刺刺不休。家人厌其不详，思掩其口不得也。连升卒能战死，事具连升传。弼日事纂述，自亲铅椠。卒时年八十九。总督阮公为题其墓曰："诗人崔鼎来宝藏"。著有《珍帚编诗》《游宁草》《波罗外纪》等书。

（据《玉壶山房诗话》《岭南诗钞》、"采访册"参修。）

——清同治十年《番禺县志》卷四十六·列传十五《崔弼》

主要参考资料

南朝梁·萧统：《文选》，中华书局，一九七七年。

南朝梁·刘勰：《文心雕龙》，贵州人民出版社，一九九二年。

唐·封演撰，赵贞信校注：《封氏闻见记》，中华书局，二〇〇五年。

唐·魏徵等：《隋书》，上海古籍出版社，一九八六年。

五代·刘昫等：《旧唐书》，上海古籍出版社，一九八六年。

宋·朱熹：《四书章句集注》，中华书局，一九八三年。

宋·朱熹：《诗集传》，上海古籍出社，一九八〇年。

宋·李昉等：《文苑英华》，中华书局，一九六六年。

宋·欧阳修、宋祁：《新唐书》，上海古籍出版社，一九八六年。

宋·欧阳修：《新五代史》，上海古籍出版社，一九八六年。

宋·司马光：《资治通鉴》，上海古籍出版社，一九八七年。

宋·李焘：《续资治通鉴长编》，上海古籍出版社，一九八六年。

宋·宋敏求：《唐大诏令集》，商务印书馆，一九五六年。

宋·王偁：《东都事略》，《四库全书》文渊阁本。

宋·郑樵：《通志》，中华书局，一九八七年。

宋·洪适：《隶释·隶续》，中华书局，一九八五年。

宋·乐史：《太平寰宇记》，中华书局，二〇〇七年。

宋·王象之：《舆地纪胜》，中华书局，一九九二年。

宋·祝穆编，祝洙补订：《宋本方舆胜览》，上海古籍出版社，一九九一年。

广州市地方志编纂委员会办公室：《元大德南海志残本》，广东人民出版社，一九九一年。

元·脱脱等：《宋史》，上海古籍出版社，一九八六年。

元·马端临：《文献通考》，中华书局，二〇一一年。

明·宋濂等：《元史》，上海古籍出版社，一九八六年。

明·李东阳等：《大明会典》，广陵书社，二〇〇七年。

明·戴璟：《广东通志初稿》，明嘉靖十四年刻本。

明·李贤等：《大明一统志》，三秦出版社，一九九〇年。

明·黄佐：《广州志》，明嘉靖刊本。

明·郭棐辑，清·陈兰芝增辑：《岭海名胜记》，广西师范大学出版社，二〇一五年。

明·谈迁：《国榷》，中华书局，一九五八年。

明·黄宗羲：《明文海》，中华书局，一九八七年。

明·陈洪谟：《继世纪闻》，中华书局，一九八五年。

明·黄佐：《广州人物传》，广东高等教育出社，一九九一年。

明·郭棐编撰，王元林校注：《岭海名胜记》，三秦出版社，二〇一二年。

清·梁廷枏：《南汉书》，杭州出版社，二〇〇三年。

清·梁廷枏：《南汉书考异》，杭州出版社，二〇〇三年。

清·吴任臣：《十国春秋》，杭州出版社，二〇〇三年。

清·张廷玉等：《明史》，上海古籍出版社，一九八六年。

清·龙文彬：《明会要》，中华书局，一九五六年。

清·毕沅：《续资治通鉴》中华书局据原刻本校刊。

王钟翰点核：《清史列传》，中华书局，一九八七年。

赵尔巽等：《清史稿》，上海古籍出版社，一九八六年。

（乾隆）《大清会典》，《四库全书》文渊阁本。
（乾隆）《大清会典则例》，《四库全书》文渊阁本。
（光绪）《清会典事例》，中华书局，一九九一年影印本。
清·翁方纲：《粤东金石略》，上海古籍出版社，二〇〇二年。
清·叶昌炽撰，柯昌泗评：《语石·语石异同评》，中华书局，一九九四年。
清·王昶：《金石萃编》，陕西人民美术出版社，一九九〇年。
清·陆耀遹：《金石续编》，陕西人民美术出版社，一九九〇年。
清·陆增祥：《八琼室金石补正》，文物出版社，一九八五年。
清·钱仪吉等：《清代碑传全集》，上海古籍出版社，一九八七年。
清·屈大均：《广东新语》，中华书局，一九八五年。
清·郭尔戺、胡云客：《南海县志》，康熙三十年刻本。
清·王永瑞：《新修广州府志》，北京图书馆古籍珍本丛刊·四〇。
清·仇巨川：《羊城古钞》，广东人民出社，一九九三年。
清·郝玉麟：《广东通志》，《四库全书》文渊阁本。
清·阮元：《广东通志》，道光二年刻本。
（同治）《番禺县志》，同治十年刻本。
（宣统）《番禺县续志》，民国刻本。
（宣统）《南海县志》，民国刻本。
黄慈博：《广州城坊志》，广东人民出版社，一九九四年。
清·曹寅等：《全唐诗》，上海古籍出版社，一九八六年。
清·屈大均：《广东文选》，康熙二十六年刻本。
清·永瑢等：《四库全书总目》，中华书局，一九六五年。
清·陈奂：《诗毛氏传疏》，北京市中国书店，一九八四年。

清·浙江书局辑：《二十二子》，上海古籍出版社，一九八六年。

清·黄芝：《粤小记》，道光十二年。

《诸子集成》，上海书店影印，一九八六年。

清·仇巨川纂，陈宪猷校注《羊城古钞》，广东人民出版社，一九九三年。

汪兆镛：《岭南画征略》，广东人民出版社，一九八八年。

谭棣华、曹腾騑、冼剑民：《广东碑刻集》，广东高等教育出版社，二〇〇一年。

钱仲联等：《广清碑传集》，苏州大学出版社，一九九九年。

广东丛书编印委员会：《广东丛书》，民国三十五年。

臧励龢等：《中国人名大辞典》，上海书店，一九八〇年。

王元林：《国家祭祀与海上丝路遗迹——广州南海神庙研究》，中华书局，二〇〇六年。

黄兆辉、张菽晖：《南海神庙碑刻集》，广东人民出版社，二〇一四年。

陈锦鸿点注：《南海神庙文献汇辑》，广州出版社，二〇〇八年。

陈垣：《二十史朔闰表》，中华书局，一九六二年。

广州市、黄埔区文物普查汇编编纂委员会：《广州市文物普查汇编·黄埔区卷》，广州出版社，二〇〇八年。

南海神庙历史文化丛书编委会：《南海神庙碑刻拓片集》，广州出版社，二〇〇七年。

后 记

《波罗外纪》校注现已全部完成，回顾近几年投入其间的岁月，感慨良多。

谈及《波罗外纪》，不能不提我与南海神庙的缘分。我对南海神庙可以说感情颇深。我自中山大学毕业后到广州市文物管理委员会办公室（简称广州市文管办）工作，当时南海神庙即由广州市文管办进行日常管理。参加工作不久，适逢南海神庙大修，领导派我驻庙参与维修工作，主要负责碑刻复制这部分的相关工作。自此我即与南海神庙结下了不解之缘。之后尽管工作单位变更为广州市文物考古研究所（考古院之前身），南海神庙仍然归属考古所管理。十多年间，每年波罗诞期间我都会参与这一民间庙会的筹备、开放等工作，直至2005年该庙移交给广州市黄埔区政府管理。机缘巧合，2016年我被借调到广州海上丝绸之路史迹保护和申报世界文化遗产工作领导小组办公室工作，恰好又负责对接南海神庙申报世界文化遗产的相关工作，免不了经常进出南海神庙。长期以来，我对南海神庙作了一些研究工作，由于《波罗外纪》是专门记录南海神庙的古籍，期间经常参阅《波罗外纪》，于是萌发了进行校注的想法，以便可以广为利用。作为唯一保存至今的国家官方祭海坛庙以及海上丝绸之路的重要历史文化遗产，南海神庙具有丰富的历史文化信息。目前作为广州海上丝绸之路史迹申遗的一个重要史迹点，需要对其进行深入的研究，挖掘其价值，历史文献的研究更是最为基础的工作。

众所周知，古籍的校注颇费精力，仅是原版书籍的辨识、抄录即已耗费大量的精力和心血，校注更不待言。《波罗外纪》原书约七万字，校注后全书达到二十多万字。在其中倾注的心力可想而知。由于工作本身繁忙，近几年几乎没有节假日之说，晚上亦忙于查阅资料，视力明显下降不少。只是乐于其中而不觉苦累。

幸运的是，期间得到不少前辈、专家、学者的帮助。尤其是黄兆辉老师给我提供了不少资料，并承蒙对全书的初稿进行了审阅且指点疑难，多有教益。广东古籍保护中心秘书长林锐先生，对本书前面三篇序的辨识帮助良多，并对本书提出了不少很好的建议。对于这些无私的帮助，我心存感激。还要感谢我的家人，他们的默默支持，使我免却大量家务，将大量时间用于查找资料。最后，要特别感谢广州市黄埔区文广新局大力帮助，在出版方面鼎力支持，本书方得以面世。

本书吸收了有关专家、学者的研究成果，谨此致谢。

由于本人的学术水平有限，错谬之处在所难免，恳请方家不吝指正。

闫晓青

二〇一七年四月于番禺珊瑚湾畔